终极徒步之旅

终极徒步之旅

一生中必去的徒步旅行胜地
（影像版）

[美] 凯特·西贝尔 著
[美] 安德鲁·斯库尔卡 倾情作序

王小姣 译

中国摄影出版传媒有限责任公司
China Photographic Publishing & Media Co., Ltd.
中国摄影出版社

目　录

序　言　安德鲁·斯库尔卡 6

前　言 10

必备装备指南 12

第一部分：北美洲 14

第二部分：南美洲 96

第三部分：欧洲 152

第四部分：非洲 238

第五部分：亚洲 292

第六部分：大洋洲和南极洲 348

徒步旅行中的环保措施 386

目的地检索 388

鸣　谢 391

作者简介 392

图片来源 393

　　第 1 页：清道山是泰国北部一个著名的旅游景点，徒步旅行爱好者可以徒步上山观看日出（参见第 344 页）。

　　第 2—3 页：沿步道登上山顶，可以俯瞰位于瑞典北部的萨勒克国家公园（参见第 202 页）里壮阔的拉帕河三角洲。

　　左图：纳米比亚荒芜的沙丘（参见第 254 页）上长着一片稀稀落落的森林，这片森林已经被太阳炙烤了一千年之久。

序 言

大约 20 年前,我第一次尝试背包旅行,在加利福尼亚州约塞米蒂国家公园过了一夜,那次经历简直就是一场灾难。我背着 23 千克重的背包在步道上艰难前行,包里装了很多没必要带的东西,有些东西甚至用都没用过。我一夜没合眼,不仅是因为防雪工作做得不到位,还因为一直担心会有狗熊跑来撕裂我的帐篷。第二天早上,因为水壶里的水结了冰,我没有喝上水,口干舌燥地走了很长一段路。

值得庆幸的是,约塞米蒂国家公园风光旖旎,特别是内华达瀑布和酋长岩这样的标志性美景,能够让人忘却旅途艰辛,沉醉其中,流连忘返。这里的景色实在是太美了,让我觉得这样的徒步旅行值得再尝试一次。实际上,我确实尝试了一次更大的挑战:两个月后,我来到佐治亚州阿巴拉契亚步道南端的斯普林格山,打算步行 3500 多公里到缅因州。

背包旅行并不是很难。优质的图书、网站、视频和课程都能教会人们该怎么做。但是,我决定通过试错来积累经验。阿巴拉契亚步道并不像我期待的那样,是一场与大自然近距离的交流,相反,这次为期 3 个月的徒步旅行是我一生中最艰难的任务,尤其是旅程最开始阶段所面临的困境令我印象深刻。我无法应对夜间温度过低、持续降雨、昆虫叮咬、湿度过高、双脚疼痛等难题;与此同时,我还要与过劳性损伤、孤独和自我怀疑做斗争。

虽然这次徒步旅行没能带给我像美国作家、自然主义者梭罗那样敏锐的对自然世界的洞察力,却弥补了我个人成长中的不足。当

美国加利福尼亚州约塞米蒂国家公园（参见第36页）布里达尔维尔瀑布升腾的薄雾间出现的彩虹。

我最终站在卡塔丁山顶时——与其说是征服的结果，不如说是坚持和适应的最终结果——我确实比刚开始时更加了解自己，更加自立，对自己的潜力也更加充满信心。在21岁的时候，我懂得了再大的目标也要一步一个脚印地去实现。

之后，当我回归自己的日常生活后，我开始愈发感激这段经历。在那3个月的时间里，我每天都有一种超乎寻常的目标感，全身心地投入到这项活动中，心无旁骛，笃定前行。我以前从未有过这样的机会，也从未体验过如此单纯的生活。

在21岁到30岁之间，我成了一名狂热的徒步旅行者，经常背着脏兮兮的背包到处走。除了几次短途徒步旅行外，我还用11个月的时间从大西洋走到了太平洋，用7个月的时间徒步环游了美国西部，用6个月的时间绕着阿拉斯加和育空地区走了一大圈。

当我用双脚征服了距离，在野外平安度过无数个夜晚后，不出

序言 7

所料，我的知识储备日趋完善。我更加确定什么才是必要的装备、什么样的食物才最能补充体力，并掌握了决定生存和安全旅行的关键技能：在步道上及离开步道后该如何行进，如何防止皮肤上起水泡和浸渍，如何找到相对温暖和干燥的露营地，如何在寒冷和潮湿的条件下生火，如何避免食物被熊偷吃或破坏，如何驱蚊，如何穿越湍急的河流，以及如何徒步穿越陡峭的雪原。

　　当背包旅行成为一种习惯后，徒步旅行中我的精神不再紧绷，开始将注意力转移到沿途的风景上。我每天以 5 公里 / 小时的速度行进，边走边了解树木的种类、冰川的侵蚀、野生动物的生存模式和浩瀚的夜空；我从气候、历史、农业和城市规划等多个角度，看到了诸如（美国）西部水权制度等复杂的政治问题；我目睹了农业地区人口的减少和美国农村人才的外流。面对令人生畏的现实，我一直努力克服对荒野的浪漫幻想。

　　到 30 岁生日时，我已经走了 48280 公里，而且几乎都是独自一人的徒步旅行。于我而言，那是一个经历丰富的 10 年，但我厌倦

美国阿巴拉契亚步道上的一块路牌，指引徒步旅行者前往这条 3528 公里长的热门徒步路线上的一些景点。

了地理和经济上的不确定性。无意中，我很快开始了向导服务，买了一栋房子，并坠入了爱河。

　　与他人分享荒野徒步经历让我的背包旅行进入了另一个新的维度。在和客户一起度过一个漫长的周末之后，我对大多数客户的了解比对邻居的了解还要深入得多。偏远地区为人们提供了一个亲密且不受干扰的环境，以各种独特的方式将陌生人聚集在一起：人们可以一起爬上通风山口，共享豆类食品及拌着菲乐多和奶酪的米饭，在大风中互相帮忙搭起帐篷，在结束一天大汗淋漓的徒步后一起围坐在篝火旁烘干衣服。

　　这本书让我们有机会去这些世界级徒步旅行胜地并体验背包旅行的精髓：让我们与自己、与风景、与他人建立深刻的联系。其中，既包括一日游，也包括长达数月的探险旅程；既适合那些还在学习如何准备装备、如何在多熊的野外安然入睡的徒步新人，也适合那些已经对装备、补给和技能了如指掌的徒步达人。本书中介绍的这些徒步旅行路线涉及沙漠远足、著名的朝圣之路、森林秘境、海岸奇观和历史遗迹。不论你是哪种类型的远足者和旅行者，都能在书中找到适合自己的内容。你要做的就是翻阅这本书，确定目的地，系好鞋带，然后出发！

安德鲁·斯库尔卡（Andrew Skurka）

前言

一条小径从科罗拉多大峡谷的南缘蜿蜒而下,一直延伸至大峡谷的深处。哈瓦苏派印第安人就世代生活在大峡谷中一个平坦、青翠的山谷里,以种植豆类、玉米和南瓜为生。几条蓝绿色的瀑布深藏在山谷中,那是大自然对哈瓦苏派人的恩赐。如今,该地区仍然只能步行到达,但那里迷人的蓝绿色瀑布吸引了源源不断的徒步旅行者。这些瀑布从悬崖上倾泻而下,汇入苏派村下面田园诗般的水池里。

记得我第一次长途徒步旅行时,在一个温暖的秋日夜晚,我在布满沙子和石头的小路上跋涉了16公里之后抵达苏派村,第一次见到了哈瓦苏瀑布。这是一条30米高的瀑布,从悬崖上飞流直下,气势磅礴,令人惊叹。经过几个世纪的流水冲刷侵蚀,瀑布激流下的岩石看起来剥落严重。对于在东部大城市长大的我来说,眼前的一切仿佛打开了新世界的大门;突然间,我意识到这个地球上的奇观美景远比我想象中要多得多。到底还有什么奇迹藏在这个星球的隐秘角落里呢?

像这样出乎意料的美好时刻还有很多,这就是徒步环游世界的收获之一。凭借自己的体能和脚步,我们完全有可能去探索新的世界,而这种亲近大自然的感觉是那些依赖快速交通方式的人无法体会和享受到的。通常情况下,即使我们的步行速度很快,也不会超过10公里/小时,此时我们能够看清周围环境。以这个速度行进,能够让我们有机会以最令人满意的方式与我们生活的这个星球产生联系。本书证明了这种可能性。

阿尔贝尔山西边的一个山洞，从这里可以俯瞰以色列国家步道（参见第294页）。

本书中的每一次徒步旅行都是独特且令人难忘的体验。例如，在美国阿拉斯加州的布鲁克斯山脉，追寻那些几个世纪以来在北极驯鹿群中生存下来的人类的足迹；在德国的莱茵步道，漫步在浪漫的城堡、古老的村庄和整洁的葡萄园中；在西太平洋波纳佩岛，涉水穿过一条河后，沉浸在丛林里的众多瀑布之中；在中东地区，沿着《圣经》中先知走过的路线，穿过以色列国家步道上的沙漠。

从沙漠到海洋，从丛林到苔原，享受每一次亲近不同大陆和生态系统的旅程。你会发现，徒步旅行既可以是平淡的午后漫步，又可以是充满挑战的多周探险；既可以欣赏自然风光、邂逅野生动物，又可以触摸历史、感知文化，读懂每个地方的与众不同。

走进这些荒野地带探险，不仅是为了积累值得记录的故事，也是为了维护我们与生俱来的权利。在最理想的状况下，徒步旅行是让我们记住我们是谁，以及知道这是我们在这个星球上的生存环境的手段之一。让本书中的无限可能点燃你的想象力，然后在曲折的小道上找到自己的超然时刻。让我们步道上见。

必备装备指南

对于数日的背包徒步旅行，《终极徒步旅行装备指南》（The Ultimate Hiker's Gear Guide）的作者安德鲁·斯库尔卡是这方面的专家，他知道应该打包带什么东西。以下是他在服装和鞋类方面的基本建议，这些装备在短途徒步旅行中也能派上用场。

服装：核心 13 件

13 件核心服装是安德鲁·斯库尔卡精选的徒步旅行必备服装，这些衣服可以混合搭配，以适应季节条件的变化。只有在进行多种环境条件下的长途旅行时，才需要带齐全部 13 件衣服；通常情况下，6—10 件衣服就完全够用了。

品类	选择或建议	最低零售价	最高零售价	穿着时间和其他信息
短袖衫	针织聚酯纤维、美利奴混纺或纯美利奴羊毛材质，克重120克/平方米	20美元	70美元	气候温和、日照低、少虫时穿着；凉爽透气，胸前有拉链，宽松贴合
长袖衫	材质和短袖衫一样；克重120—150克/平方米	30美元	90美元	气候凉爽或日照强时穿着；喷上百灭宁后可以兼作防虫衫
防虫衫	喷上百灭宁的长袖衫，透气材质	10美元	100美元	防止蚊虫和携带疾病的蜱虫叮咬，经过工厂处理的长袖衫比自己喷洒或漂洗过百灭宁的长袖衫防虫效果更持久
短裤	带有丝滑衬里的跑步短裤，内接缝4—6英寸	20美元	55美元	不需要穿长裤时穿着；偶尔也可以当作内裤
健行长裤	轻质尼龙，含有少量氨纶	40美元	90美元	防虫叮咬，防灌木丛剐蹭，防阳光直晒，防低温；理论适用度好于实际情况
内衣	含有氨纶的聚酯纤维或美利奴羊毛材质，合身，伸展性好	15美元	50美元	全程穿长裤时穿着；男性准备一套，女性准备两套；定期清洗，无须使用肥皂
摇粒绒上衣	克重100—200克/平方米的套头衫，极简风格	25美元	130美元	在清爽的气候条件下作为第二层穿着；在寒冷、潮湿的气候条件下，作为徒步衫和外层服装的中间层穿着
外层上衣	防水、透气夹克，带通风口	30美元	250美元	下雨天避免被淋湿时穿着；替代品：雨披、雨伞、风衣
外层下衣	防水、透气裤，裤腿带拉链	50美元	175美元	降水、天冷时穿着；不透气，易过热；替代品：雨裙、雨衣或风裤

保暖夹克	优质羽绒服，合成纤维或克重300克/平方米的摇粒绒	50美元	250美元	午间休息，长时间在凉爽地带露营，或需要夜间保暖时穿着；推荐连帽式	
保暖裤	羽绒填充并带有开到大腿处的拉链，或M-65军用品	20美元	175美元	在凉爽或寒冷的气候条件下性能稳定，特别适合在短暂的秋冬季节露营时穿着	
睡衣	聚酯纤维、羊毛或摇粒绒材质	0美元	50美元	雨天或潮湿天气旅行时穿着	
睡裤	短裤或保暖裤	0美元	50美元	仅在夜间穿着；放在背包内部，保护好；如果白天的衣服能够保持干燥，则不需要	
总计		310美元	1,535美元		

鞋 类

对于大多数背包客来说，传统的鞋子并不能达到最好的效果。靴子又硬又热，而且很重。"防水"鞋在长时间的潮湿条件下也不管用，而且湿了后干得很慢。双层袜子会吸收大量的水分并积聚大量的热量，这是导致长水泡的三个因素中的两个。

鞋类是一个非常个性化的类别，安德鲁·斯库尔卡鼓励我们不断尝试，直到找到适合自己双脚和行程的鞋类用品。

品类	等级	选择或建议	重量（克）	零售价	评价
鞋	极重要	透气的跑鞋或健行鞋	340	125美元	与靴子相比，更舒适、更轻便、更容易保持干燥，且价格较低；但不耐用或保护性较差
绑腿	建议	弹性尼龙材质，无脚背	85	30美元	防止灰尘和碎屑；穿长裤时没必要准备
健行袜A	极重要	美利奴羊毛、尼龙混纺材质	57	15美元	类似衬垫的重量；比聚酯纤维更耐臭
健行袜B	看情况	同A	57	15美元	在非常潮湿的条件下，不要携带；其他条件下可以携带
睡袜	看情况	聚酯纤维、羊毛或摇粒绒材质	85	15美元	确保夜间足部干燥。仅用作白天穿的（两双）袜子可能会弄湿时才携带
露营鞋	可选	旅行或航空拖鞋	28	15美元	避免露营时穿湿的（或冰凉的）鞋子
总计			652	215美元	

第一部分

北美洲

从"天使降临地"(参见第42页)的山顶俯瞰,美国犹他州锡安国家公园的全景尽收眼底。

加拿大

豪湾山脊步道

活力四射城市周边的群山和海岸

距离：直线距离 28 公里　　**行程**：1—3 天
最佳出行时间：夏末　　　　**难度**：艰苦

茂密的森林覆盖着加拿大不列颠哥伦比亚省海岸线附近的许多小山，豪湾山脊步道穿过海拔较高且多风的山脊，在这条步道上徒步使人感到清新凉爽。这条步道距离温哥华市中心不到 30 分钟车程，已经成为铁杆儿越野跑步者心中的打卡圣地。通常，他们的目标是在一天内穿越 28 公里的山脊线。但是，2—3 天的背包徒步旅行可以让人以舒服和适度（更理性）的速度行进，欣赏不列颠哥伦比亚省海岸沿线步道中最引人注目的风景。

这条步道频频曝光，对徒步旅行者来说，既是诱惑也是挑战。大多数徒步旅行者会尝试从步道的南端走到北端，一路上海拔高度逐渐下降，会感觉更舒适一些。但即便如此，也不能低估这条步道的威力。这条步道崎岖难行，大部分路段没有经过人工维护，徒步旅行者不仅要做好充分准备，还要具备相当强的寻路能力。从赛普里斯山省立公园上部停车场约 900 米处开始，步道一路向北延伸，坡度适中，但在快到圣马可峰时，坡度变陡。登上圣马可峰，可以尽览岛屿风光，还能听到远处传来的阵阵海浪声。再走数公里，植被类型从雪松和铁杉林过渡到高山苔原，再到甚至裸露的花岗岩巨石，徒步旅行者有时需要徒手攀爬，在巨石之间跳跃，体验惊险与刺激（有人可能会说令人反胃）。这条路线最大的吸引力之一就是靠近哈维山、安耐色瑞山和狮子山等美丽的山峰，时间充裕且有雄心壮志的一些徒步旅行者就会去攀爬这些山峰。

行前须知

豪湾山脊步道在温哥华北面 27 公里处，虽然离温哥华很近，但它上下起伏的地形极具挑战性。与海拔较低的步道相比，豪湾山脊步道缺少水源，所以去这里徒步要多带水。而且，沿途还可能遇到熊、美洲狮等大型野生动物。

一条长满青苔的步道通向迪克斯湖,那里是野外露营地的首选之处。

弗朗索瓦-阿维耶·甘农是北温哥华市西海岸教育探险公司（West Coast Educational Adventures）的一名山地向导,也是当地搜救队的成员。他说:"一旦登上山顶,你真的会觉得自己像一名登山者,这是非常值得的。傍晚时分,可以在山顶欣赏令人

你会看到：雪松和铁杉林｜高山苔原｜湖泊｜蓝莓丛和美洲越橘丛｜熊和美洲狮留下的痕迹

惊叹的日落景色。山与海构成的一幅诗情画卷呈现在你眼前——东面是树木丛生的海岸山脉，西面是海水和火红的落日。"

过了布伦瑞克山后，这条步道会经过一系列湖泊，穿过蓝莓丛和美洲越橘丛。徒步旅行者可以停下来吃点零食，或者将全身浸泡在清凉的湖水中，甚至还可以在迪克斯湖等林边湖的湖畔小憩一会儿，然后再继续踏上漫长而艰难的旅程，进入森林深处，到达位于波特湾的步道终点。

从哈维山上可以欣赏狮子湾和布伦瑞克山的美景，布伦瑞克山是大温地区北岸最高的山峰，海拔 1788 米。

第一部分 北美洲

加拿大
阿格尼斯湖茶馆
能够品尝茶香的徒步之旅

距离：往返 6.8 公里　　**行程**：2—4 小时
最佳出行时间：夏季和初秋　　**难度**：容易

加拿大太平洋铁路公司（Canadian Pacific Railway）于19世纪末在阿尔伯塔省班夫国家公园及其周围修建了一系列酒店，其中包括两座位于荒野高处的独特茶馆，旨在为那些来阿尔伯塔省地形最险恶地区观光的游客提供服务。如今，茶馆还在为大批徒步旅行者提供服务。夏季，大批徒步旅行者蜂拥而至，沉浸在班夫国家公园冰川覆盖的山峰、宝石般的湖泊和清新怡人的空气中；7月和8月，班夫国家公园的草地上野花竞相绽放，红的、紫的、粉的、白的、黄的，像铺了一张五彩缤纷的地毯。

阿格尼斯湖茶馆坐落于一座宁静的高山湖畔，无风的时候，湖面格外平静，像一面明亮的镜子，倒映着远处连绵不断的山峰。1905年，阿格尼斯湖茶馆首次对游客开放，游客往返徒步6.8公里穿过古老的森林即可到达。与需要往返10.6公里才能到达的六冰川平原茶馆相比，步行到达阿格尼斯湖茶馆的难度更低、距离更短，因此绝大多数游客会选择这条路线。建议一大早出发，这样便能在宁静中体验步道沿途的美景。

这条路线的起点在露易丝湖城堡酒店。这家酒店位于露易丝湖畔，是一家略显颓败但历史悠久的酒店，最初也是由加拿大太平洋铁路公司修建的。小路从露易丝湖城堡酒店开始，沿着湖岸蜿蜒延伸，然后分叉，一条岔路通向森林深处。第一个路段是最艰难的，因为小路在恩格曼云杉和道格拉斯冷杉之间迂回盘曲，有很多急转

备选路线

如果想此次徒步之旅更具挑战性，你可以先徒步到六冰川平原茶馆，然后再绕到阿格尼斯湖，这条路线全长19公里。在前往六冰川平原茶馆的路上，你会看到游客要比去阿格尼斯湖茶馆的少。漫步其间，你会看到勒弗罗伊和阿博特山口风景如画。

徒步后活动

班夫镇位于露易丝湖东南约60公里处，是一座繁华的山区小镇，100多年来一直以其舒缓且富含矿物质的温泉吸引着大批游客。这些温泉水源自地下，水温常年保持在37—40℃之间。清晨起床后，你可以赶在人群之前，在四季常青的树林里安静地泡个温泉。

阿格尼斯湖茶馆坐落在高山湖畔,静候游客光临。

弯,但从树木之间的小缝隙里可以看到远处乳绿色露易丝湖的迷人景色。沿着小路向上走,经过镜湖,而后气喘吁吁地经过阿格尼斯湖分流形成的一条瀑布,就到达湖畔的阿格尼斯湖茶馆。

这家用木头和石头建造的茶馆是茶迷们的天堂,供应大约100

你会看到： 历史悠久的茶馆 |
恩格曼云杉和道格拉斯冷杉 | 露易丝湖 |
镜湖 | 瀑布 | 古老的森林

种散装茶叶，以及小甜点、饼干、汤和用新鲜的自制燕麦黑面包做成的三明治，这些食物所用的食材都是由员工每周几次从山下运送上来的（工作人员通常是高中毕业生和大学生，他们住在茶馆的小屋和附近的小木屋里）。坐在茶馆的露台上品茶，俯瞰这座由数千年前冰川雕刻而成的悬空山谷里的石英岩壁，然后坐在茶馆外的石板上慵懒地晒太阳。在徒步返回之前，可以再爬不到 1.5 公里，登上大蜂窝山的巨石山顶，俯瞰超尘脱俗的露易丝湖和群峰逶迤的壮丽景色，这些山峰一个多世纪以来一直吸引着登山者前来攀登。

阿格尼斯湖茶馆供应 100 多种散装茶叶及茶饼干等甜食。

加拿大
萨格奈峡湾步道

丛林密布的幽深海湾

距离：直线距离 41 公里　　　　**行程**：2—4 天
最佳出行时间：夏季　　　　　　**难度**：中等

魁北克的原住民称萨格奈峡湾为"Pitchitaoitchez",大致意思是"在两座山之间流动的河流",他们把它当作狩猎场和聚集地。这里有超凡的美景,他们选择这里的原因不言而喻。

如今,萨格奈峡湾不仅是一座国家公园,也是人们休闲游乐的好去处。当游船在水面上穿梭,夏季度假的人们成群结队地来到这里,行走在步道上并呼吸新鲜空气的时候,他们仍然能够感受到这里古老而原始的气息。萨格奈峡湾国家公园里有多条步道,峡湾步道是其中最受欢迎的多日徒步旅行步道之一,它从圣玛格丽特湾穿过香脂冷杉和桦树林,延伸至塔杜萨克湾,全长 41 公里。这条崎岖不平的小道沿途有休息站和棚屋,徒步旅行者可以在里面过夜。中途还会经过一些光秃秃的岩石观景台,那里视野开阔,可以俯瞰陡峭的岩壁和大约 180 米以下的水域。

在这片古老的景观中,随处可见野生动物的活动踪迹。黑熊在森林里游荡,海狸在海岸上筑坝,游隼在悬崖上筑巢(仔细看,你可能还会看到游隼如闪电般从高空快速俯冲而下捕捉猎物)。徒步旅行者通常还能看见驼鹿、啄木鸟和猫头鹰。在无风的日子里,循声而望,还能发现白鲸在水下深处游弋的倩影。

徒步后活动

在萨格奈峡湾国家公园的永恒湾地区,3 条铁索攀岩步道横穿于水面上的悬崖之间。这些步道由钢缆和横档构成,需要攀登者具备一定的攀岩技巧和强健的体魄,攀登的回报是能够体验到"会当凌绝顶"的精妙。这些步道中还有一座设计精巧、看起来好像不存在的悬索桥,就像钢索一样悬停在水面上。

徒步旅行者在安斯得拉巴芝休息站里休息,并分享各自的徒步经历。这个休息站在夏季和秋季对徒步旅行者开放。

你会看到:

香脂冷杉 | 桦树林 | 黑熊 | 海狸 | 驼鹿

墨西哥

铜峡谷

比美国大峡谷更大的峡谷

距离：直线距离 56 公里　　**行程**：6—8 天
最佳出行时间：秋季　　**难度**：艰苦

美国科罗拉多大峡谷声名远播，是徒步旅行者的天堂，但从许多方面来看，墨西哥的铜峡谷绝对另有特色，值得前往。铜峡谷由 6 个深达 1800 米的峡谷组成，比科罗拉多大峡谷更广阔、更深邃。而且，这里还是塔拉胡马拉人的家园，他们已经在这里生活了几个世纪，至今仍然在这片干旱而美丽的土地上耕种、编织和培育果园。此外，这里还专门开通了一列观光火车，从太平洋海岸垂直上升超过 2100 米就能到达这片高地。

大多数徒步旅行者前往这个与世隔绝、风景绝美的地方时，白天都不会乘坐观光火车，而是会选择徒步方式，沿途不仅能欣赏飞流直下数十米的瀑布，还能与当地的塔拉胡马拉人共度时光。但是，要想沉浸在这个未经商业开发的墨西哥角落，最好的方法是在这里度过一周的流浪生活。由铜峡谷小径公司（Copper Canyon Trails）首创的"缘—缘—缘"（rim-to-rim-to-rim）徒步路线，需要徒步旅行者在 7 天的时间里，沿着一条全长约 56 公里、垂直高度 6000 米的小径，在峡谷里曲折行进，先是向下走，然后向上走，接着再向下走，最后回到峡谷顶端。徒步旅行新手和女性徒步旅行者不需要申请许可证，只需要有耐心和适量的幽默感，就能应对这里复杂的地形。铜峡谷的许多斜坡甚至比美国科罗拉多大峡谷的斜坡还要陡，斜坡上可能布满了垒球大小的石头，或者像盘子碎片一样的扁平岩石。在斜坡以外的其他地方，小径两旁长满多刺

行前须知

美国国务院警告游客不要在墨西哥的部分地区旅行，包括奇瓦瓦，而且铜峡谷地区确实存在贩毒活动。2018 年末，一名独自远足的旅行者在一条小路上遇到贩毒集团成员，惨遭杀害。注意：最好雇一个熟悉该地区情况，且能快速融入当地社区的人当向导。

失落的大教堂是萨特沃小镇上众多被遗弃的建筑之一。

的植物，在那里还有当地人饲养的山羊跑来跑去。此外，徒步旅行者还要与炎热和干旱做斗争。

好在这里的景色绝对惊艳，让人觉得不虚此行。峡谷两侧峭壁千仞，植被苍翠，一条条瀑布像长长的白练垂挂下来。沿着小径穿

你会看到： 瀑布 | 山羊 |
橡树林和松树林 | 芒果、木瓜和鳄梨树 |
乌里克河 | 塔拉胡马拉人

过松树林，然后向下走，穿过物种丰富的橡树林，再向下走，穿过芒果、木瓜和鳄梨树生长的地区。在峡谷底部，乌里克河是一个非常受欢迎的景点（需要涉水通过这条河，水流大小不同，河水深浅也不一样，浅处可能只到膝盖，深处则可能没过大腿）。一路上，你会遇到很多当地人，塔拉胡马拉的妇女们外出收集编织篮子用的植物，孩子们四处奔跑玩耍，男人们或耕种，或收割，或用土坯砖建造房屋。到了晚上，你可以在河边或沙漠的泉水旁露营，枕着流水声入睡，而这些水流既是峡谷的创造者，也是峡谷的命脉。

奇瓦瓦一太平洋铁路跨越铜峡谷，连接奇瓦瓦和洛斯莫奇斯。

美　国

穿越布鲁克斯山脉

北极荒野

距离：不定　　　　**行程**：7 天以上
最佳出行时间：夏季　**难度**：仅限专家

观光飞机渐行渐远，引擎低沉的嗡嗡声消失在远方，唯有此时，徒步旅行者才能真正领略到布鲁克斯山脉的辽阔。布鲁克斯山脉位于阿拉斯加州北部，是落基山脉北端的延伸部分，从楚科奇海至育空地区，东西延伸近 1000 公里，它犹如一条坚实的臂膀，有时宽达 300 公里。其间没有现成的步道，唯有一条孤寂的带状小路指引人们前行。

安德鲁·斯库尔卡是一名职业长途背包客，曾被评为 2007 年美国《国家地理》年度探险家，他说："布鲁克斯山脉可以说是北美野外徒步旅行的绝佳地点。它极富美感，层峦叠嶂，奇峰罗列，气象万千。这里没有步道，没有桥梁，没有露营地，没有礼品商店，更不要指望看到人。"

毫无疑问，徒步旅行者必须能够熟练使用地图、指南针进行定位，或者使用全球定位系统进行导航。同时，他们还必须准备好迎接北极荒野的挑战，比如蹚过冰冷的河流，穿过茂密的柳树丛，越过杂草丛生的旷野——草有半米高，真的令人抓狂。

漫步于这样一片辽阔而偏远的风景中虽然可能会让人心生畏惧，但这种几乎完全没有受到人类活动影响的美景也会让人流连忘返，心生感动。山峰拔地而起，高达 2700 米，仿佛被一只看不见的大手精心雕琢过。山谷绵延不绝，火红的野草和青铜色的北极苔原植物让秋天的山谷变得生机勃勃。在一些地方，小冰川及其留下的充

野生动物掠影

驯鹿群是这片土地的生命源泉，它们不仅是狼、灰熊和人类的食物，甚至金雕也会捕食驯鹿幼崽。徒步旅行者可能会遇到数量达上百头的驯鹿群，如果足够幸运的话，还可能遇到上万头的驯鹿群，这是地球上最伟大的野生动物奇观之一。

北极光在白雪皑皑的山峰上舞动。

满艺术美感的痕迹,比如冰碛和深谷,让布鲁克斯山脉显得优雅动人。在这里,生长在北美大陆最北端的树木,如黑云杉、纸皮桦、白杨和香脂白杨等逐渐消失,景观变成一望无际的苔原,只有贴地生长的矮小植物才能在苔原上顽强地生存。

你会看到：冰冷的河流 | 茂密的柳树丛 | 杂草丛生的旷野 | 北极燕鸥 | 驯鹿 | 地松鼠 | 狼 | 金雕 | 灰熊

第32—33页：太阳从草地上升起，突显出秋季的色彩。

上图：布鲁克斯山脉里栖息着一群驯鹿。这头年幼的驯鹿吃草时停下来，目视前方。

一名勇敢的徒步旅行者在步道沿途诺塔克河附近的岩石之间跳跃。

行前须知

由于布鲁克斯山脉没有步道或设施供徒步旅行者使用，游客必须在野外旅行和寻路方面具有丰富的经验。北极国家公园和北极国家野生动物保护区的大门口也有明显的提示，建议游客至少携带一部双向通信设备，比如卫星电话。特别是打算7月出行的游客，千万不要忘记携带蚊帐。另外，食品也必须存放在防熊罐里。

这些微小而顽强的生命也许会消逝在无边的寂静中，但它们并不是这里唯一的生命。在长达11000年的时间里，人类一直在这片极端严酷的土地上生生不息，从古因纽特人到最近的努那缪提人，以及其他族群。徒步旅行者经常会在阿拉斯加原住民的偏远村庄里开始或结束旅程。在那里，他们还发现了早期居民的生活证据，如用来制作工具的燧石，以及用来压住皮帐篷边缘的石质构件。

野生动物也在这片土地上繁衍生息。在短暂的夏季，北极燕鸥为了能吃到大量的昆虫，从南极一直飞到北极，完成了世界上距离最远的迁徙。成千上万头驯鹿穿过苔原，寻找食物。仔细倾听，你可能还会听到地松鼠的吱吱声或远处狼群的嚎叫声。还要留意灰熊的踪迹，它们可能正在寻找松鼠和浆果。

布鲁克斯山脉的奇观异景之一不是在陆地上，而是在天上。夏季，太阳挂在空中，从不落山。随着寒冬的到来，北极光也会回归，在夜晚的穹窿之上舞动曼妙的身姿。

美 国

塞拉步道

加利福尼亚州的花岗岩王国

距离：直线距离 314 公里　　**行程**：15—20 天
最佳出行时间：夏季　　　　**难度**：仅限专家

对于经验丰富的徒步旅行者来说，高山徒步是徒步旅行耐力测试的一种好方式。虽然人们沿着步道走的距离可能并不长，但这些步道以偏离正常路线、穿过人迹罕至的荒野地区而闻名。

职业背包客安德鲁·斯库尔卡从 2008 年就开始尝试高山徒步，并把它作为背包徒步旅行项目中的一项新技能。他说："在那些荒野路段，如果你有地图和指南针，就能找到两点之间阻力最小的路线。每走一步都要深思熟虑，但高山徒步会带我们进入荒野地区最美的角落，那里的美景是其他地区所没有的。"

美国已知的第一条著名的高山徒步路线就是加利福尼亚州的塞拉步道，这是一条蜿蜒的南北向带状步道，沿着内华达山脉的山脊，从国王河的南岔口一直延伸到约塞米蒂国家公园西北方向的莫诺村，全长 314 公里。即使是最大胆、经验最丰富的徒步旅行者也会在这条路线上经历一些小小的考验，据说每年只有几十个人能够走完全程。在这场深入约塞米蒂国家公园、红杉国家公园和国王峡谷国家公园，以及安塞尔·亚当斯和约翰·缪尔荒野地区的徒步旅行中，徒步旅行者要在令人毛骨悚然的三级难度的花岗岩斜坡上攀爬，在体积有汽车那么大的巨石上跳跃，在陡峭松动的岩块上行走，更不用说偶尔还要下到低至 3000 米以下的山脉断崖地带。

虽然塞拉步道距离加利福尼亚州人口稠密的城市并不远，但感觉

备选路线

约翰·缪尔步道是内华达山脉中的另一条步道，全长 346 公里，比塞拉步道更容易走一些（但仍然非常艰难）。这条步道与海拔较高的塞拉步道平行，穿越内华达山脉海拔较低的地区，从约塞米蒂国家公园延伸到美国本土最高峰惠特尼山，其间穿过内华达山脉的众多奇观异景，包括遮天蔽日的森林、广阔平坦的盆地和碧波荡漾的高山湖泊。

徒步旅行者从安塞尔·亚当斯荒野中央的花岗岩山峰底部向上行进。

它还是离我们有光年之遥。这里的花岗岩山峰如刀劈斧砍般陡峭，令人震撼，而那种与世隔绝的孤独感又让人感到不知所措，与身处阿拉斯加荒原或世界上其他荒原时的感受不相上下。登山者穿过一个个广阔的花岗岩盆地，可以欣赏到一幅幅如画美景。比如汉弗莱斯盆地绿油油的草地上点缀着岩石和池塘，四周群峰环抱，充满诗情画意。草

你会看到：安塞尔·亚当斯荒野｜
约翰·缪尔荒野｜草地｜
鹿｜大角羊｜旱獭｜冰斗湖

第 38—39 页：步道沿线国王峡谷国家公园内的箭头湖。

上图：在内华达山脉东坡的一座高山湖泊前，一名徒步旅行者拿着指南针在寻路。

蓝湖是因约国家森林公园中最佳的日落观赏点。

地上野花盛开，五颜六色，像一幅饱和度非常高的风景画，测试着旅行者想象力的极限。群峰参差错落，屹立于蓝天下。可见，自然主义者约翰·缪尔称内华达山脉为"光之山脉"是有据可依的。在这里，你能瞥见山峰上的染山霞，还能欣赏阳光斜射穿过云层的画面。

虽然塞拉步道的大部分路段对熊（在该地区很常见）来说太高了，它们无法攀爬上去；但是，徒步旅行者偶尔会在这些路段发现鹿和大角羊。秋季正是交配季节，羊角对决发出的咔嚓声在冰斗中回荡。树线上方，旱獭四处觅食，鼠兔发出尖锐的叫声。每个夏日的午后，令人不安的雷雨天气都会光临，就像约好了似的。出于这个原因，徒步旅行者通常会提早出发，以便能够在下午2点之前走出这片暴露的区域。

从实践来看，塞拉步道不时会与另一条步道——约翰·缪尔步道重合。相比较而言，约翰·缪尔步道对徒步旅行者来说更像是一条高速路，而塞拉步道则像一个安静的堡垒（有时还会让人非常恼火地寻路）。许多高山徒步旅行者很乐意来这个空旷的高山地带，这里有高高的冰斗、冰斗湖和灿烂的星空，鉴于这里距离美国人口最多的城市只有一步之遥，所以塞拉步道就显得更加非比寻常。

行前须知

因为塞拉步道上的攀岩难度较高，需要徒步旅行者有很高的灵活性，因此携带轻便的背包显得尤其重要。可以考虑购买超轻的背包、睡袋、睡垫和帐篷，把携带的装备精简到最基本的必需品。建议食用含水量低且能补充水分的食物。

美 国

锡安国家公园"天使降临地"

神圣的居所

距离：往返 8 公里　　　　**行程**：2.5—4 小时
最佳出行时间：春季和秋季　**难度**：艰苦

锡安国家公园位于美国犹他州南部,以红色岩石的锡安峡谷而闻名。锡安峡谷狭窄幽深,两侧峭壁耸立,其魅力已经持续了数个世纪。至少1万年来,人类经常光顾这片美轮美奂的峡谷:古普韦布洛人在这里建造房屋和粮仓,派尤特人在这里聚集狩猎,摩门教农民在这里开垦土地。现在,成千上万的游客涌向这里,观赏数百万年地质力量构建的奇观,其中最受欢迎和最著名的景点就是"天使降临地"。

这个景点位于山谷中央一座陡峭的山峰顶端,从谷底到山顶的往返长度有8公里,垂直高度将近450米。徒步旅行者从哥洛多汽车站出发,沿着维尔京河蜿蜒前行,湍急的河水持续不断地冲刷和加深着锡安峡谷;而后穿过冰箱峡谷,这是由维尔京河的小支流切削而成的一条凉爽、葱茏的岩石走廊。随后,小道通往沃尔特连续发卡弯道,这一系列弯道以公园第一任主管沃尔特·鲁什的名字命名,他于1925年负责监督手工建造这条步道的全过程,这条步道在当时被认为是一项工程壮举。

童子军观景台位于谷底上方约305米处,是徒步旅行者吃零食、休息和欣赏美景的最佳地点。许多人在这里打起了退堂鼓,因为最大的挑战就在眼前:沿着一段窄窄的岩石小道攀爬垂直高度122米,对于恐高的人来说完全做不到。崖壁陡峭,如刀削斧劈般屹立,让人心生畏惧。好在旁边有铁柱,铁柱之间有铁链相连,步履蹒跚的

行前须知

"天使降临地"非常受欢迎(理由显而易见),所以可以选择清晨或下午晚些时候去,能够避开人群。在沙漠中徒步旅行时,必须涂上防晒霜,还要戴上遮阳帽。对于前往"天使降临地"的徒步旅行,锡安国家公园管理局建议徒步旅行者穿结实、合脚的登山鞋,鞋底要有防滑橡胶层,以便通过陡峭的砂岩。

大角羊非常适应锡安国家公园的岩石地形。

徒步旅行者可以拉着铁链小心翼翼地走过这段路。崖壁与谷底近乎垂直,攀岩者基本不可能从光滑的峭壁上攀爬上来。经过这段令人肾上腺素飙升的攀爬,攀岩者就登上了山顶,可以俯瞰无与伦比的风景:巨大而陡峭的条纹状崖壁上点缀着绿色植被,高耸直立的崖

你会看到：红色岩石峡谷｜维尔京河｜骡鹿｜狐狸｜蝙蝠｜大角羊｜小袋鼠｜岩松鼠

壁就像帝王的护卫一样，从四面八方守卫着这片宁静的山谷。

职业背包客安德鲁·斯库尔卡说："这是锡安国家公园最经典的景观，尤其在绿意盎然的春季更加令人惊叹。巨大的红色岩壁、碧绿的草地和融雪的河流形成了鲜明的对比。"远处，高耸的巨石崖壁在白色、粉色、红色和米色的色调中渐渐远去。

一名徒步旅行者坐在"天使降临地"前休整，随后他将沿着狭窄的步道爬上山顶。

美 国

大峡谷哈瓦苏派

蓝绿色的瀑布绿洲

距离：往返约 32 公里　　　**行程**：4 天
最佳出行时间：春季和秋季　**难度**：艰苦

哈瓦苏巴亚（Havasu Baaja），原意是"居住在蓝绿色水域的人"，现在被称为"哈瓦苏派部落"。1000 多年来，他们一直生活在亚利桑那州科罗拉多大峡谷底部的一个山谷中，这个山谷被陶土色砂岩悬崖环抱着，静谧清幽，植被葱茏。这个山谷里隐藏着几条蓝绿色的瀑布，丰盈的水源世代滋养着豆类、玉米和南瓜等作物。瀑布就在村庄旁边，倾泻而下的水流落入石灰华池内，由于天然碳酸钙的存在，池水呈现出令人惊艳的绿松石色。

几十年来，这片砂岩中的绿洲一直是徒步旅行者钟爱的目的地。时至今日，这里仍然没有通公路，游客只能徒步 16 公里、骑骡子或乘坐昂贵的直升机才能到达。送往这里的邮件也仍然要通过骡子运输才能到达苏派村。即使如此，这里仍然是一个备受欢迎的旅游胜地。哈瓦苏派印第安人保留地采用许可制度来控制游客数量，因此来这里徒步的机会异常珍贵。

那些有幸获得许可的徒步旅行者会从大峡谷南缘的西侧出发，而后快速通过一系列的岩石弯道，一路向下，一直到达峡谷底部。从那里开始，要走很长一段蜿蜒崎岖的山路，这些路段经常被高耸的悬崖遮住。走过这段山路之后，到达苏派村，再走 3.2 公里就来到高达 30 米的哈瓦苏瀑布跟前。瀑布飞泻，水汽氤氲，周围形态各异的悬崖在水汽蒸腾中看上去好像要融化了一样。瀑布底部的蓝绿色水池十分迷人，仿佛在向岸边晒太阳的疲惫登山者招手致意。

备选路线

雷鸣河—鹿溪环线从北缘进入大峡谷，行程 4—5 天，有一小部分来哈瓦苏派印第安人保留地的游客会选择这条路线。沿着这条环线徒步，你会看到历经数百万年形成的地质构造，经过一条从悬崖表面喷涌而出的河流，然后沿着科罗拉多河行进，到达鹿溪的狭缝型峡谷。

通往哈瓦苏派印第安人保留地的道路两旁悬崖耸立,绿树成荫。

哈瓦苏瀑布周围有一片长条形、热闹非凡的露营地,沿着小溪一直延伸到穆尼瀑布。穆尼瀑布比哈瓦苏瀑布高,因一名从悬崖上坠落身亡的矿工而得名。不怕冷的徒步旅行者勇敢地沿着陡峭的山路下行,小心翼翼地穿过岩石间的通道,在陡峭的路段需要抓住固

你会看到： 科罗拉多大峡谷｜砂岩悬崖｜哈瓦苏派印第安人保留地｜哈瓦苏瀑布｜仙人掌｜棉白杨树林

第 48—49 页：哈瓦苏瀑布倾泻而下，落入下方蓝绿色的水池中。

上图：前往哈瓦苏派印第安人保留地的游客必须在那里过夜；哈瓦苏溪沿岸的露营地提供 3 晚的预订。

一座步行桥横跨在哈瓦苏溪上,通向哈瓦苏派印第安人保留地。

挑 战

在大峡谷国家公园,从南缘到北缘(或者从北缘到南缘)的徒步行程是超跑者和雄心勃勃的徒步旅行者的最爱。根据具体路线的不同,往返至少要走32公里,下降的垂直高度接近1400米,先下行到达谷底的科罗拉多河,然后再上行返回。有些人甚至会放弃乘坐往返班车,转而选择"南缘—北缘—南缘"(或相反)的徒步行程,两次穿越大峡谷。

定的铁链,一直走到瀑布底部。过了穆尼瀑布之后,游客逐渐减少,小路变得更加崎岖不平,但这正是徒步旅行者在哈瓦苏派印第安人保留地独处的最好机会。

这条小路沿着峡谷、顺着小溪蜿蜒而下,经过瀑布,最后穿过保留地的边界进入大峡谷国家公园。在距离穆尼瀑布底部13公里处,小路跨过科罗拉多河,那里有一系列岩壁架,是日光浴的完美地点(有时,那里的筏夫们甚至会停下船,给徒步旅行者提供冷饮)。

在漫长的回程途中,你可以静静地品味峡谷:聆听峡谷鹪鹩轻快的歌声,在棉白杨树荫下感受微风拂面而过,惊叹仙人掌花园在春季盛开红色的花朵。

傍晚时分,哈瓦苏派印第安人保留地的露营地里挤满了心怀敬畏、筋疲力尽的徒步旅行者。在入睡之前,趁着这个机会仰望星光灿烂的夜空,尽情欣赏水、风和其他自然力量在地球上创造出的这个令人叫绝的大裂缝。

美国

总统山脉穿越

穿越古老山脉的历史小道

距离：直线距离 32 公里　　**行程**：1—4 天
最佳出行时间：仲夏至夏末　　**难度**：艰苦

千万别错过新罕布什尔州的白山，否则你可能会后悔不已！白山是阿巴拉契亚山脉的一部分，长 140 公里，距离波士顿和纽约等美国人口密度非常大的城市不到一天的车程，但它的魅力远远超出你的想象。这条山脉以其变幻莫测的天气而闻名，暴雪、闪电或飓风级的大风在一年中的任何一个月都可能出现。这里还是一个户外运动中心：1600 公里的步道、壮观的裸露岩石山峰和寂静的森林吸引着成千上万的东海岸探险者，他们来这里徒步旅行、攀岩、跑步、登山、游泳，冬季还会来这里滑雪。

可以说，徒步旅行者和跑步者来这里的终极目标就是完成总统山脉穿越。这条路线全长 32 公里，连接 9 座以美国总统命名的山峰（以及少数以其他人命名的山峰）。走完全程是一个充满艺术感且不可抗拒的挑战，要攀登 2600 米的垂直高度，其中大部分路段在树线以上且生态敏感的高山地带。一些人喜欢在一天内走完整条路线，但如果想要欣赏沿途的风景，饱览那里稀有而独特的生态系统，并在风暴来临时留出充足的时间从步道上转移，就需要花 2—4 天的时间。多花几天时间走完全程的另一个原因是，阿巴拉契亚山脉俱乐部的小屋干净、整洁、有序，间隔大约一天的步行路程，为徒步旅行者提供住宿，并供应早餐和晚餐（午餐时间也提供热汤和烘焙食品。想要在小屋里过夜的话，需要提前几个月预订）。

大多数人从北向南穿越，从阿巴拉契亚步道起点开始，经过麦

土地保护

美国东北部的大部分高山苔原分布在总统山，其特有的矮小植物可以在强风和风暴中存活下来，但可能会被人类不小心踩死。为了保护它们，徒步旅行者应该在步道上行走，或在岩石之间跳跃。另外，要使用华盛顿山山顶小屋的洗手间，而不是去高山地带的洗手间。

华盛顿山天文台的一名工作人员在华盛顿山的山顶上观察天气并欣赏景观。

迪逊温泉小屋,然后气喘吁吁、浑身酸痛地爬上麦迪逊山。步道沿着高山山脊延伸,通向亚当斯山、杰斐逊山和克莱山,可以俯瞰海湾荒野里的巨大冰斗。在跋涉途中,徒步旅行者可以登上华盛顿山,它是美国东北部的最高峰,山顶上有一个自助餐厅和游客中心,每

你会看到：海湾荒野｜池塘｜高山杜鹃｜花岗岩山峰｜落叶森林｜历史小屋

第54—55页：一只红狐蜷缩在华盛顿山的冰雪中。

上图：绿叶小屋提供热餐和步道信息，在这里还能欣赏拉斐特山和鹰湖的美景。

一块被白雪覆盖的标识牌,上面标注了华盛顿山的顶峰海拔1917米。

行前须知

这条路线上分布着多幢欧式小屋,它们有着悠久而丰富的接待徒步旅行者和登山者的历史。米斯巴温泉小屋、云湖小屋和麦迪逊温泉小屋都位于总统山脉穿越沿线,交通便利,但需要提前预订。步道沿途的一些地点也设有休息站和帐篷露营地。

年大约有25万名游客登上山顶(其中许多人是乘坐19世纪建造的齿轨铁路列车抵达山顶的,这条铁路以高达37°的陡峭坡度一直向山上延伸)。虽然山顶经常笼罩在云层中,但在阳光明媚的日子里,从山顶上可以看到美国近边5个州、加拿大,甚至大西洋上空的清晰景象。

一些徒步旅行者在附近的云湖小屋过夜,或者继续往前走,经过门罗山、艾森豪威尔山和皮尔斯山,到米斯巴温泉小屋过夜。第二天,沿着克劳福德步道(美国最古老的步道,一直维护良好)前行,这条步道始建于19世纪初,当时作为货物运输路线使用。阿巴拉契亚山脉俱乐部运营的往返班车会把徒步旅行者安全地送回阿巴拉契亚步道起点。

总统山脉穿越的大部分路段在树线以上的高山地带,这让这次徒步旅行更具挑战性,也更有吸引力。但是,这条路线的魅力还蕴藏在那些更安静的景点之中:坐落在山峰之间、像镜子一样明亮的小池塘,在严酷的高山地带顽强生存的高山杜鹃花,夜幕降临时缀满繁星的苍穹。

美　国

霍河步道

绿色的天堂

距离：往返 56 公里　　**行程**：3—4 天
最佳出行时间：夏季　　**难度**：中等

提到霍河雨林，很多游客都会赞叹"很神奇""非常迷人""就像奇幻电影里的场景一样"。霍河雨林位于奥林匹克国家公园西侧，是一片古老的温带雨林。奥林匹克国家公园结合了群山、雨林和海岸三种截然不同的生态环境，覆盖着华盛顿州奥林匹克半岛的大部分地区。这片绿意盎然的植物宝库每年的降水量都在 3.7—4.3 米，但夏季这里的天空总是十分晴朗。徒步旅行者通常在 6—9 月来这里远足，6 月高海拔山坡上的积雪刚刚开始剥落，9 月则是新一轮的暴风雪即将来临的时候。但是，如果你做好了淋一次大雨的准备，可以在一年中的任何时候去霍河雨林的低海拔地区徒步旅行。

霍河步道是徒步穿过这片雨林最受欢迎的步道之一，这是一条 56 公里长的往返路线，大致沿着霍河行进，穿过森林后进入高地。这条步道从一开始就让人心情愉悦，它沿着河岸蜿蜒延伸，然后又回到森林中（许多一日徒步旅行者只是在步道的第一段来回走一圈）。霍河步道就是名副其实的绿色长廊，背包客们就沿着这条长廊在林间漫步数公里。西加云杉和西部铁杉的树干周长可达 4.5 米，树干和树枝上长满地衣和苔藓，蕨类植物和密密麻麻的苔藓覆盖着每一个你能想象到的表面，使森林的地面看起来像铺了地毯一样。

这条步道的最后 8 公里需要消耗很大的体力才能走完，因为要攀升超过 1000 米的垂直高度，穿过点缀着百合花和苔藓的麋鹿湖，再

野生动物掠影

奥林匹克国家公园是华盛顿州最大的罗斯福麋鹿群栖息地。罗斯福麋鹿是体型最大的一种麋鹿，霍河雨林是观赏罗斯福麋鹿群的最佳地点之一，大约 20 头罗斯福麋鹿栖息在那里。秋天，进入交配季节后，可以听到它们诡异的高音叫声和咕噜声。

上图：霍河雨林里的参天大树值得驻足欣赏。

第60—61页图：蓝色冰川和奥林匹斯山在霍河步道的尽头迎接徒步旅行者。

向上穿过森林，到达奥林匹斯山的高山草甸斜坡。这条步道顶端是一个侧冰碛，可以看到位于奥林匹斯山北坡的一座蓝色冰川。

  大多数背包客至少要花3天的时间才能到达观景台，然后再悠闲地返回。毕竟，这次徒步旅行中最美好的时刻就是你空闲的时候，

你会看到：温带雨林｜罗斯福麋鹿｜西部铁杉｜西加云杉｜地衣｜苔藓｜麋鹿湖｜冰川

比如：小心谨慎地静观一头熊在远处蹒跚而行，饶有兴致地看着一只香蕉鼻涕虫缓慢地爬过步道，或者欣赏云朵在这片宁静的河谷山坡上自由自在地飘荡，姿态万千且变化多端，最后消失得无影无踪。

徒步后活动

宝石湖隐藏在高山湖泊荒野区内，距离霍河约 6 小时车程。徒步旅行者沿着雪湖（比宝石湖面积更大的一座高山湖）步道的主干道前行，或者根据雪湖步道和岩溪步道 #1013 交界处 3.2 公里外的指示牌的提示，就能走到位于莱特山脚下的宝石湖。

美 国

纳帕利海岸卡拉劳步道

热带田园风光

距离： 往返 35 公里　　**行程：** 1—3 天
最佳出行时间： 春末和夏季　　**难度：** 艰苦

从海上看，夏威夷州考艾岛纳帕利海岸上陡峭的悬崖拔地而起，上面覆盖着郁郁葱葱的植被，似乎难以逾越。但是，夏威夷原住民已经在这片令人生畏的海岸上穿行和居住了无数年。今天，他们曾经种植芋头的梯田依然存在，一条无任何遮蔽的壮观步道将津耶海滩和僻静的卡拉劳海滩连接起来。卡拉劳海滩近1公里长，只能步行或乘船到达。它隐蔽在丛林中，人迹罕至，耸立的悬崖和翻滚的海浪是它忠诚的守护者。一日徒步是夏威夷海岸完美的旅行方式，要沿着纳帕利海岸跋涉18公里。

这条步道也享有很高的声誉。步道的部分路段十分危险，刀削般的悬崖直落大海，在通过悬崖的狭窄处时，徒步旅行者需要抓住植物的根部（恐高症者不要尝试）。下雨时，水顺着排水沟和斜坡倾泻而下，道路变得非常湿滑。有时，山洪导致溪流暴涨，洪水像脱缰的野马冲下山坡。2018年春季，严重的洪水和山体滑坡破坏了步道，甚至破坏了通往步道起点的高速公路（2019年6月，步道和高速公路得以修复，夏威夷国土与自然资源局开始向夜间徒步旅行者和其他越过哈纳卡皮爱小溪的人发放许可证）。

尽管卡拉劳步道充满挑战性，但或许正因为如此，它才非常受欢迎。来这里进行一日徒步的旅行者非常多，甚至会造成步道最初几公里的路段拥挤，但随着一步步向海岸线靠近，步道上的人会越来越少。这条步道虽然接近海平面，但一点也不平坦，它在山脊上

行前须知

暴雨来袭时，随着远处暴雨径流的增大，在几乎毫无预警的情况下，纳帕利海岸的溪流水位会以惊人的速度上涨。一定要等到水流缓和后再蹚水过去，即便这意味着你会错过航班。如果尝试在高水位时涉过溪流，可能会受伤或死亡，而那些待在原地不动的人则能够安全地目睹岛上令人惊叹的自然奇观。

从海滨露营地可以看到纳帕利海岸和卡拉劳海滩的景色。

来回盘旋,中间要穿越 5 个不同的山谷。自然奇观几乎随处可见:瀑布从山谷中倾泻而下,溪流回旋着流入大海。站在高处眺望,太平洋烟波浩渺,一望无际,海面上帆影点点,海浪拍打悬崖的声音在远处回荡。最后,压轴戏登场了,那就是迷人的卡拉劳海滩。在

你会看到：津耶海滩｜卡拉劳海滩｜丛林悬崖｜瀑布｜太平洋海景｜纳帕利海岸

经历了长途跋涉的挑战，终于抵达这片与世隔绝的海滩后，你会感觉这里非常奇妙。

　　海滩旁的森林郁郁葱葱，徒步旅行者可以在树荫下找到露营地。一条步道蜿蜒几公里进入山谷，一直延伸到溪流中的一个水池边。傍晚时分，人们经常会聚集在一起观日落，欣赏落日余晖将太平洋上空的云彩染成红色。这里风光旖旎，令人流连忘返，有些游客乐不思蜀，就在这里住下了。虽然在海滩上定居是违法的，但海滩风光如此迷人，也就不难理解为什么有些人会冒险尝试这么做了。

在碧绿如翡翠的纳帕利海岸悬崖上徒步一天，看到的自然奇观不胜枚举。

第一部分　北美洲

美 国

阿巴拉契亚步道

原始长途徒步旅行的史诗

距离：直线距离约 3528 公里 **行程**：5—7 个月
最佳出行时间：早春到秋季 **难度**：艰苦

阿巴拉契亚步道是世界上最长、最富有传奇色彩的长途步道之一。这条步道是一位名叫本顿·麦凯耶的理想主义森林学家的创意，于 1937 年建成，是美国东海岸城市居民远离喧嚣、回归大自然的理想目的地。现在，这条狭长的荒野步道相对安静，并且穿过美国人口最稠密的地区，也因此显得前所未有的弥足珍贵和不可或缺。

阿巴拉契亚步道沿着阿巴拉契亚山脉的山脊延伸，就像东部沿海大城市生活中一段美妙的插曲，人们亲切地称它 AT。它从缅因州的卡塔丁山绵延至佐治亚州北部的斯普林格山，全长约 3528 公里。按照山脉的标准来看，这些东部的山脉已经很古老了，经过千万年的风化侵蚀，其最高点只有海拔 1800 米。也许是因为这条步道接近城市，所以它很容易被人们低估。但在每年 4000 多名尝试走完全程的徒步旅行者中，只有大约 1/4 的人做到了。

在某些地方，步道笔直地向上爬升到山顶，然后又从另一侧径直向下扎去。经验丰富的徒步旅行者将这些地方称为 PUD，即毫无意义的起伏。在另一些地方，比如缅因州的马霍苏克峡谷，所谓的步道就是一块块巨石堆砌而成，有 1.5 公里长，这些巨石大小不等，小的有普通大理石那么大，大的则如摩托艇那么大，徒步旅行者要像猴子一样在岩石间攀爬。然而，也许最大的挑战是在郁郁葱葱的落叶林中穿行，一公里又一公里地在林间小道上不停地走，真的是

备选路线

虽然每年都有数千人尝试走完整条步道，但据阿巴拉契亚步道保护协会估计，大约有 300 万人走过这条步道，其中大多数是体验一日徒步的旅行者。一天内能够完成的徒步路线随处可见。在田纳西州的罗恩高地，徒步旅行者会气喘吁吁地登上一个被称为"秃顶"的无树山顶，欣赏那里的田园风光。

上图：美国田纳西州和北卡罗来纳州交界处的罗恩高地上盛开着杜鹃花。

第68—69页图：只有1/4的徒步旅行者能走完全程。

单调又乏味。

然而，这条步道吸引了一批忠诚甚至狂热的追随者。站在露出地面的岩石上，徒步旅行者可以看到蓝色的山峦，母鹿正在哺育刚出生的小鹿，以及平静的小溪潺潺流过树林深处苔藓丛生的岩石。

第一部分 北美洲 67

你会看到：鹿｜黑熊｜海狸｜花栗鼠｜狐狸｜负鼠｜豪猪｜鹰｜啄木鸟｜林莺｜画眉｜鹩鹩｜蝾螈

事实就是，阿巴拉契亚步道具有历史意义，深受人们喜爱。对许多徒步旅行者来说，这正是这条步道一个巨大的吸引力。他们慕名而来，与志同道合者组成一个紧密的群体。他们交换建议，分享故事，共享食物。因为要面对一场非常重要的身体挑战，他们甚至常常深情地给对方起外号，比如"斗牛小丑""雷霆小鸡""失物招领"等。当然，当他们走到终点，也就是到达缅因州令人生畏的卡塔丁山之巅时，他们还会一起欢呼，一起落泪，一起大笑。

行前须知

因为每年都有很多徒步旅行者尝试从南走到北，所以南部路段总是人满为患。可以考虑一下"180°大转弯"，也就是从步道中间的某个地方开始，先走到起点或终点，然后再走完剩余的路程。阿巴拉契亚步道保护协会是一个非营利组织，负责维护这条步道，他们会为徒步旅行者提供经验分享和意见建议。

第一部分 北美洲 69

美　国

提顿之巅步道

山峰、野生动物和荒野

距离：直线距离约 56 公里　　　**行程**：4—5 天
最佳出行时间：夏季　　　　　　**难度**：艰苦

在怀俄明州的大提顿国家公园里，巍峨的提顿山脉高耸入云，就像神灵一般令人生畏，清澈的珍妮湖则像一面明镜，清晰地倒映出连绵起伏的提顿山脉。多年来，这里美丽的湖光山色已经被著名摄影师安塞尔·亚当斯和无数游客记录在镜头中，而那些驾车旅行的人则与这些美景无缘，他们不知道背后的风景更好。提顿之巅步道是美国首屈一指的荒野徒步路线之一，也是近距离欣赏这些美景的重要路线。

这条步道将多条小径连接在一起，全长大约 56 公里。当然，实际的徒步距离取决于你选择的具体路线。步道穿过布里奇－提顿国家森林公园和大提顿国家公园，徒步旅行者可以欣赏沿途美丽的高山风景：野花盛开的田野、高耸入云的山峰、隐藏于高山峡谷中的湖泊，以及丰富的大型野生动物物种，这使得它与美国本土其他地区截然不同。

这片土地上生活着种类繁多的野生动物，那些在原住民还是这片土地上唯一居住者的时期就自由出没于此的所有物种，今天都完整地保存了下来。在这里，黑熊、灰熊、驼鹿、鹿和旱獭并不罕见。有些动物虽然比较少见，但即使是狼獾、山猫和山狮这样神出鬼没的动物依然会在这些高山地带出没。

开启行程时，许多徒步旅行者会乘坐杰克逊霍尔山度假村的缆车，不到 20 分钟，缆车就能将他们送到海拔 1200 米以上的缆车终

野生动物掠影

黑熊和灰熊在提顿地区很常见，这就是公园管理局要求徒步旅行者携带防熊罐和防熊喷雾的重要原因。但还有一种动物也值得注意，那就是驼鹿。通常情况下，它们只是自顾自地待着，但有时也会变得很有攻击性。如果有驼鹿向你冲过来，你一定要后退，并试着躲到岩石或树后面。

彩笔峡谷上游暴雨过后，雾气在山峰下方缭绕。

点站（特别说明，缆车终点站有一个华夫饼摊）。然后，徒步旅行者沿着这条步道向北前往彩笔峡谷。这条步道经常蜿蜒在树线之上，你既可以欣赏提顿山脉的壮美风光，又能体验令人难忘的露营地。你可以在马里恩湖畔的帐篷露营地过夜，马里恩湖周围是一片开满野花的

你会看到： 野花｜湖泊｜驼鹿｜麋鹿｜騦鹿｜野牛｜灰熊｜黑熊｜狼｜山狮

草地，湖畔矗立的一块巨石像哨兵一样守卫着它；也可以在死亡峡谷岩架上，找一个可以俯瞰广阔峡谷的僻静之处安营扎寨。在阿拉斯加盆地，你可以欣赏仲夏傍晚的美景：染山霞渐渐从山峰上消失，高山湖平静的水面映出落日的绚丽色彩。建议你沿着步道由南向北走，把最美的风景留到最后。经过大提顿山、中提顿山和欧文山之后，步道会向西倾斜。从孤独湖到彩笔分水岭要经过几个高海拔的急转弯，攀升的垂直高度达450米，但你能欣赏到群峰竞秀、巍然耸立的壮丽景色。大多数徒步旅行者会在不到一周的时间内走完全程，时间太短的话，就可能欣赏不了太多风景。

大提顿国家公园附近出现大规模的雄麋鹿群。

美 国

朗斯峰攀登

征服科罗拉多的"14峰"

距离：往返 24 公里　　**行程**：10—15 小时
最佳出行时间：夏末　　**难度**：艰苦

科罗拉多州以拥有众多高峰而闻名，境内海拔超过 3048 米的山峰数量比美国本土其他任何州都多，其中海拔超过 4300 米的山峰有 50 多座，登山者通常称它们为"14 峰"。打卡科罗拉多州所有的"14 峰"是铁杆徒步旅行者、登山者，甚至滑雪爱好者为自己设立的远大目标。近年来，他们一直在努力创下最快纪录。在这 50 多座"14 峰"中，朗斯峰以其雄伟的身姿、磅礴的气势和距离丹佛市西北部仅 120 公里的地理位置，对西部地区的登山者产生了巨大的吸引力。

朗斯峰耸立在科罗拉多州北部，海拔 4350 米，是落基山国家公园的最高峰。落基山国家公园里不仅有巍峨壮丽的山峰，还分布着针叶林、高山苔原，甚至一些小的冰川，景色美不胜收。据估计，朗斯峰每年吸引 15000 名满怀希望的登山者。令人惊讶的是，超过一半的人因为疲劳、高原反应或恶劣天气而没能登顶（公园护林员经常被召集去营救那些因计划不周或做出错误决定而陷入困难的登山者，因此不要低估徒步旅行的难度和天气条件）。但如果正确行事，朗斯峰攀登将是一个令人愉快的挑战。

在众多徒步路线中，钥匙孔路线是最受欢迎的攀登路线。为了在这条路线上获得成功登顶朗斯峰的最佳机会，聪明的徒步旅行者最早会在凌晨 2 点出发，因为夏季的午后经常会出现雷雨天气，这样做就能够在雷雨来袭之前登顶并安全返回树线附近。

备选路线

因为海拔超过 4300 米，科罗拉多州"14 峰"获得了所有的赞誉。科罗拉多州还有很多海拔 4000 米的山峰，即"13 峰"，但这些山峰在公众视野中出现的频率要比"14 峰"低得多。徒步旅行者可以在"13 峰"中寻找一段美好的独处时光。比如暮光峰，它是科罗拉多州的"13 峰"之一，耸立于杜兰戈市北部的韦米努什荒野中，其形状像直立的鲨鱼鳍。

峡谷湖位于朗斯峰的阴影中,湖面海拔 3597.5 米。

早在日出之前,当你在黎明前的黑暗寂静中沿着一条被踩得发光的小路穿过森林时,攀登就这样开始了。等到天光大亮时,你会经过陡峭的钻石岩,它是山峰东侧一道可怕的岩墙,吸引着众多攀岩者;然后快步走过一座高山湖,穿过一片巨石场(要格外小心,

**你会看到：针叶林｜
高山苔原｜冰川｜高山湖泊｜
野花｜旱獭**

避免扭伤脚踝），攀爬到一个钥匙孔状的拱石口，这条路线也因此得名。从那里开始，步道通向一段峭壁岩架（悬崖边缘一系列突出的岩石，非常狭窄）和一条深沟（地势陡峻，且沟里布满松动的岩石），最后穿过峡口（一条穿过陡峭的悬崖面、令人胆战心惊的岩架状小路）。你必须爬过这些光滑的花岗岩，才能登上顶峰。沿着涂在岩石上的牛眼状标记，小心而快速地爬上倾斜的岩石，就能到达平坦开阔的顶峰。站在顶峰，俯瞰脚下巍峨壮丽的落基山脉，仰望头顶科罗拉多州辽远深邃的蓝色苍穹，你定会觉得不虚此行。

每年有近 15000 名登山者尝试攀登朗斯峰，每个人都希望在自己的登顶榜单中再添一座"14 峰"。

美 国

哈丁冰原步道

基奈峡湾国家公园里的巨大冰块

距离：往返 13.2 公里　　**行程**：5—7 小时
最佳出行时间：夏末至初秋　　**难度**：艰苦

哈丁冰原位于阿拉斯加州基奈半岛南部，面积约 1800 平方公里。从上方看，它像一片不停旋转的白色漩涡，两侧是优雅的灰色冰川，这些冰川像巨大的触手一样伸入海洋、湖泊或陆地。冰原厚度超过 304.8 米，是大自然的杰作。哈丁冰原是如此巨大且寒冷，以至于影响了该地区的气温、风力，甚至气压系统。

在全世界的巨大冰原中，哈丁冰原恰好是最容易近距离观察的冰原之一，只需沿着哈丁冰原步道往返 13.2 公里就能实现。哈丁冰原步道是一条陡峭崎岖的步道，沿途有许多弯道和旋转小道，迂回曲折，垂直高度大约 900 米。步道从山谷中的护林员工作站开始，蜿蜒穿过桤木和棉白杨树林，经过长满耐寒野花和绿色石楠的草地，通向一个视野开阔的观景台。在观景台，徒步旅行者可以看到一片广阔绝美的冰雪世界，这会让他们感觉自己很渺小。即使被厚厚的冰雪覆盖，冰原上那些"孤独的山峰"（因纽特语为 nunataks）仍依稀可见，深黑色岩石点缀着皑皑白雪，就像一幅淡雅的水墨山水画。阿拉斯加州是黑熊的主要栖息地之一，经常上演"熊出没"。在返回的路上可以留意一下黑熊，它们喜欢在步道边享用美莓大餐。

你会看到：
冰川 | 冰原 | 棉白杨树林 | 野花 | 美莓

土地保护

纤弱的高山植物可以承受骤降的气温、强劲的大风和猛烈的暴风雨，但个别徒步者的肆意踩踏对它们是一个独特的挑战。徒步旅行者要始终坚持在步道上行走，避免抄近道，这样就能减少对这些高山植物的伤害，达到保护它们的目的。

在哈丁冰原步道周围的山丘上,可以看到羚羊科家族中的耐寒山羊。

危地马拉
阿卡特南戈火山

炽热的山峰

———————

距离：往返 14.5 公里　　**行程**：1—2 天
最佳出行时间：晚秋至早春　　**难度**：中等

从墨西哥边境开始，数十座火山连成一线，蜿蜒近 300 公里，穿过危地马拉南部，一直延伸到萨尔瓦多。古城安提瓜附近耸立着几座火山，其中一座名为"富埃戈"的火山仍然十分活跃，不断发出轰鸣，并喷出烟雾和火焰。欣赏富埃戈火山巨大威力的最好方法之一就是爬上它旁边海拔 4000 米的休眠火山——阿卡特南戈火山。

阿卡特南戈火山侧翼有一条徒步路线，往返大约 14.5 公里，已经成为徒步旅行者的最爱，其中一些人会在 1 天内走完全程。但是，夜间住宿的徒步旅行者可以在半山坡露营，还能欣赏到附近富埃戈火山的壮观景象。富埃戈火山几乎每晚都会上演精彩的自然焰火表演，这一景象在夜幕中最为耀眼夺目。

这条步道已经被踏得很平，一路延伸，穿过 4 个不同的小气候区。沿着步道向上攀爬，经过当地农民种植百合、玉米和豆类的田地，穿越古老的云雾森林、松树林，最后登上一个由光秃秃的岩石组成的圆锥形山顶。从山顶俯瞰，威猛的火山、美丽的乡村，甚至阿提特兰湖和周围 3 座火山都一览无遗，有时远处的山峰之下云层重重叠叠，像一块块白色的鹅卵石。如果富埃戈火山再次用壮观的烟雾和振聋发聩的轰隆声抢了这些美景的风头，你也不要感到惊讶。

行前须知

徒步旅行者偶尔会迷路或因阿卡特南戈火山活动造成行程受阻，建议考虑雇一名向导，可以通过安提瓜的徒步旅行装备公司，比如老城户外用品公司（Old Town Outfitters）聘请向导，也可以在门户小镇拉索莱达找一位当地人当向导。山顶会非常冷，还有风，所以要带上保暖的衣服。

从休眠的阿卡特南戈火山山顶，登山者可以看到附近富埃戈火山喷出的火山灰。

你会看到：

四座火山 | 百合花田 | 云雾森林 | 阿提特兰湖

哥斯达黎加

科尔科瓦多国家公园

野生动物聚宝盆

距离： 直线距离 40 公里　　**行程：** 2—3 天
最佳出行时间： 冬季到仲春　　**难度：** 中等

拉丁美洲太平洋沿岸的大部分地区都十分干旱，但在哥斯达黎加南岸，风在塔拉曼卡山脉周围盘旋，从海洋中吸收湿气，并将其直接洒落到奥萨半岛。其结果就是形成了中美洲最大、最完整的低地太平洋雨林地带，这里不仅有幽深、茂盛、潮湿、藤蔓丛生的树林，还有空旷的灰色沙滩。值得庆幸的是，有远见的哥斯达黎加人把奥萨半岛的大部分地区辟为著名的科尔科瓦多国家公园，一些在其他地方已经濒危或灭绝的物种得以在公园里繁衍生息。

步行无疑是观赏种类丰富的野生动物的最佳方式。从门户小镇吉梅内兹港出发，徒步旅行者驾车前往卡拉特的公路尽头，然后步行 20 公里穿过丛林，其间时不时还可以远眺大海。继续走，前往塞雷纳河岸边的休息站，那里为徒步旅行者提供双层床位和食物。一路上，你能听到猴子发出的诡异嚎叫声，以及鸟儿的唧唧声、尖叫声和呜咽声。在塞雷纳休息站住一晚（或两三晚）后，徒步旅行者要么原路返回，要么再步行 20 公里从科尔科瓦多国家公园内部穿过，到达洛斯帕托斯的公路尽头。

要想看到更多种类的动物，一定要缓慢前行，不能着急。在其他地方几乎看不到的物种在这里却很常见，比如貘，它们经常在塞雷纳休息站外的草地上安静地吃草。在塞雷纳河，牛鲨偶尔会游到水面附近寻找猎物，鳄鱼则会在岸边晒太阳。在森林里，蜘蛛猴在

徒步后活动

虽然奥萨半岛的内陆以动物而闻名，但其海岸地带却以冲浪而闻名。当地的徒步旅行装备公司和度假村在半岛上为游客提供冲浪课程和冲浪器材租赁服务。帕翁尼斯小镇位于哥斯达黎加南部海岸的海湾对面，是一个悠闲的冲浪小镇，小镇左边有一个长达 1 公里左右的休息区。

科尔科瓦多国家公园覆盖了奥萨半岛近一半的面积,保护着占地 422 平方公里的低地热带雨林。

树上荡来荡去,濒临灭绝的食蚁兽四处游荡,长鼻浣熊(浣熊的近亲,鼻子小而尖,尾巴上有条纹)则成群结队地四处乱窜。那些非常幸运的游客甚至可能会发现这个国家仅存的一些野生猫科动物,包括豹猫和美洲狮。在这里,即使是小型野生动物也很有魅力,从

你会看到：貘｜牛鲨｜鳄鱼｜蜘蛛猴｜食蚁兽｜长鼻浣熊｜豹猫｜美洲狮｜青蛙｜绯红金刚鹦鹉｜蝴蝶

色彩斑斓的青蛙和绯红金刚鹦鹉，到漫天飞舞的美丽蝴蝶，无一例外。

前往塞雷纳休息站要走8个多小时，其间可以在森林和海岸边闲逛。天气通常十分温暖潮湿，因此必须储备充足的水，而且时不时跳进小溪里清凉一下也是很有必要的。虽然这场徒步旅行会让人挥汗如雨，但看到这么多的野生动物也算是回报丰厚了。而且，在塞雷纳休息站能够欣赏到太平洋上没有被人为破坏的美景，也是十分令人欣慰的。

突出的物种多样性为科尔科瓦多国家公园赢得了美国《国家地理》"地球上生物最密集的地方"称号，绯红金刚鹦鹉只是该公园众多物种之一。

多米尼克

瓦图库布里国家步道

丛林探险

距离：直线距离 185 公里　　**行程**：10—14 天
最佳出行时间：春季、夏季和冬季　　**难度**：仅限专家

尽管加勒比海（Caribbean Sea）的许多岛屿上涌现出了一批包罗万象的度假胜地和海滨开发项目，但多米尼克相对来说仍然处于未开发状态，这主要归因于其险峻的海岸、令人毛骨悚然的小型机场跑道，以及白色沙滩的匮乏（这里为数不多的海滩是鹅卵石和黑砂海滩）。因此，这一系列被称为"自然之岛"的火山岛目前还非常朴实无华，能让人沉浸在自然风光和丰富多元的加勒比文化之中。

海岸上出现了一些小旅馆和度假胜地，但旅游业已经慢慢进入海岛的内陆地区，那里是加勒比人的家园，他们在欧洲人到来之前就已经生活在这里了。瓦图库布里国家步道于 2013 年开放，修建这条步道的目的之一是将游客带到这些小型的内陆社区，并将温泉、海拔 1200 米的山峰及悬崖下僻静的海滩等景点展现在他们面前。这是该地区第一条长途徒步旅行步道，从斯科特斯海德半岛向北延伸 185 公里，这部分路段沿着海岸线蜿蜒，沿途有几家小旅店和餐馆；接着，步道掠过该岛的东海岸，然后转向西北方向，一直通往位于羚羊国家公园内的终点。

虽然这条步道标志清晰，但不要期望它能像国家公园里的步道那样整洁有序。这不是一次能够提前筹划的探险。瓦图库布里步道困难重重、挑战多多，比如陡峭湿滑的斜坡、酷热难耐的天气和布满大圆石（有婴儿脑袋那么大）的路段。不时还会下起瓢泼大雨，

行前须知

当地人已经在步道的大部分路段开设了旅社和家庭旅馆，甚至还会在路边售卖热腾腾的饭菜（偶尔还有私酒）。加勒比人种植木薯，并烘烤新鲜的木薯面包供徒步旅行者购买。这条步道本身也充满了自然奇观：肉桂的香味弥漫在森林中，徒步旅行者可以从野生的芒果树上摘下新鲜的芒果。

雪莉堡指挥官住所的废墟上覆盖着茂盛的森林。

引起河流和瀑布水位暴涨，让毫无防备的徒步旅行者措手不及。有时，山体滑坡还会摧毁步道的部分路段。2017年因超强飓风"玛丽亚"袭击，步道的14个路段全部摧毁严重，这些路段目前仍在重建之中。这里的生活格外地悠闲懒散（换言之，这里并不适合那些追

你会看到：雨林｜瀑布｜悬崖边的海滩｜天然温泉｜肉桂树｜西瑟罗和雅克鹦鹉｜芒果树

求完美计划的人）。不过，徒步旅行者只需在最后一刻打电话给提供乘车或住宿服务的当地人，就能解决乘车或住宿事宜，这种情况在这里并不罕见。

当然，对于一些人来说，这种探险体验正是这次徒步旅行吸引人的一个重要因素。徒步旅行者在泥泞不堪的步道上艰难跋涉，穿过茂密青翠的森林，沿途旖旎的风光就是对他们最大的回报。一路上，他们可以欣赏波澜壮阔的海景，体验独具魅力的加勒比文化（多米尼克是加勒比地区原住民人口最多的国家），感受翡翠池的秀丽风光——瀑布飞流直下，跌入池中，池水碧绿，色如翡翠，令人陶醉。

Kalinago Barana Autê 村里的石雕装饰。Kalinago Barana Autê 是多米尼克的一个加勒比文化村，这里充分展示了加勒比人的习俗和文化传统。

格陵兰岛（丹麦自治领地）
北极圈步道

辽阔的北半球腹地

距离： 直线距离 165 公里　　**行程：** 7—12 天
最佳出行时间： 夏季和初秋　　**难度：** 中等

格陵兰岛康克鲁斯瓦格郊外一个科学研究站的几栋建筑物，是徒步旅行者向西踏上北极圈步道（ACT）之前看到的最后一点人类文明景象。在这座远离都市尘嚣的岛屿上，最让人印象深刻的是一片广袤无垠的土地。低矮的山丘和宽广的高原向四面八方绵延不绝，仿佛永无止境。仲夏时节，北极的天空被染成长春花的蓝色，笼罩着整个大地。

休·托马斯是来自威尔士的一名徒步旅行者，自2006年以来，他已经9次到访北极圈步道和周围的荒野，并为其他徒步旅行者提供建议。"你会感觉到一种难以置信的空间感。"他说，"但对于一些人来说，这也会让他们感到有些畏惧。你不可能半路停下来坐公共汽车返回镇上。一旦你决定了，要么走过去，要么走回去。"

对大多数人来说，格陵兰岛在地图上只是一片空白。它是地球上最大的岛屿之一，大部分地区被平均厚度2300米的冰层覆盖，这里的居民相对较少。尽管它的名字叫"格陵兰"（Greenland，即绿色的土地），却几乎没有绿地。但是，人类在这里已经生活了几千年。

夏季，在格陵兰岛西部，徒步旅行者可以在无冰地带饱览荒芜之美。北极圈步道全长165公里，始于康克鲁斯瓦格的定居点，止于西海岸的西西缪特小镇，径直穿过这片无树的苔原。那些信心满满的旅行者在徒步开始时如果再多走37公里，就可以把格陵兰冰盖

行前须知

在北极圈徒步，最让徒步旅行者感到惊讶的两件事是：蚊子和温暖。如果你在仲夏季节去，因为蚊子多，一定要带上蚊帐。此外，还要多准备几层衣服，因为那里的温差很大，晚上气温会降至接近冰点，而白天气温又会高达20℃左右。

上图：在罗素冰川旁露营是北极圈步道的一大亮点。

第92—93页：北极圈步道上有许多河流交叉口。

作为起点。格陵兰冰盖的面积有171万平方公里，覆盖了格陵兰岛大约80%的地表面积，同时也影响了当地居民的生活方式。

由于北极圈步道海拔较低，步行通常并不困难。徒步旅行者顺着一条两脚宽的狭窄步道穿过沼泽、湿地、深厚松软的草地，然后

你会看到：沼泽｜桦树和柳树｜麝牛｜北极狐｜北极野兔｜潜鸟｜长尾鸭｜鹅｜鹰｜红颈瓣蹼鹬

因纳华托克小屋是一个非常受欢迎的休息站，周围环绕着美丽的塔塞盖普－萨盖山脉。

一只岩雷鸟在北极苔原安家。

沿着山脊和坚硬的裸露岩石前进。沿途看到的景色有宽广的高原、山谷和清澈的湖泊,湖泊有时能延伸 32 公里。这条步道上清楚地标记了堆石界标,看不到的话就容易迷失方向。

当然,这种荒野在很大程度上正是这条步道的吸引力所在。游客可以看到驯鹿的鹿角和骨头,偶尔也可以看到这些高大的动物。有时,麝牛家族也会出现。冬天,北极狐浑身披着蓬松的白色毛皮,在冰天雪地里跑来跑去,寻找并捕食北极野兔;但到了冬季后期,它们的毛皮就会逐渐变为棕色。这里的鸟类特别多。在湖面上,你可以倾听潜鸟发出的刺耳叫声。要留心观察群居的长尾鸭、鹅和鹰,还有红颈瓣蹼鹬,这是一种在苔原水池中筑巢的精致海鸟。

夏季,这里的天空通常十分晴朗,许多徒步旅行者会在沿途露营。步道沿途有 10 栋简陋的小屋,小屋里有铺位,相邻两栋小屋之间相距约 1 天的步行路程(早点到小屋里去,否则可能会有很多其他徒步旅行者入住)。在这些简陋的小屋里,你可以与其他徒步旅行者分享故事,在北极微风的吹拂下放松身心。

文化亮点

北极圈步道穿越阿斯维斯尤特 – 尼皮萨特地区,这里是因纽特人的狩猎场,有着 4500 年的文化历史,2018 年被联合国教科文组织列为世界遗产。数千年来,萨卡克人、多塞特人和图勒因纽特人的考古遗址,以及殖民时期的考古遗址,点缀着人们狩猎驯鹿和捕捞红点鲑鱼的这片土地。

第二部分

南美洲

哥伦比亚科科拉山谷（参见第 144 页）中遍布着高达 60 米的蜡棕榈树

秘鲁

萨尔坎泰路线

前往马丘比丘的备选路线

距离：直线距离 74 公里　　　**行程**：4—6 天
最佳出行时间：南半球的秋季到春季　　**难度**：艰苦

自从希拉姆·宾厄姆 1911 年发现印加古城马丘比丘以来，这座遗址就激发了人们对它神秘的崇敬之情，并在过去的几十年里激励着许多充满幻想的历史爱好者络绎不绝地前往该地朝圣。这座印加古城遗址位于秘鲁安第斯山脉的维尔卡班巴山中，坐落在海拔约 2300 米的两座山峰之间。事实上，马丘比丘是秘鲁最受欢迎的徒步旅行目的地之一，通往那里的印加古道经常人满为患。现在，秘鲁政府每天只向徒步旅行者发放 500 张许可证。因此，在库斯科和圣谷周边地区就出现了一些前往马丘比丘的备选路线，其中就包括令人惊叹的萨尔坎泰路线。

徒步旅行者通常会先飞到库斯科，库斯科曾是印加帝国的首都，被认为是西半球最古老且一直有人居住的城市之一。库斯科的海拔高度在 3400 米左右，是适应高海拔的绝佳地点。徒步旅行者可以在库斯科逗留几天，欣赏那里有着数百年历史的石墙，看看身穿五颜六色服装的当地人。

萨尔坎泰路线的起点位于索雷帕姆帕城外的一条小道上，距离库斯科大约几小时的车程。徒步旅行者沿着小道行走，越过巍巍群山和地势险峻的山口，穿过十几个不同的生态系统，到达一个火车站；然后，乘火车到达温泉镇，温泉镇是通往马丘比丘的必经之地。一路上，徒步旅行者不仅会被壮丽的山峰和冰川震撼，也会被山中居民的热情打动，还会欣赏到高山、云雾森林和竹林等多样性

行前须知

如果你想追随印加人的脚步，可能会爬上海拔超过 3000 米的山峰。在旅途中留出几天时间来适应环境，并保持水分充足是一个明智的选择。另外，还要注意高原反应，比如出现头痛、恶心、头晕、疲劳等症状，如果症状加重，一定要下到海拔较低的地方去。

一条岩石小路通向印加遗址奥扬泰坦博。

的景观。随着时间的推移，徒步旅行者还会在各个考古遗址驻足，在绿松石色的胡曼蒂湖畔流连忘返。虽然可以露营，但许多人还是会选择住在豪华的高海拔生态小屋里。这些生态小屋由秘鲁山地旅馆经营，它们之间相距只有一天的步行路程。毫无疑问，在海拔超

你会看到：印加遗迹（马丘比丘）｜
云雾森林｜竹林｜冰川｜
胡曼蒂湖｜咖啡和水果种植园｜蜂鸟｜蝴蝶

第 100—101 页：途中经过的胡曼蒂湖是享受午餐的绝佳地点。

上图：徒步旅行者沿着步道攀登上山时，经常会受到住在山里的当地居民的欢迎。

徒步旅行者到达马丘比丘后，就能看到印加遗址，包括一层层梯田和一间守护者小屋。

备选路线

拉雷斯路线是印加古道的另一条备选徒步路线，通常在3—4天内就能走完。徒步旅行者要爬过数个高海拔山口，其中最高的山口海拔4300米，抬头就能看到连绵起伏的安桑吉特山。穿过偏远的山地居住区后，会经过小型湖泊、农田和放牧的羊驼群，然后到达奥扬泰坦博遗址，再从那里乘坐火车和汽车前往马丘比丘。

过3600米的地方行走几天后，一些舒适的物质享受还是十分诱人的。萨尔坎泰山口海拔超过4600米，是公认的这条路线中最具挑战性的部分。过了山口之后，会走一段下坡路，穿过布满巨石的旷野、起伏的山丘、崎岖的河谷和茂密的云雾森林。到达温泉镇之前，徒步旅行者可以爬上拉克塔帕塔山口和拉克塔帕塔遗址，从那里可以看到马丘比丘独特而神秘的景色。

"沿途值得欣赏的景点实在太多了，很难说哪个是我最喜欢的，"秘鲁山地旅馆项目开发人安德烈斯·阿达斯姆说，"可能是美丽的萨尔坎泰山雄伟的身姿，也可能是神圣的胡曼蒂湖纯净的湖水。有人会说，最喜欢这条路线上从冰川到高山云雾森林所带来的令人震惊的差异性和多样性，或者仅仅是双脚踩在印加古道上的那种感觉。"

当然，对于这次徒步旅行来说，马丘比丘本身就是再合适不过的奖励了。马丘比丘坐落在两座巍峨陡峭、林木葱郁的山峰之间一处狭窄的平缓地带，是为数不多的几乎保存完好的前哥伦布时期的印加遗址之一。几个世纪前，印加人就居住在这群山环抱中的马丘比丘，不难想象当时人们在这里的生活是什么样子的。

秘鲁

坦博帕塔国家自然保护区

野生动物的天堂

距离：不定	行程：1 天以上
最佳出行时间：4—11 月	难度：容易

坦博帕塔国家自然保护区位于秘鲁低洼的坦博帕塔河畔，面积 271510 公顷，这里生长着茂密的原始森林。这片丛林中既没有大型高速路，也没有普通公路，甚至连维护良好的国家级风景步道都没有。但是，这里有一些狭窄的步行小道在绿意盎然的林间穿过，让勇敢的徒步旅行者能够完全沉浸在丛林探索中。

徒步旅行者通常会住在坦博帕塔河上的生态小屋里，而水面平缓、水流悠长的坦博帕塔河就是该地区的"高速公路"。在该地区的众多生态小屋中，坦博帕塔研究中心是最隐蔽的，也是唯一一栋位于保护区内的小屋。它是一个科学研究站，成立于 1990 年，在 2000 年坦博帕塔国家自然保护区成立时被保留下来。

漫步在茂密的丛林中，可以看到丛林中长满了木棉树和棕榈树，木棉树有着巨大的支撑根，棕榈树的叶子大到足以包裹整个人。可以探索棕榈树林或竹林，棕榈树林里的棕榈树高达 30.5 米；也可以探索黏土地，数百只彩色金刚鹦鹉聚集在那里取食黏土以获取盐分，并进行社交活动。

在坦博帕塔国家自然保护区里徒步，可以让你放慢脚步，获得内心的宁静，并提升身体的敏捷性。如果你有一双善于发现的眼睛，并且有足够的耐心，整个野生动物的世界就会展现在你眼前。你可能会看到一群松鼠猴在树上荡来荡去，或者 60 多只野猪在灌木丛中

备选路线

到了晚上，雨林里就会是另一番景象。鸟类、哺乳动物和昆虫在黑暗中发出各种叫声，如果你将手电筒的光束照向灌木丛，就会看到暗夜中一双双发光的眼睛。可以考虑进行一次夜间徒步旅行，寻找夜间出没的物种，比如从树上向下窥视的小型哺乳动物，以及栖息在森林地面上的青蛙、狼蛛和萤火虫。

雨林中有一条树冠步道,距离地面21米。

横冲直撞,这些并不罕见。河岸边,水豚在四处觅食,它是世界上最大的啮齿类动物,有绵羊大小,外形很像豚鼠。头顶上,鹦鹉、长尾小鹦鹉、犀鸟和蜂鸟在森林中欢唱。在小型牛轭湖里,甚至可以看到巨型河獭在优雅地游泳。虽然美洲豹神出鬼没,但乘船甚至

你会看到： 坦博帕塔河 | 木棉树 | 棕榈树林 | 竹林 | 金刚鹦鹉 | 松鼠猴 | 野猪 | 水豚 | 鹦鹉 | 长尾小鹦鹉 | 犀鸟 | 蜂鸟

步行的游客偶尔也会看到它们的身影。

在这个炎热潮湿的低洼地带，在崎岖不平，有时泥泞不堪的步道上徒步一整天之后，躺在生态小屋里听着丛林的奇妙之音入睡，是多么美好的一件事。丛林总是处于动态变化之中，徒步旅行者每天都会在林中探索新的路径，同时也会有新的惊喜和发现。

水豚和巨型牛鸟是坦博帕塔国家自然保护区发现的多种野生动物中的两种。

智 利

百内国家公园 W 线远足

巴塔哥尼亚的标志性塔状尖峰

距离：直线距离约 80 公里
行程：4—5 天
最佳出行时间：南半球的春季、夏季和秋季
难度：中等

  百内国家公园的 W 线以其路线近乎 W 形而命名，是巴塔哥尼亚地区最受欢迎的徒步旅行路线之一，而且确实并非徒有虚名。百内国家公园拥有世界上最雄伟的花岗岩群峰，这些尖峭挺立的山峰直入云霄，令人眩晕，考验着徒步旅行者的极限。而 W 线正好穿过最具代表性的花岗岩山峰。

  从西半球的任何地方到达 W 线都可能是一段相当漫长的旅程。W 线位于智利巴塔哥尼亚的腹地，需要先乘坐国际航班飞往智利的圣地亚哥或阿根廷的布宜诺斯艾利斯，再乘坐航班飞往蓬塔阿雷纳斯或卡拉法特，然后还要换乘几趟巴士才能到达。然而，毫无疑问，这样大费周折地去 W 线是绝对值得的，因为那里有绝美的风景迎接你的到来。

  如果你像大多数徒步旅行者一样从东向西旅行，那么第一天的行程会立刻吸引你。你将穿过一片纤细的落叶莲茄树林，爬上"百内三塔"底部的托雷斯观景点。"百内三塔"是三座高耸入云的尖塔状山峰，山脚下是一片如碧玉般翠绿的潟湖。第二天，在广阔的诺登斯科约德湖畔漫步，湖水清澈湛蓝，宛如一块无瑕的蓝宝石，美得摄人心魄。四周群峰耸立，悬冰川雄伟壮观。犄角山是百内国家公园的标志性景观之一，只能步行到达。当你前往犄角山时，一定要当心在头顶盘旋的巨型秃鹰或外形酷似骆驼的羊驼（坐落在山坡上的迷人私家小屋是徒步旅行者最喜爱的去处之一，这些私家小屋都配有燃木炉灶和门廊，

野生动物掠影

  多亏了当地得力的保护措施，美洲狮近年来才得以重返这片故土。虽然它们曾经行踪诡秘，但现在徒步旅行者在百内国家公园里发现它们的频率越来越高了，尤其是在一年中游客人数较少的时候。美洲狮通常会专注于捕猎野兔，但以防万一，你最好不要背对着它们自拍。

格雷冰川是巴塔哥尼亚南部冰原的一部分,高30米。

站在门廊就可以欣赏陡峭的花岗岩峰林)。之后,步道从犄角山通向弗朗西斯冰川的观景台,最终到达布里塔尼科观景点。站在观景点环顾四周,你会惊叹于奇异的角峰、陡峭的崖壁和尖塔状的山峰。最后一天,爬上格雷冰川观景台,可以看到蓝色的冰川围裹着一座暗黑色的潟湖,远处还有雪山作为衬托。

巴塔哥尼亚的天气以强风和意想不到的风暴而闻名，但在温暖的月份，这里的气温也会升高。大多数徒步旅行者会在南半球的夏季，也就是大约在 12 月到次年 2 月之间去徒步，这意味着这条步道在这段时间里可能会相当拥挤。重申一下，这条步道的社交功能也是徒步旅行的乐趣之一。晚上，徒步旅行者经常聚集在步道沿线的小屋里，吃着热乎乎的饭菜或喝着啤酒，交换当天徒步过程中或在

第 110—111 页：徒步旅行者向风景如画的诺登斯科德湖进发。

上图：羊驼温暖的羊毛让它们能够抵御百内国家公园寒冷的气候。

徒步旅行者可以在百内国家公园的智利营地露营、吃饭和休息。

备选路线

对于那些时间比较充裕且装备比较完善的徒步旅行者来说，可以考虑距离更长、大约需要 8 天走完的 O 线。这条路线包含 W 线的行程，徒步旅行者在走完 W 线之后，再继续走几天，回到 W 线的起点，这样就完成了一个壮观的 O 形环线。这条路线穿过偏远地区，经过冰川、湖泊、莲茄林，当然还有百内国家公园标志性的塔状尖峰和鱼鳍状山脊。

南美洲其他地方旅行中发生的故事。走了一整天，身体相当疲乏，需要停下来休息，此时如果遇到偏远村落，定会令人喜出望外（也可以沿着步道露营）。

为了避开高峰期，一些徒步旅行者选择在平季去徒步。想要更清净的话，可以在南半球的冬季，也就是大约在 5 月到 9 月之间去徒步，那时气温会降低，还会吹着平缓的微风。那时，百内国家公园在一层足以使山峰结冰的积雪之下静静地安睡，而步道上的积雪通常不超过 30 厘米厚。随着游客数量的减少，徒步旅行者也更容易发现那些平常行踪不定的野生动物，比如正在捕猎小型哺乳动物的美洲狮。

一粒种子探险公司（One Seed Expeditions）负责指导百内国家公园里的冬季徒步旅行，塞尔吉奥·努埃兹是这家探险公司的主管，他说："我在百内国家公园当了 15 年向导，冬季是我再次爱上公园的时候。冬季的雪和石头光怪陆离。冬季，阳光照射的角度越来越低，能看到最美的日落和日出。"

你会看到：莲茄树｜潟湖｜诺登斯科约德湖｜
冰川｜安第斯秃鹰｜南安第斯鹿｜狐狸｜美洲狮｜野兔

智 利

纳瓦里诺之牙步道

世界最南端的徒步旅行路线

距离：直线距离 53 公里　　**行程**：3—4 天
最佳出行时间：南半球的夏季　　**难度**：仅限专家

巴塔哥尼亚到处都是令人瞠目的步道，很难选择先走哪一条。如果想要沉浸在荒野之中，纳瓦里诺之牙步道就是首选。纳瓦里诺岛位于南美洲的最南端，即便是到达位于该岛北岸的威廉斯港（岛上唯一的城市），人们也会感觉像是前往地球尽头的一次朝圣之旅。此地天气多变，强风不断，但是即便如此，当地原住民雅甘人还是在长达 1 万年的时间里把这个看似不适宜居住的地方称为"家园"，在欧洲人到达之前，他们依靠丰富的海洋资源成功地活了下来，并靠着羊毛毛毯取暖。对大多数人来说，沿着这条狭窄的步道进入纳瓦里诺岛腹地，将会是与地球极端的一次震撼人心的邂逅。

维基·詹森是 Adventure Life 旅行社的一名阿根廷籍旅行经理，于 2017 年第一次穿越这条步道，他说："这次徒步旅行强度很大，原因并不在于距离远，而在于荒野和偏远地区、天气和周遭环境。"

对于穿越纳瓦里诺之牙步道的徒步旅行者来说，装备齐全且具备丰富的徒步旅行经验至关重要。这条步道先是蜿蜒穿过美丽的南方山毛榉林，然后穿过泥炭沼泽和荒芜的岩石斜坡，这些斜坡被冰川侵蚀和强风"雕刻"而成。在 3—4 天的时间里，徒步旅行者会爬过 3 个山口，其中最高的弗吉尼亚山口海拔 845 米，要留到最后去爬；还会经过无数座清澈的潟湖，这些潟湖看起来像一双双明亮的

徒步后活动

位于威廉斯港的马丁·古辛德人类学博物馆被誉为"世界最南端的博物馆"。在这里，徒步旅行者可以通过地图、文物和陈列品了解雅甘人、火地岛上其他乘坐独木舟的原住民，以及欧洲人来这里探访和定居的历史。

比格尔海峡以南的纳瓦里诺岛上盛开着美丽的高山花卉。

眼睛凝视着天空。

因为经常下雨,有些路段堆满了齐踝深的淤泥,其他路段则多是陡峭的山坡,上面遍布着松动的鹅卵石或流动的砾石。能在这种自然条件下生存的动物并不多,但你可能会发现麦哲伦啄木鸟或海

**你会看到：山毛榉林｜
泥炭沼泽｜潟湖｜海狸｜苔藓｜
苔类植物｜地衣**

狸，当然还有地衣、苔藓和苔类植物。尽管如此，这里的风景还是有一种不言自明的美，而且美得引人注目。牙齿状的陡峭山峰拔地而起，高耸入云，就像中世纪戴着兜帽的人。水池清澈见底，水面平静如镜，可以清楚地看到底部五彩缤纷的石头。这里经常大风呼啸，风暴骤变，而且气温较低，通常夏季夜间气温约0℃，白天气温在10℃以上。在这种自然条件下，沿着这片大陆边缘艰难跋涉，可以激发人们对这颗狂野星球强大力量的全新敬畏。

纳瓦里诺之牙步道沿途有连绵起伏的山脉和树木掩映的风景。

智 利

卢纳山谷

阿塔卡马沙漠中的月亮谷

距离：不定　　　　　　　　　　行程：1 天
最佳出行时间：南半球的春季、夏季和秋季　　难度：容易

阿塔卡马沙漠是地球上最干旱的沙漠，听上去它可能并不是特别吸引人，但这里拥有丰富的自然资源。这片超凡脱俗的沙漠位于安第斯山脉以西的智利高原上，沙漠里布满峡谷、石林、盐洞和其他神秘的地质构造。这片广袤的沙漠景观绵延数公里，沙丘连绵起伏，呈现出深红色、焦黄色、米色和赭色等不同的颜色，与蔚蓝的天空形成鲜明对比。要想在这片非比寻常的土地上度过难忘的一天，没有比卢纳山谷更合适的景点了。卢纳山谷也称月亮谷，位于繁华的旅游小镇圣佩德罗·德·阿塔卡马以西约 13 公里处。

卢纳山谷是一片被赤陶色悬崖环绕的开阔地带，山谷里其实并没有真正意义上的步道。在卢纳山谷徒步旅行更像是一次冥想式的漫游，是一个欣赏地球在其无尽的变化中创造出的各种梦幻奇观的机会。虽然游客数量并不算少，但在这样一个广阔的地区，人们还是很容易感受到一种宁静的氛围。你可以在一个巨大的圆形剧场般的山谷里漫步几小时，欣赏那里亮红色的岩层和大片的沙子；也可以去参观盐洞，它是一个狭长逶迤的峡谷，被水流雕刻出蜿蜒的曲线。然后，你可以爬上一座巨大的沙丘，俯瞰像倾斜的书架一样的悬崖。令人惊叹的是，远处有一片像月球表面那样广阔的微红色沙滩，上面没有植物，只有奇怪的凸起和山脊，看起来就像是电影《星球大战》（Star Wars）里塑造的场景。

行前须知

由于阿塔卡马沙漠海拔非常高，所以气温并不像处于同纬度的沙漠那样炙热，这里白天气温在 20℃左右，晚上气温在 0—5℃之间。出现高原反应时，明智的做法就是大量喝水和补充电解质，保持身体水分。

一名徒步旅行者独自穿过圣佩德罗·德·阿塔卡马小镇附近的魔鬼峡谷。

麦卡·谢里夫是一位英国的旅游博主、摄影师,也是 AnAdventurousWorld.com 网站的创立者,他说:"我感到十分震惊,这简直就是一片外星奇景。他们称之为'月亮谷',但从岩石的颜色看,红色很红,棕色又那么深,它更像火星。这是我去过的最美

你会看到：沙漠景观｜红色岩层｜盐洞｜沙丘｜石林

的地方之一。"

　　日落时分是体验这个地方的绝佳时机。头顶是巨大的蓝色苍穹，它就像一座剧院，任由流云在其中自由自在地表演。天空那么蓝，云朵的影子掠过地面，悬崖在阳光照射下呈现出光怪陆离的明暗变化。当太阳落山时，你能够明显感受到气温的逐渐下降；当逐渐减弱的光线将岩石染成红色、橙色和粉色时，你要静静地欣赏眼前这幅美景。沙漠中的夜晚可能会很寒冷，但当群星在深蓝的夜幕中开始闪烁时，景色也会变得非常神奇。

从阿查奇观景台欣赏卢纳山谷的全景。

智利

艾拉·奥·特·摩艾小径

行走在复活节岛古人的道路上

距离：直线距离 2 公里　　　　**行程**：1 小时
最佳出行时间：全年　　　　　　**难度**：容易

复活节岛，原住民称之为"拉帕努伊岛"，距离智利海岸3500公里，是世界上最偏远且有人居住的岛屿之一。这座孤零零的小岛被波涛汹涌的海水包围，海滩上空无一人，纯净的夜空中连一丝城市的光污染都没有。这座岛由死火山和凝灰岩构成，以其巨大的摩艾石像（moai）而闻名，这些石像主要是由原住民在14世纪至17世纪建造的。数百尊石像得以保留下来，和其他考古遗址一起，吸引着来自世界各地的游客。

许多步道穿过空旷荒凉的山丘，让人有机会欣赏连绵不断的景色，因而吸引着步行者和骑马的人。沿着艾拉·奥·特·摩艾小径步行是一次令人深思的徒步旅行，它走的正是古人将摩艾石像从火山口附近的采石场运到岛上其他地方的运输路线。从西到东，徒步旅行者沿着这条小径轻松前行，可以欣赏壮观的海景。距离采石场越来越近时，小径旁散乱分布的摩艾石像越来越多，古人正是在采石场雕刻这些巨大的石像的。

复活节岛旅行公司（Easter Island Travel）为徒步旅行者提供环岛旅游服务，公司创始人马库斯·伊登斯基说："就像在电影里看到的场景一样。人们用双手雕刻石头，创造了这些石像，你可以在过去的遗迹中漫步。这一切都是真实的，不是虚构的，但你置身其间真的会有一种虚幻的感觉。"

备选路线

对于那些喜欢远足的徒步旅行者来说，可以尝试一下复活节岛北海岸的徒步路线，全程直线距离21公里，要穿过小岛北端火山和大海之间一个偏远的无路地带。当你沿着海边的悬崖徒步时，最好雇一名向导，他能为你指出考古遗址和倒下的摩艾石像。

复活节岛上数百尊著名且神秘的摩艾石像散布在艾拉·奥·特·摩艾小径两旁,令徒步旅行者眼花缭乱。

你会看到:
摩艾石像 | 四处溜达的马 | 莫科乌里乌里蜥蜴

委内瑞拉

奥扬特普伊山

行走在深渊的边缘

距离：不定　　　　　　　**行程**：9 天
最佳出行时间：12 月至次年 4 月　**难度**：艰苦

在委内瑞拉被称为"特普伊"的砂岩平顶山脉中，奥扬特普伊山是面积最大的一座，它高高耸立在青翠的山谷中，常常薄雾弥漫，宛若缥缈仙境。其四周峭壁直立，很是骇人。攀登这座雄伟的平顶山，可以看到其不同寻常的构造，以及山顶独特的地质和特有的植物群。

徒步到达山顶一般需要 3 天左右，最适合经验丰富的徒步旅行者。在这里必须聘请向导，这是一个强制性的要求。徒步旅行者可以从玻利瓦尔乘飞机到达卡马拉塔山谷，然后从卡马拉塔山谷出发，前往著名的佩蒙社区并住在那里。第二天，继续向上走，徒步穿越稀树草原，穿过野花盛开、长满凤梨和藤蔓的森林，然后借助绳索爬上奥扬特普伊山陡峭、光滑的缺口。

Eposak 基金会旨在促进卡马拉塔山谷旅游业的可持续发展，基金会主席埃斯特万·托巴说："我在这里已经工作了 25 年，对我来说，这是一个非常特别的地方。这座山就像一个完全不同的星球，山顶面积接近 700 平方公里，只有一条路可以到达山顶。"这里有粉色的沙滩、壮观的瀑布、因含有单宁酸而呈橙黄色的河流和奇异的柱状岩石，犹如人间仙境。徒步旅行者会花费几天时间来探索这些奇观，然后再返回郁郁葱葱的悬崖平顶面。

历史拾遗

20 世纪 30 年代，委内瑞拉的天使瀑布首次被外人发现。这条瀑布从平顶高原奥扬特普伊山的绝壁上飞流而下，落差达 980 米。后来，这条瀑布以美国探险家詹姆斯·安赫尔的名字命名，所以又称"安赫尔瀑布"。2009 年，委内瑞拉总统乌戈·查韦斯重新命名世界最高瀑布安赫尔瀑布，称应以本土名字"Kerepakupai Meru"命名。

天使瀑布是世界上落差最大的瀑布，分为两级，其中第一级从奥扬特普伊山顶飞流直下，落差达 800 米。

你会看到：

野花 | 凤梨 | 藤蔓 | 粉色的沙滩 | 瀑布

厄瓜多尔

科托帕希火山

沉睡的巨人

距离：往返 15 公里　　**行程**：3 天以上
最佳出行时间：全年　　**难度**：仅限专家

科托帕希火山海拔 5896 米，是世界上最高的火山之一，其山体呈完美的圆锥形，巍然耸立在厄瓜多尔中部，召唤着那些勇敢的登山者。科托帕希火山是安第斯山脉北段支脉中科迪勒拉山的活火山之一，以壮观的火山喷发而闻名。但当这座高耸的巨型火山小憩时，登山者便会蜂拥而至，因为很少有机会接近这么高的火山。

尝试攀登这座山峰的人应该有冰川旅行（是的，这座火山被冰雪覆盖）的经验，要会使用冰斧、冰爪，但这条路线通常适合中级登山者。这座山峰最大的挑战是海拔高度。迈克尔·沃尔特是 RMI 探险公司的一名登山向导，已经攀登了 20 多次科托帕希火山，他说："那里是一个完全不同的世界，由于缺氧，一切都变得更加困难。你的爬行速度会慢很多。你感觉自己的心脏在剧烈跳动，肺好像在燃烧。"如果出现高原反应，登山者可能会出现头痛、恶心或食欲不振等症状。

为了适应登顶探险的海拔高度，登山者通常会在基多和周围的乡村待上几天，然后在何塞·里巴斯·雷夫吉奥度过一个夜晚，准备第二天登顶。何塞·里巴斯·雷夫吉奥是一栋维护较好的小屋，经常挤满了登山者。这栋小屋坐落在海拔接近 4900 米的地方，但登山者从最近的公路上轻松步行就能到达。到了登顶日，登山者会在午夜起床，开始攀登，在一片漆黑中，只有头灯的狭窄光束照亮

行前须知

挑战科托帕希火山的登山者应该有一定的登山经验。"我们建议人们在攀登科托帕希火山之前先攀登雷尼尔山，那会是一个非常好的测试地点。"登山向导迈克尔·沃尔特说，"那里的地形与科托帕希火山非常相似，温度也差不多，你使用的装备完全一样。攀登科托帕希火山时，你只需要再加上海拔高度这个变量就可以了。"

科托帕希火山是厄瓜多尔最活跃的火山之一,自16世纪以来已经喷发了50多次。

道路。空气中不时飘来火山内部散发出的硫黄味。火山冰面布满裂缝,当你爬上30°—50°的斜坡时,可以听到冰爪踩在坚硬的雪地上发出的嘎吱声。这条路线垂直攀升的高度约1000米,但并不像攀登陡峭的山峰那样具有技术难度。

你会看到：冰川斜坡 ｜ 乡村景观 ｜ 火山口 ｜ 森林和农田

爬过这段斜坡后，登山者们通常会在早上六七点登上山顶。从山顶可以俯瞰被冰雪覆盖的深色火山口。如果天气晴朗，棉絮状的云层在火山口下飘荡，云层之上只有赫然耸立的其他火山峰。如果足够幸运，恰好赶上碧空如洗、万里无云的好天气，还可以清楚地看到山下郁郁葱葱的森林和一块块错落有致的农田。

登山者在鞋上套上冰爪，攀登科托帕希火山冰雪覆盖的顶峰。

厄瓜多尔

圣卢西亚云雾森林

生活在迷雾弥漫的土地上

距离：往返约 5 公里　　**行程**：2 小时
最佳出行时间：10 月至次年 5 月　　**难度**：中等

云雾森林对生长环境十分挑剔，一般只生长在热带山脉的高海拔地区，那里雨水充沛，温暖潮湿的空气上升到顶峰，在植物上凝结成晶莹剔透的水珠。这些林地，也被称为"山地雨林"，正面临着诸多威胁，如农业生产和环境污染，但气候变化可能是最大的威胁，因为随着气候变暖，喜好凉爽的云雾森林不得不向山坡高处生长。

想要体验独特的云雾森林，你可以参观圣卢西亚保护区。它其实是厄瓜多尔一个颇具前瞻性的社区，致力于环境保护和生态旅游，而不是发展农业。圣卢西亚保护区虽然很小，面积只有 730 公顷，但 80% 以上是原始雨林，吸引着来自世界各地的科学家和学生。他们通常住在社区经营的、没有通电的一栋生态小屋里，这栋生态小屋坐落在一座郁郁葱葱的山上，只有一条长 2.5 公里的乡间小道能够到达。尽管笼罩在薄雾之中的山峦景色还算不错，但在这里徒步旅行不一定是为了欣赏壮丽的风景，而是让自己沉浸在云雾森林的生活之中，这需要敏锐的眼光和入微的耐心。

有 6 条步道穿过圣卢西亚保护区，包括一条据传曾是前印加时代的古老贸易路线。在这 6 条步道中，最受关注的是一条经过瀑布的步道，往返约 5 公里。这条步道从山坡上延伸下来，穿过热带雨林，经过 3 条小瀑布，最后到达圣罗莎河，河边有几个小池塘，池水清冽，让人忍不住想要跳进去游泳。山坡路段偶尔比较泥泞，

野生动物掠影

眼镜熊，也称"安第斯熊"，是南美洲唯一的熊种，因其眼睛周围有浅色斑纹而得名。这种动物非常害羞和孤僻，它们栖息在云雾森林的高处，主要以水果和其他植物为食，也吃一些鸟类、昆虫和啮齿动物。

有幸在森林里看到的一幕：一头眼镜熊爬到树上寻找水果。

下坡时一定要慢慢走。这里有很多值得一看的景色：娇嫩的兰花慵懒地在林下蔓延，蜂鸟嗡嗡地飞过，华丽的蓝色闪蝶在四周飞舞。

在云雾森林的部分地区，刺豚鼠、低地无尾刺豚鼠（一种长有斑点的刺豚鼠科动物）与蛇和青蛙一起生活在灌木丛中。眼镜熊也

第二部分 南美洲 131

你会看到： 瀑布 | 兰花 | 蜂鸟 |
闪蝶 | 刺豚鼠 | 低地无尾刺豚鼠 |
眼镜熊 | 蓝翅岭裸鼻雀 | 动冠伞鸟 | 山巨嘴鸟

是这个地区的"居民"。当然，鸟类总是特别抢风头。在这片云雾森林中，观鸟者在几天时间里看到70多种鸟也是很寻常的事情。一定要留意蓝翅岭裸鼻雀、动冠伞鸟和扁嘴山巨嘴鸟等鸟类。如果你没有发现这些鸟儿，就竖起耳朵倾听，循着它们或婉转动听或尖锐刺耳的叫声，在这片高山森林里总能寻找到它们的踪迹。

圣卢西亚保护区面积730公顷，生长着大片原始的热带雨林，促进了当地的生态旅游和环境保护。

厄瓜多尔

谢拉·内格拉和奇科火山

隐藏在加拉帕戈斯的奇观

距离：往返 16 公里　　　　**行程**：4—6 小时
最佳出行时间：冬季和春季　　**难度**：中等

在加拉帕戈斯群岛上，独特的野生动物往往最抢风头。巨型陆龟悠闲地爬来爬去，对人类旁观者视而不见，蓝脚鲣鸟不时发出悠长、空洞的叫声，海鬣蜥在海里游泳，海狮则在嬉戏和休息。但许多游客不知道的是，这些岛屿本身就是一大旅游亮点。

加拉帕戈斯群岛起源于火山，位于厄瓜多尔大陆以西约 1000 公里的太平洋上，以盾形火山、山峰、悬崖和火山口为特色，这些地质构造暗示着数千年前创造这些岛屿的力量是多么令人震惊。伊莎贝拉岛是加拉帕戈斯群岛中面积最大的岛屿，徒步旅行者有机会近距离观察岛上的谢拉·内格拉火山。谢拉·内格拉火山是一座巨大的盾形火山，火山口的直径达 10 公里左右，是世界上最大的火山口之一。

至今，谢拉·内格拉火山仍然十分活跃。2018 年 6 月，地震导致谢拉·内格拉火山附近地面出现多处裂缝，喷出了大量的火山灰和熔岩流。当时山坡上大约有 50 名游客被疏散，当地政府为了游客的人身安全禁止他们靠近火山。这次火山活动一直持续到 2018 年 8 月，公开资料显示，熔岩流的总覆盖面积达到 30.6 平方公里。当部分徒步路线再次开放时，当地官员仍密切关注着这座炽热山峰的动向。

当该地区对游客开放时，徒步旅行者可以沿着一条中等坡度的

历史拾遗

1535 年，巴拿马主教乘坐的船偏离航道，漂流到加拉帕戈斯群岛，使得他成为第一个发现该群岛的人。几个世纪以来，西班牙探险家、捕鲸者、海豹猎人和海盗都经常光顾加拉帕戈斯群岛，但英国博物学家查尔斯·达尔文在 1835 年的造访使它声名鹊起。加拉帕戈斯群岛特有的地方物种给达尔文带来很大启发，为他颇有影响力的自然选择理论的形成奠定了基础。

一只加拉帕戈斯象龟重达215千克，寿命可以超过100岁。

熔岩步道向上走，穿过低矮的植被、稀疏的树木、高大的仙人掌和大量的蕨类植物，来到谢拉·内格拉火山口边缘。途中可能偶尔会发现鸟类，但野生动物通常十分稀少。这次徒步旅行的重点是观察火山口周围的地形。在这条步道上几公里的范围内，火山口在岛上

你会看到：

火山｜熔岩场｜
仙人掌｜蕨类植物｜火山喷气孔

形成一个巨大的圆形洼地，看上去像巨人的浅汤碗一样。黑色、贫瘠的熔岩蔓延到火山口的底部，并一直延伸到很远的地方，就像电影《指环王》(*Lord of the Rings*)中的场景。

接下来，大多数徒步旅行者会继续他们的旅程，沿着火山口边缘前往奇科火山。途中，徒步旅行者会看到由米黄色、深红色和赭色岩石组成的月球火山景观，在如此恶劣的环境里植物无法生存。徒步旅行者可以在这片由火山喷气孔、低矮的山丘和崎岖的岩石露头组成的荒凉景观中漫步，欣赏伊莎贝拉岛的景色，然后再沿着原路返回步道起点。

伊莎贝拉岛上的谢拉·内格拉火山是加拉帕戈斯群岛最活跃的火山之一。

哥伦比亚

佩尔迪达城远足

印第安纳·琼斯式的丛林冒险

距离：往返 47 公里　　　　**行程**：4—5 天
最佳出行时间：12 月至次年 3 月　　**难度**：艰苦

佩尔迪达城，又被称为"失落之城"或"特犹纳"，是一处隐藏在丛林之中的古城遗址。它位于哥伦比亚北部的圣玛尔塔内华达山脉深处，坐落于海拔 900—1200 米之间的布里塔卡河流域。大约从 6 世纪到 16 世纪，原住民居住在这座城市，很可能是在西班牙人入侵时，他们放弃了这座城。当地人自称是原住民的后裔，并声称已经知道这处遗址有几个世纪了；1976 年，考古学家开始对古城遗址进行挖掘，结果很快它就为世界所知。

佩尔迪达城常被比作马丘比丘的野性版本，在哥伦比亚是独一无二的存在。如今，一条崎岖的小路通向这处美丽的石头遗址。尽管每年都有成千上万名勇敢的旅行者挑战这条往返 47 公里的小路，但这趟徒步旅行绝非易事。上坡时需要强大的体能，而令人汗毛直立的下坡路则考验着关节的稳固性和灵活性。另外，潮湿闷热的天气也是这次徒步旅行的一个挑战。如果风力增强，晚上可能会很凉爽。你可以把这种体验想象成一场泥泞不堪、蚊虫肆虐、大汗淋漓的印第安纳·琼斯式冒险。

徒步旅行者穿过曾经作为农业用地的开阔、无树的地区，然后穿过茂密的丛林和长满绿色藤蔓的林间小道。有好几次，徒步旅行者必须涉水通过布里塔卡河，河水通常齐膝深，甚至会漫过胸部（许多徒步旅行者选择在 12 月至次年 3 月的旱季旅行，为的就是

行前须知

考古遗址十分脆弱且不可替代。每天有多达 130 人参观佩尔迪达城。虽然有士兵守卫，有考古学家开展保护工作，但最好还是注意你的脚步，避免在石墙或松动的岩石上走动，让一切保持原样，等待下一位游客的到访。

佩尔迪达城比秘鲁的马丘比丘早建成约650年,只能步行到达。

避免在高水位时涉水过河)。上坡和下坡的路段有时很陡,而且由于经常下雨,部分路段会变得泥泞不堪。最好不要对令人毛骨悚然的爬虫过于敏感,因为这片郁郁葱葱、生机勃勃的丛林里到处都是蜘蛛、蚂蚁、蛇和青蛙。徒步旅行者通常会住在沿途乡村指定的营

你会看到： 佩尔迪达城（失落之城）|
布里塔卡河 | 丛林 | 蜘蛛 |
蚂蚁 | 蛇 | 青蛙 | 棕榈树

地，那里提供铺位和吊床，有时还有美丽清澈的天然游泳池，让徒步旅行者可以洗去一天的疲惫。

到达这座古城之前的最后一个挑战是大约1200级石阶，这些石阶开凿在山坡上，每一级都十分狭窄，而且表面被湿滑的青苔覆盖。花点时间在这些被棕榈树环绕的高高的平台和石墙中漫步，然后眺望远处起伏的山丘。可以设想一下：1000年前，人们住在这座运转有序的城市里，置身于这片森林之中，会是什么感觉呢？

在一片古老的森林里，藤蔓和苔藓覆盖的台阶通向"失落之城"。

哥伦比亚

世界末日瀑布

雨量充沛的亚马孙乐园

距离：往返 5.5 公里　　　**行程**：3 小时
最佳出行时间：12 月至次年 3 月　　**难度**：容易

世界末日瀑布高 75 米，隐蔽在哥伦比亚西南部普图马约省莫科阿市南部的丛林中。没有必要急匆匆赶去看瀑布，穿越这片亚马孙森林的徒步旅程同样令人愉快。从步道起点出发时，徒步旅行者只需支付给私人土地主一点钱，就能穿过覆盖着苔藓，长满蕨类植物、藤蔓植物和海里康属植物的热带雨林，来到丹塔亚科河。这条步道沿着河岸蜿蜒延伸，沿途有一系列湍急的瀑布和波光粼粼的水池，在 8 月至次年 3 月这段干旱的季节里，那一汪清澈翠绿的池水散发出让人无法抗拒的巨大诱惑力。

天气通常又热又闷，步道也可能泥泞不堪，这意味着游泳休息是不可抗拒的诱惑。这条步道在游客和当地人中都很受欢迎，选择这条步道的部分乐趣就在于游客可以懒洋洋地躺在水里或靠在岸边，仿佛在某个未知的世外桃源里嬉戏。沿着步道缓慢行走，你会发现森林里的一些"居民"，包括五颜六色的鸟类、外来昆虫和猴子。最后，你将到达瀑布跟前，看到它像绸带一样垂下，落入水池中。有些游客甚至会爬到山顶，然后借助绳索下降到底下的水池里。

你会看到：亚马孙森林 | 蕨类植物 | 海里康属植物 | 丹塔亚科河 | 瀑布 | 水池 | 猴子 | 外来昆虫

备选路线

从同一个起点出发，选择另一条步道，走半小时左右即可到达另一个自然景点："上帝之眼"（Ojo de Dios），这是一条从悬崖洞中倾泻而下的瀑布。在一天中的某些时候，太阳光像聚光灯一样照射到瀑布上，水流散发出一种空灵的光芒。

徒步旅行者可以攀上世界末日瀑布顶端的山崖,匍匐爬行到崖壁边缘,俯视令人眩晕的瀑布跌落到下面水池中的景象。

哥伦比亚

科科拉山谷

纤细的巨人森林

距离：环行 12.4 公里　　**行程**：4—6 小时
最佳出行时间：7—9 月　　**难度**：中等

蜡棕榈树是哥伦比亚的标志性树种，已经历经了一两个世纪的岁月洗礼。多年来，农民们不断砍伐这片曾经郁郁葱葱的森林，开辟农业种植园。过度砍伐再加上其他一些原因，导致这个树种变得越来越稀少。幸运的是，哥伦比亚政府在 1985 年出台了一系列政策措施，以保护这些濒临灭绝的巨型棕榈树。蜡棕榈树是世界上最高的棕榈树，大约 60 米高，是哥伦比亚的国树。哥伦比亚人为这些美丽迷人的参天巨树感到骄傲。现在，观赏蜡棕榈树的最佳地点之一就是金迪奥省咖啡种植区的科科拉山谷。

萨伦托小镇靠近安第斯山脉，是波哥大以西一个非常令人心动的背包旅行目的地，吸引了众多游客前往。游客们从这里出发，驱车在散布着郁郁葱葱的咖啡种植园和鳄梨种植园的乡间行驶 30 分钟后，到达科科拉山谷。一些徒步旅行者会在山谷中的一些小径上步行，走路程较短的往返路线，其中许多小径穿过私人土地，但整整 5 个小时的环行路线可以让徒步旅行者领略科科拉山谷最美的景色，这些美景真的让人沉醉着迷（徒步旅行者还可以从科科拉山谷出发，造访洛斯内瓦多斯国家自然公园的高山湖泊和火山）。

从海拔近 2100 米的步道起点出发，穿过安第斯山脉的高海拔森林，森林里栖息着成群的鸟类，要留意黑嘴山巨嘴鸟和灰胸山巨嘴鸟、体形庞大的安第斯秃鹰、五颜六色的伪装美洲咬鹃和长着令人难以置信的长喙的剑嘴蜂鸟。刺豚鼠、长鼻浣熊和其他哺乳动物

徒步后活动

咖啡是金迪奥省的常见作物。在科科拉山谷徒步旅行途中，当地旅游公司，比如生活旅行公司（LivingTrips）的向导会带你参观咖啡种植园，非常值得去看一看。你也可以在萨伦托的杰西·马丁咖啡馆停留一下，那里提供来自哥伦比亚各地的一系列咖啡和诱人的美味玉米饼。

哥伦比亚萨伦托郊外葱茏的科科拉山谷里有云雾森林和大片耕地。

也经常出没在这片以变幻莫测的薄雾而闻名的云雾森林中。

当你气喘吁吁地爬到海拔近 2700 米的拉蒙塔娜庄园时,会看到庄园的人聚在一起喝酒。在这个海拔高度,温度会降到 10℃左右,所以一定要多穿几层衣服。过了拉蒙塔娜庄园之后,这条多岩石且

你会看到：安第斯森林 |
黑嘴山巨嘴鸟和灰胸山巨嘴鸟 | 安第斯秃鹰 |
伪装美洲咬鹃 | 剑嘴蜂鸟 | 刺豚鼠 |
长鼻浣熊 | 云雾森林

偶尔泥泞的步道开始向下行，沿着河流到达一个观景台。站在观景台上俯瞰，可以看到一排排高大纤细的棕榈树从绿油油的牧场上冒出来，仿佛是被一只看不见的手栽种的。通常情况下，这些树生长在森林中，看起来像是第二层树冠，但当农民开垦了其余土地后，这些树就一棵棵地矗立在开阔的牧场上。这些不同寻常的景观是由自然和人类的力量共同造就的，它们就如同苏斯博士在其儿童图书中描绘的景色一样，令人惊叹不已。

穿越科科拉山谷的徒步旅行包括丛林探险和在古老的森林中漫步。

第二部分 南美洲 147

阿根廷

托雷湖

冰川湖泊和塔状尖峰

距离： 往返 18 公里　　　　**行程：** 5—7 小时
最佳出行时间： 南半球的春季到秋季　　**难度：** 中等

尔腾小镇是安第斯山脉登山者的大本营，从这里出发，徒步旅行者可以直接漫步到罗斯·格拉希亚雷斯冰川国家公园（已被联合国教科文组织列入《世界遗产名录》）的山区，那里挤满了从南巴塔哥尼亚冰原上冒出来的冰川。一座座花岗岩山峰耸立在这片荒野中，最高峰的海拔超过 3000 米。即使是在一天的徒步行程中，这里的天气状况也会让人既恐惧又敬畏。另一方面，即使是一天的徒步旅行，你也可以欣赏到地球上一些著名的山川美景。

托雷湖是这座冰川国家公园里最受欢迎的徒步旅行路线之一，从查尔腾小镇郊外出发，沿乡间小道步行即可到达托雷湖。在最初的 15 分钟里，你将欣赏到费茨罗伊山峡谷、山谷和阿德拉山脉的美景。在随后大约 9 公里的路程中，你将沿着河流行走，穿过南部的山毛榉林和开阔的大平原，一直走到一片巨石的脚下。在冰川冰碛的顶部，你可以找到托雷湖，它是一座蓝色的冰川潟湖，两侧是山峰，包括费茨罗伊山和著名的托雷峰高耸的扶壁，几十年来登山者一直在尝试登顶（偶尔也会到达顶峰）。你可以在这里逗留一会儿，欣赏壮观的垂直岩壁和潟湖对面的冰川，它们和其他巨大的冰盖一道造就了这里超凡脱俗的景观。

野生动物掠影

安第斯秃鹰是一种巨大的鸟类，徒步旅行者可以看到它们在巴塔哥尼亚多风的广阔地区上升的暖气流中滑翔。秃鹰是秃鹫的近亲，以动物尸体为食，通常会凭借敏锐的嗅觉来寻找食物。这些巨大的鸟类可以长出大约 3 米宽的翼展，雄鸟的脖子上有一个明显的白色"领结"。

在前往托雷冰川的途中，徒步旅行者可以看到阿德拉山脉积雪覆盖的山峰。

你会看到： 费茨罗伊山 | 阿德拉山脉 | 山毛榉林 | 托雷冰川潟湖 | 野花

巴 西

帕蒂山谷

平顶高原的梦幻乐园

距离：直线距离 63 公里　　**行程**：4 天以上
最佳出行时间：南半球的冬季和春季　　**难度**：中等到艰苦

迪亚曼蒂纳国家公园的景色简直像奇幻电影中的场景一样：平顶的高原和陡峭的悬崖俯瞰着宽阔的山谷，山谷里林木蓊蓊郁郁，像铺了一层绿色的地毯。这里有著名的"蓝池"洞穴，阳光穿过洞口照到池面时，池水呈现出美丽的钴蓝色，游客可以跳入池中游泳。这里还有许多巨大的洞穴，洞内既有历时久远而形成的各种奇异的岩层构造，也有宁静的水池，如地下迷宫般错综复杂。

迪亚曼蒂纳国家公园位于巴西东北部的巴伊亚州，拥有众多壮丽的景观，是徒步旅行者的天堂，而位于公园北半部的帕蒂山谷则被认为是其中最美的景色。

帕蒂山谷曾是咖啡种植区，这里有许多步道，当地向导提供的徒步行程安排从 1 天到 1 周不等。例如，迪亚曼蒂纳山区徒步公司（Diamantina Mountains）提供为期 4 天、总长 63 公里的徒步旅行服务，这条徒步路线沿着山坡跌宕起伏（有时山坡泥泞湿滑），一直延伸到诸如帕蒂米兰特这样的桌山或平顶山，从那里可以俯瞰蓊郁的山谷和山谷两侧的岩石斜坡。

沿途要留意鹦鹉和长鼻浣熊等野生动物。徒步旅行者可以在瀑布前停下来休息一会儿，懒洋洋地泡在波光粼粼的水池里，抬头凝

你会看到：鹦鹉｜长鼻浣熊｜瀑布｜朱顶红｜蜂鸟｜查科鹰｜白颈鹰｜巴伊亚刺尾鸟｜巨型犰狳

文化亮点

伦索伊斯镇是通往迪亚曼蒂纳国家公园的门户，它位于以钻石矿业闻名的巴伊亚州，曾经是一个采矿小镇。现在它主要是徒步前往迪亚曼蒂纳国家公园的起点，你可以花一个晚上的时间在小镇铺满鹅卵石的街道上漫步，欣赏建于 19 世纪的彩绘外墙、咖啡馆和简陋的小饭馆。

宽阔的帕蒂山谷位于迪亚曼蒂纳国家公园内,坐落在砂岩色的平顶山之间。

视湛蓝的天空。

晚上,徒步旅行者通常住在当地人家里。主人会给他们提供用当地食材做的饭菜,如青木瓜、香蕉、木薯和红薯。主人还会向他们讲述典故传说和奇闻逸事,常常讲到深夜,大家才意犹未尽地散去。

第三部分

欧　　洲

徒步旅行者沿着意大利多洛米蒂1号高山步道（参见第172页）前行，此时太阳缓缓下沉并落到佩尔莫山和奇韦塔山的后面。

葡萄牙

圣若热大道

大西洋上郁郁葱葱的火山堡垒

距离：直线距离 42 公里　　**行程**：2 天
最佳出行时间：夏季和秋季　　**难度**：中等

在距离葡萄牙海岸约 1600 公里处，9 座火山岛像堡垒一样从大西洋中拔地而起。它们被称为"亚速尔群岛"，几个世纪以来一直是远洋水手的避风港。但是近年来，这个由火山口、温泉、火山喷气孔、茂密的森林和崎岖的石头海岸组成的群岛却成为自然探索者们争相前往的目的地，并因此声名鹊起。自 2014 年以来，当地人开发了一系列穿越岛屿的绝佳徒步路线，让游客可以沉浸在岩石密布的景观之中。其中最棒的一条路线就是圣若热大道。

圣若热岛位于亚速尔群岛中部，因其独特的法甲斯（fajãs）地形（由崩塌的悬崖或熔岩流形成的平坦的海滨半岛），2016 年被联合国教科文组织列为世界生物圈保护区。圣若热岛的地形地貌复杂多样，既有岩石海岸，又有高海拔草原，为许多特有的动植物提供了生存空间。圣若热大道分为两个阶段，从岛的东端沿着南岸向北延伸，穿过一段长约 42 公里的独特地形。由于不允许野外露营，所以游客们通常会住在南部海岸一个名为"维姆斯"（Fajã dos Vimes）的小村庄，这个村庄的屋顶都是红色的。

在这次徒步旅行中，你将沿着高原前行，在农场之间漫步。这里土地肥沃，夏季气候温暖湿润，非常有利于农业生产（圣若热岛是欧洲唯一的咖啡种植园所在地）。你可以停下来欣赏悬崖的景色，悬崖上覆盖着当地特有的美丽植被，看上去十分壮观；还可以在瀑

文化亮点

结束一天漫长的步行旅程后，你一定要尽情享用亚速尔群岛的美食和当地的葡萄酒。由于海洋资源丰富，鱼汤成为岛上的一道常见菜肴。在圣若热岛，你一定要品尝当地的一道美味菜肴，它由山药、排骨和两种不同类型的香肠烹饪而成。

一座传统的亚速尔教堂坐落在托波镇一条街道的拐角处。

布池中游泳,甚至在清爽(有些人可能会感到冷冽)的海水中游泳。近海水域里生活着许多海豚和鲸鱼。由于该岛位于亚速尔群岛的中部,当你向北行进时可以看到其他岛屿。当太阳在飘浮的云雾之间移动时,光线会发生变化,山丘的颜色也会随之变化。然而,可以

你会看到：
火山口 | 温泉 |
火山喷气孔 | 森林 | 瀑布

说，最让徒步旅行者印象深刻的，还是那些当地人。

路易斯·保罗·贝登古特出生在圣若热岛，现在通过他的 Aventour 户外装备公司为徒步旅行者提供指导服务。"当地人及他们的待客方式会让很多游客感到惊讶。"他说，"他们都很善良和友好。在徒步旅行过程中，当地人会邀请你吃东西，喝葡萄酒，甚至和他们住在一起。这很正常。"

受保护的沿海渔村库布雷斯（Fajã dos Cubres）。这里依然保留着 1908 年建造的卢尔德圣母修道院，当地还有丰富的动植物资源。

西班牙和法国

圣地亚哥之路

欧洲大朝圣

距离： 直线距离将近 800 公里　　**行程：** 30 天以上
最佳出行时间： 夏季和初秋　　**难度：** 艰苦

在圣地亚哥之路上行走，不仅仅是一次徒步之旅，更是一次朝圣之旅。通向位于西班牙加利西亚自治区首府圣地亚哥（全称圣地亚哥－德孔波斯特拉）的圣詹姆斯墓的路线有几十条，选择其中任意一条都是在追随数百万人的足迹，这些人从 12 世纪就开启了类似的旅程（最早的旅游指南可以追溯到 12 世纪初）。这些早期的朝圣者决心走到 9 世纪初被发现的使徒圣詹姆斯墓，并将此作为一种神圣的仪式。如今，许多步行者把它视为一种宗教体验，而其他人则在人生的重要节点通过这样的旅行来寻求新的视角并理清思绪。无论尝试徒步旅行的原因是什么，就像朝圣者们都知道的那样，走完这样的行程，你的人生必有收获。

徒步旅行者来自世界各地，每年都有几十万人。当他们为了共同的目标而建立联系时，经常很快就成为朋友，这样一来，闲聊和拘谨在徒步刚开始的几公里内就会消失殆尽。

这次徒步旅行中的挑战有很多。首先，通向西班牙、葡萄牙和法国的路线有很多条，人们必须在诸多路线中选择一条。其中最受欢迎的是法国之路，这条路线的起点是坐落在比利牛斯山脚下的法国小镇圣让皮耶德波尔。虽然这条步道的海拔和陡峭程度跟喜马拉雅山不能相提并论，但是如果你每天背着背包在年久失修的路上行走 25 公里以上，连续走一个月或更长的时间，还是可能会疲惫不堪，出现脚上起大量水泡和浑身肌肉酸痛的情况。当然，这都是经验分

文化亮点

即使是名人，也无法抵挡这条朝圣之路的诱惑。2000 年，雪莉·麦克莱恩写了《卡米诺：精神之旅》（The Camino: A Journey of the Spirit），讲述了她在旅途中的亲身经历。很多电影也是围绕这里拍摄的，包括 2010 年马丁·辛和艾米利奥·艾斯特维兹主演的电影《朝圣之路》（The Way）。

上图：售卖的手杖上装饰着绘有圣地亚哥之路标志的贝壳。

第 160—161 页：奥塞布瑞依若（O Cebreiro）村是这条路线的起点。

享的一部分。

　　要充分利用这些经验，做足准备是关键。虽然徒步没有什么技术含量，但徒步旅行者应该体能充足，以确保可以步行几个小时。夏季是大多数欧洲人度假的时候（西班牙的天气可能非常炎热），

你会看到:

使徒圣詹姆斯墓 |

牧场 | 奶牛 | 中世纪城镇 | 森林

徒步旅行在圣地亚哥－德孔波斯特拉大教堂结束,该教堂是世界遗产,也是圣詹姆斯墓所在地。

部分朝圣路线会让徒步旅行者经过西班牙纳瓦拉的西拉奎葡萄园。

所以春末和初秋的这两个季节是出发的好时机。

　　幸运的是，沿途的景色十分令人愉快。例如，法国之路穿越伊比利亚半岛北部，经过遍布奶牛的丘陵牧场、中世纪的城镇、苔藓密布和薄雾笼罩的森林，路边还有盛开的野花。你会经过古老的教堂、石头建筑和有着数百年历史的桥梁，每天晚上都可以在专门为朝圣者准备的旅馆里休息。餐馆也为徒步旅行者提供折扣餐。徒步旅行者常常会对沿途提供的慷慨帮助感到惊讶和感激。

　　虽然每天步行 20 公里以上需要稳健的步伐，但你没必要要着急赶路。可以品尝一顿当地人提供的美味佳肴，并与新朋友一起分享自己的徒步经历。在明媚凉爽的早晨，与当地的老爷爷们一起边喝咖啡，边翻阅报纸。新的一天开始了，不妨听听鸟儿的叫声。最后，你会来到圣地亚哥－德孔波斯特拉大教堂。这座教堂始建于 1075 年，是一栋美丽的罗马式石头建筑，几个世纪以来经历了多次的精心装饰和加固。在这里，你可以花点时间欣赏伟大的绘画和雕塑作品，在数百名与你并肩抵达此地的徒步旅行者的喃喃低语声中回顾整个旅程。

希 腊

撒马利亚峡谷

克里特岛迷人海岸上的美丽峡谷

距离：直线距离 16 公里　　**行程**：4—6 小时
最佳出行时间：夏季和初秋　　**难度**：中等

克里特岛的白山上有很多条峡谷，但撒马利亚峡谷无疑是其中最美的。作为欧洲最长的峡谷之一，这条美轮美奂的峡谷从克里特岛遍布山羊的高地上蜿蜒而下，一直延伸到陡峭南岸上的小村庄阿吉亚·努美利（Agia Roumeli）。穿过这条峡谷的 16 公里长的徒步路线非常受欢迎，虽然都是下坡路，但也并不容易走。前 3 公里的路段特别陡峭、多石、光滑，这就意味着每一步都要小心，而且穿着结实的鞋子也很关键。但这样的挑战无疑是值得的。

从峡谷顶部向下走，你会穿过茂密阴凉的松树林，然后沿着一条溪流的岩石岸边行进，你会看到溪流蜿蜒而下形成小瀑布。随着时间的推移，你越来越接近峡谷的底部，峡谷两侧耸立的岩壁相距只有几米宽，高度却达到 300 米。你会无数次地踩着石头和摇摇晃晃的木桥过河。沿途，你还可以停下来欣赏拜占庭小教堂、古村落遗址、山间水塘，可能还会看到被当地人称为"kri kri"的克里特野生山羊。一旦走到海边，最好的奖励就在前方等着你：在当地的咖啡馆里喝一杯啤酒，在温暖清澈的利比亚海水中畅游一番。

行前须知

大多数去撒马利亚峡谷徒步的旅行者会早上出发，然后乘坐晚上的渡船去苏吉亚或霍拉斯法基翁。但是，有些非常自信的徒步旅行者可能会考虑晚些离开，他们会独自游览峡谷，然后在村子里过夜。第二天，他们会在空旷的海滩上放松身心，在海上浮潜，或者沿着古老的海岸小径漫步到拜占庭教堂。

你会看到：松树林｜溪流｜小瀑布｜
拜占庭教堂｜古村落遗址｜克里特山羊（kri kri）

徒步到达撒马利亚峡谷的底部大约需要 4 小时,但非常值得。

意大利

斯特龙博利火山

伊奥利亚群岛上的一道亮丽风景线

距离：往返 10 公里　　**行程**：5 小时
最佳出行时间：全年　　**难度**：中等

大多数时候，我们看不到地球内部的运动，但斯特龙博利岛是一个明显的例外。斯特龙博利岛位于意大利的第勒尼安海域，是一座圆锥形的小岛，岛上的斯特龙博利火山几乎一直在喷发，壮观的热岩浆柱高达 360 米，直冲高空。据火山学家估计，这座火山已经持续喷发了至少 3000 年，可能还会继续活跃数千年。斯特龙博利火山被称为"地中海灯塔"，从很远的地方都能看到。准时的"烟火表演"和容易接近的火山口，使它成为地球上观赏游客最多的火山之一。

斯特龙博利岛是西西里岛东北海岸一系列风景如画的小岛之一，乘坐渡轮或水翼船很容易到达。许多游客会在晚上出海观看火山口喷出的熔岩。岛上植被茂盛，四周被岩石海岸和黑色沙滩环绕。但是，徒步登上这座岛的顶峰，可以看到更好的景色。有 3 条步道通向山顶，但"新路径"最受欢迎。

日落前大约 3 小时，徒步旅行者开始攀登这座海拔 900 米的山峰，他们汗流浃背地爬上覆盖着耐寒灌木、石楠、当地野花和芳香草本植物的斜坡。上了斜坡之后，他们再气喘吁吁地穿过沙子和黑色的火山灰，走到可以俯瞰火山口的高处。从山顶望去，可以看到其他岛屿、平静的大海，甚至西西里岛上的埃特纳火山，所有这些景象都被温暖的落日余晖照射得熠熠生辉。

下面的几个火山口不时地喷出蒸汽、火山灰、火山砾和热岩

历史拾遗

伊奥利亚群岛（意大利语 Isole Eolie）因其在火山活动科学研究方面的悠久历史，2000 年被联合国教科文组织列为世界遗产。从 18 世纪开始，也许更早，火山爱好者就来到这里研究两种类型的火山喷发：斯特龙博利式和伏尔坎宁式。

熔岩从斯特龙博利火山喷涌而出,这座火山至少3000年来几乎一直处于活跃状态。

浆,空气中弥漫着硫黄的气味。根据情况,火山每隔2分钟到每2小时就会喷发一次,每一次喷发都会让痴迷的徒步旅行者发出一阵阵惊叹之声。

洛伦佐·鲁索是当地的一名徒步旅行向导,20多年前他创办了

你会看到：活跃的火山口 ｜ 喷发的熔岩 ｜ 黑色沙滩 ｜ 灌木 ｜ 石楠 ｜ 草本植物 ｜ 火山灰

Magmatrek 徒步装备用品公司。"当人们登上山顶时，看到他们脸上流露出来的表情就是对我最好的奖励。"他说，"他们把手放在嘴上，睁大眼睛。有时他们会哭泣，有时他们甚至会感到害怕，但总是会有一种好奇、惊讶的反应。"

下山时，在夜色的掩护下，你踩着如雪一般的火山灰一路打着滑走到斯特龙博利镇，然后就可以躺在当地旅馆的床上休息了，也许你还会梦到地球炽热核心的神秘内部运动。

日落时分，徒步旅行者沿着火山北坡向上行进。

第三部分 欧洲 169

意大利

五渔村

悬崖、色彩斑斓的村镇和波光粼粼的大海

距离：直线距离 14.5 公里　　**行程**：1—3 天
最佳出行时间：春季和秋季　　**难度**：中等

在意大利西北部的利古里亚海岸线上，有 5 个依山傍海的村镇，紧贴着海边陡峭的悬崖。它们被称为"五渔村"或"五乡地"，那里有童话般的美景：色调柔和的房屋、整洁的教堂、狭窄的小巷和迷人的海滩，海滩上竖立着一排排太阳伞，穿着五颜六色游泳衣的游客在海滩上嬉戏或休息。这 5 个村镇之间有轮船和火车相通，但游览五渔村的最佳方式是步行。悬崖边的狭窄步道将 5 个村镇联系起来，游客沿着步道前行，可以欣赏到利古里亚海和岩石斜坡一直延伸到海里的壮观景色。

你可以从北部的蒙特罗索阿尔马雷走到南部的里奥马焦雷，当然，也可以反向徒步。在一两天的时间里，你可以在风景如画的柠檬园、橄榄园和栗树林中漫步。如果时间比较充裕，你也可以在沿途的乡村小旅馆里悠闲地待着。即使是一天的徒步旅行，也不必着急，因为令人愉悦的消遣随时都在召唤你：可以在里奥马焦雷一座建于 15 世纪的城堡周围漫步，也可以在近海碧绿的海水中游泳，还可以参观梯田式葡萄园；当然，途中你还可以停下来品尝一份冰淇淋，喝一杯卡布奇诺，或者悠闲地享用一顿午餐，尝一尝用新鲜的鱼制作的菜肴，品一品当地的葡萄酒。

你会看到：悬崖边五彩缤纷的住宅 | 海滩 | 利古里亚海 | 柠檬园 | 橄榄园 | 葡萄园 | 栗树

行前须知

和世界上许多美丽的旅游目的地一样，五渔村也深受人们喜爱，以至于当地政府不得不推出服务卡系统，以限制游客对村庄的影响（所有收益用来维护和修复该地区的自然环境，以及为游客提供交通服务）。可以考虑在春季和秋季前往，届时游客人数较少。

穿过五渔村国家公园的部分步道经过马纳罗拉村的一座教堂和葡萄园。

意大利

多洛米蒂 1 号高山步道

穿过多洛米蒂中心的高山路线

距离：直线距离 125 公里　　**行程**：8—12 天
最佳出行时间：夏季　　　　　**难度**：艰苦

1 号高山步道（The Alta Via 1）是一条穿越意大利北部多洛米蒂山脉的远距离步道。在一座覆盖着常青植物的陡峭山谷中，梦幻般的绿松石色布雷斯湖完美地映照着从湖边升起的多洛米蒂山脉，这条山脉就像令人生畏的守门员一样，预示着地质奇观即将出现在你的眼前。

"Alta Via"的字面意思是"高山路线"，其实是一系列现有的小路，在 20 世纪 60 年代出版的一本小型旅游指南《多洛米蒂 1 号高山步道》中，首次将这些小路串联在一起，形成现有的高山徒步路线。现在，徒步旅行者从原来的路线上走出了许多不同的路线，但最常见的路线是从布雷斯湖到贝卢诺，蜿蜒 125 公里，其终点贝卢诺是一座遍布文艺复兴时期建筑的历史名城。

多洛米蒂山脉以浅灰色的白云质灰岩而闻名，山中群峰形态各异，尖石、高峰、锯齿状山脊、陡峭的峡谷和大面积的碎石斜坡极具特色，这些都是经过几个世纪的侵蚀形成的。如果仅用"崎岖不平"来形容这里的地形，那就未免太轻描淡写了。徒步旅行者在 1 号高山步道上时常会遇到艰险的攀爬路段，随后是损伤膝盖的下坡路和又一次令人头疼的攀登。而且，天气变化或意外降雪随时可能发生。

虽然步行很艰苦，某些路段一天要爬上 900 米的垂直高度，但这些小道一般都维护得比较好。而且，意大利人在这条步道上每隔一天步行路程的地方就建造一个休息站，使得徒步旅行者在这次徒

野生动物掠影

松鼠、鹿、松鸡和鹰是徒步旅行者在多洛米蒂山区徒步时经常能见到的物种，但要留意神出鬼没的岩羚羊，这是一种外形酷似山羊的小型哺乳动物，它们成群地生活在高山上，长着引人注目的黑白相间的脸纹和短小弯曲的角。

上图:克罗达休息站坐落在宁静的费德拉湖上。

第 174—175 页:在佩尔莫山阴影的笼罩之下,1 号高山步道经过帕索吉奥和福尔切拉安布里佐拉地区。

步旅行中能够体验各种极端的环境,既能在荒野中感受自然之美,又能在相对舒适的休息站里享受身心放松的时刻(给聪明人一个建议:提前预订床位,去时记着带上耳塞)。

一些雄心勃勃的徒步旅行者会转向更具挑战性的地形,比如铁索攀岩,也称"飞拉达"(意大利文 vie ferrate 的音译)。这些铁

索栈道是在第一次世界大战期间建造的,让士兵借助金属脚蹬和铁索在高度暴露的地形中穿行(1915—1918年间,士兵们还冒着雪崩和严寒,在山上修建了哨所、战壕、营房和隧道)。今天,铁索攀岩仍吸引着不少攀岩爱好者,他们可以借助铁索攀上陡峭的岩壁,

翠绿色的布雷斯湖位于南蒂罗尔,被称为"多洛米蒂的明珠"。

在1号高山步道沿途的一口井边,一名徒步旅行者用大塑料瓶装满水。

在惊险刺激中欣赏壮丽的景色。但是,徒步旅行者不必非要走这些铁索栈道,沿着1号高山步道前行也能欣赏到多洛米蒂充满传奇色彩的壮美风景。从雄伟的拉加佐伊山和五塔峰,到小小的高山湖泊和幽深的山谷,似乎每一个转弯处都能看到值得拍照留念的景色。从一个更温馨的角度来讲,多洛米蒂堪称"欧洲野花的聚集地",从珍贵的杓兰到紫色的羽扇豆和橙色的百合,令人赏心悦目。

到了晚上,徒步旅行者会聚集在各国人群常去的拉加佐伊休息站(夏季和冬季开放)或寇黛休息站(6—9月开放)等提供餐饮服务的小屋里,享用丰盛的饭菜。喝了一杯(或两杯)葡萄酒后,你可以出去漫步,仰望星光灿烂的夜空。幸运的是,这些小屋的建设者有一种神奇的本领,他们总能找到风景绝佳的景点,这些景点往往在山上或悬崖上,抑或平静起伏的山丘中。第二天早点起床,这不仅是为了让一天有一个好的开始,而且是为了当冉冉升起的太阳将锯齿状的山峰涂成紫色、桃红色和粉红色时,你可以从休息站欣赏美丽的景色。

文化亮点

多洛米蒂山脉横跨拉丁语区和德语区,因此,当地语言丰富多彩。除了德语和意大利语,估计还有5万当地人说拉登语,这是一种与罗曼斯语有关的古老的区域性浪漫语言。依伴着山谷生活的人们尽管在语言上有所不同,但"bun dé"或"bon dì"都表达出"过得幸福"的良好祈愿。

你会看到: 常青植物 | 布雷斯湖 | 飞拉达 | 高山湖泊 | 第一次世界大战遗址

法国、意大利和瑞士

环勃朗峰之旅

属于三个国家的高山仙境

距离： 环行168公里　　**行程：** 9—12天
最佳出行时间： 夏季和初秋　　**难度：** 艰苦

勃朗峰是西欧最高的山峰，海拔4810米，几个世纪以来一直让欧洲登山者心生敬畏，但也鼓舞着他们登顶的雄心壮志。勃朗峰山体横跨法国、意大利、瑞士三国，是一座由巍峨的山峰和欧洲一些最大的冰川组成的堡垒。这里是现代登山运动的发祥地，自18世纪以来，女性和男性登山者都在这条高山路线上考验自己的勇气。虽然爬上最高的山坡需要专业的攀岩技能，但高山草甸是步行者的天堂，这就是为什么全长168公里的环勃朗峰路线会成为欧洲最受欢迎的徒步路线之一。

许多徒步旅行者从夏蒙尼小镇开始徒步。这座小镇坐落在勃朗峰山下，一年中的大部分时间都被积雪覆盖，这里夏季是登山者的乐土，冬季则是滑雪者的天堂。环勃朗峰之旅最大的吸引力之一在于它将超现实主义的荒野风景和令人愉悦的奢华文明结合在一起，从偶尔乘坐缆车爬上陡峭的山峰，到沿途布置温馨的旅店和餐厅，每个山谷都有自己的建筑、传统和当地美食。徒步旅行者可以选择住在库马约尔等繁华度假小镇的豪华房间里，也可以选择住在高山上的简易小屋里，这些小屋都提供基本的餐饮服务，徒步旅行者可以在小屋里享用丰盛的晚餐，特别是用当地葡萄酒和奶酪熬制的奶酪火锅最具特色。

走完这条从法国到意大利再到瑞士的路线并非易事。徒步旅行者通常一天要爬升600米的垂直高度，有时超过1200米。有

徒步后活动

景点欣赏完了，现在是时候乘坐欧洲最高的缆车——南针峰缆车轻松上行了。缆车从夏蒙尼镇出发，在20分钟内就能带你直达海拔3842米的南针峰峰顶。峰顶有观景平台，在那里，你可以饱览勃朗峰的风采，还可以看到罗莎山和大孔班山。

夏蒙尼小镇是一个值得徒步旅行者驻足的好地方，图中是夏蒙尼小镇周六市场上出售的本地生产的奶酪。

些路段的高度会让徒步旅行者头晕目眩。除了高以外，这条步道还非常陡峭。再强调一遍，风景也在非常陡峭的地方，这正是这条步道主要的吸引力。当徒步旅行者经过群峰环绕、开满野花的高山草甸时，可能会有一种想唱《音乐之声》的冲动。沿途，徒

你会看到：三个国家 |
高山草甸 | 野花 | 古罗马道路 |
文艺复兴时期的小教堂 | 冰川

步旅行者会经过欧洲传统历史遗迹，从古罗马道路到装饰有文艺复兴时期壁画的小教堂。站在冰海冰川前，徒步旅行者可以举目凝视这个蓝白相间的庞然大物，它是欧洲最大的冰川之一，至少一个半世纪以来都是一个标志性的旅游景点。当然了，在湛蓝的天空中，勃朗峰展现的景色每时每刻都令人眼花缭乱。

瓦尔维尼山谷位于意大利库马约尔镇外，勃朗峰高高耸立在山谷中。

瑞 士

阿莱奇冰川小径

瑞士最壮丽的冰川景观

距离：直线距离 15 公里　　　行程：4—5 小时
最佳出行时间：仲夏至初秋　　难度：中等

不难想象，为什么联合国教科文组织会将瑞士阿尔卑斯山少女峰－阿莱奇地区列为世界遗产：这里是阿尔卑斯山冰蚀现象最显著的地区，拥有异常丰富的生态系统和欧亚大陆最大的冰川——阿莱奇冰川。简单地说，这里的高山美景会让你大吃一惊。而阿莱奇冰川小径能将徒步旅行者直接带到冰川的核心地带。

乘坐舒适的厢式缆车到达贝特默尔峰高山站，标志着这次徒步旅程的开始。从贝特默尔峰高山站出发，在山间小道上走不远就能看到壮丽的冰川景观，这就是著名的阿莱奇冰川。当你沿着岩石小路穿过低矮的植被和野花时，就会感觉离这座巨大的冰川越来越近。

经过几小时的跋涉，波光粼粼的瓦伦湖就会映入你的眼帘，湖水完全依靠冰川融水补给。继续前行，很快你就会看到 Gletscherstube 餐厅，这是一家简单的木屋餐厅，供应经典的瑞士菜肴，比如一种称为"kaseschnitte"的食物——在奶酪火腿面包上面覆盖一个鸡蛋。喝上一杯瓦莱州葡萄酒后，你就可以乘缆车下山，前往度假山村费尔施阿尔卑了，晚上在那里住宿。

你会看到： 冰川 | 瓦伦湖 | 缆车 | 马萨峡谷

挑　战

即使你不是一名专业的登山者，也能穿越壮观的阿莱奇冰川。你只需要冰爪、一些基本技能和向导服务，就能实现这一目标。例如，阿莱奇登山中心户外装备公司（Bergsteigerzentrum Aletsch）提供为期两天的向导服务，帮助徒步旅行者从少女峰走到康科迪亚小屋，然后在晨曦中穿过冰川，到达宁静的瓦伦湖。

徒步旅行者从冰脊上穿过瑞士阿莱奇冰川，这是欧洲最大的冰流之一。

瑞 士

瑞士葡萄酒之路

瑞士里维埃拉的葡萄酒世界

距离： 直线距离 11.7 公里　　　　**行程：** 3—4 小时
最佳出行时间： 春季、夏季和秋季　　**难度：** 容易

至少从 11 世纪开始，甚至可能早在罗马时期，葡萄酒爱好者就一直在日内瓦湖北岸陡峭的山坡上种植葡萄。最终，这里就形成了一片壮观的葡萄园梯田，并以出产莎斯拉白葡萄酒而闻名。这些葡萄酒至今仍在生产，其标志就是数千个风景如画的葡萄园梯田。

今天，拉沃地区也越来越多地因为另一项活动而闻名，那就是徒步。从圣萨弗林到吕特里，一条令人愉悦且弥漫着醇厚酒香的徒步路线沿着乡村道路和步行街蜿蜒起伏。圣萨弗林是一个中世纪村庄，有铺满鹅卵石的狭窄小巷，还有历经数百年风雨的老房子。吕特里则是一座充满活力的中世纪小城，位于日内瓦湖沿岸，那里有精品店和咖啡馆。徒步旅行者漫步在小村庄和排列整齐的葡萄园之间，可以看到海军蓝色的湖泊和远处的阿尔卑斯山。通过预约，你可以在葡萄园里驻足，或者漫步前往里瓦兹镇上的酒吧，这些酒吧里展示着该地区出产的近 300 种葡萄酒，你可以在其极具吸引力的现代品酒室里品尝多种葡萄酒。

结束徒步和品酒之后，徒步旅行者可以乘坐一列准时出发的观光火车回到他们当晚的住处。

你会看到： 日内瓦湖 | 中世纪村庄 | 葡萄园和酒庄 | 酒吧

徒步后活动

这条路线上的每个村庄都有自己的海滩，这些海滩通常由灰色的小石头组成。有些游泳区甚至还有更衣室和淋浴间。在炎热的日子里，你可以漫步到湖边，沉浸在日内瓦湖清澈凉爽的湖水中，凝望远处巍峨的阿尔卑斯山。

拉沃地区有近830公顷沿着海岸丘陵延伸的葡萄园梯田。

德 国

莱茵步道

莱茵河畔的城堡、宫殿和葡萄酒

距离： 直线距离 320 公里　　**行程：** 2—3 周
最佳出行时间： 春季到秋季　　**难度：** 中等

虽然德国最美的徒步旅行路线有很多条，但莱茵步道在众多路线中绝对占有一席之地。莱茵步道位于波恩和威斯巴登之间，经过平缓葱茏的七岭山，沿着莱茵河、联合国教科文组织世界遗产地莱茵河中上游河谷蜿蜒，最后穿过葡萄种植区莱茵高，全长 320 公里。虽然徒步旅行者可能步行几小时也见不到其他人，但这条路线最吸引人的地方在于它能将宜人的河流风光和文化遗产结合在一起。莱茵河地区是德国历史最悠久的地区之一，拥有大约 60 座城堡和宫殿，其中很多可供徒步旅行者参观甚至过夜。

虽然莱茵步道通常全年开放，但在这条步道上徒步旅行的最佳季节还是秋季，因为那时的乡村和葡萄园五彩斑斓，美如画卷。其他季节也有其独特的魅力，比如春季可以欣赏花朵盛开的果树。除了在官方指定的露营地露营以外，沿途不允许露营，所以大多数徒步旅行者都会在沿途历史悠久且保护良好的村镇的旅馆里休息。步道沿途标志清晰，徒步旅行者几乎不可能迷路，而且沿途还有很多专门为徒步旅行者提供的贴心服务。比如，有的商家会帮徒步旅行者把行李从一家酒店送到另一家酒店，甚至在风景优美的路口还建有长凳和休息站，供徒步旅行者文明休息或野餐。

然而，让人意想不到的是，这条河谷小道一点都不平坦。因为这条步道在起伏的斜坡上曲折延伸，所以被那些准备前往阿尔卑斯

文化亮点

莱茵高是德国的葡萄酒产区之一，位于莱茵河北岸的斜坡上，从洛尔希一直延伸到威斯巴登。莱茵高产区夏季温暖、冬季温和的气候特征，使得这里成为种植雷司令葡萄的理想之地，这种葡萄能够酿造出带有甜味且果香浓郁的白葡萄酒，通常酒精含量较低，且风味十足。

上图：埃伦费尔斯城堡坐落在吕德斯海姆和阿斯曼豪森之间的莱茵河谷之畔。

第188—189页：卡茨城堡建于1371年，于19世纪中期进行了修复。

山徒步的旅行者当作训练场。当你沿着莱茵河右岸徒步，穿过茂密的橡树林和山毛榉林，以及陡峭山坡上分布有序的葡萄园时，可以停下脚步欣赏普法尔茨伯爵城堡、勒文堡城堡的石墙遗迹等丰富多彩的文化遗产。普法尔茨伯爵城堡建于14世纪，坐落在莱茵河中

你会看到：莱茵河 |
莱茵河中上游河谷 | 莱茵高 |
城堡和宫殿 | 橡树林和山毛榉林 | 葡萄园

途中经过莱茵高产区的葡萄园，葡萄园里栽种的都是老藤。莱茵高是德国13个指定的葡萄酒产区之一。

在巴哈拉赫，人们可以在 Altes Haus 餐馆用餐，这家餐馆位于市中心一栋迷人的中世纪木结构的老房子里。

备选路线

在莱茵河左岸，另一条步道——莱茵堡步道，沿着河岸延伸。莱茵堡步道比莱茵步道短，全长约 200 公里，沿途的大部分风景与莱茵步道相似，包括葡萄园和城堡。穿梭于两岸之间的莱茵渡轮将两条步道联系起来，徒步旅行者可以乘坐渡轮，在两条步道之间自由切换，寻找不一样的体验。

的一座岩石小岛上。勒文堡城堡建于 12 世纪，矗立在 455 米高的山峰上，景色十分壮丽。你也可以绕道去马克斯堡城堡，这座城堡建于 13 世纪至 15 世纪之间，是莱茵河沿岸唯一一座从未被摧毁（或重建）过的山顶城堡。

除了莱茵河中上游河谷里这些令人印象深刻的建筑外，这条步道还会指引徒步旅行者去领略各种各样的小乐趣。沿着步道慢慢前行，徒步旅行者可以停下脚步购买当地农民种植的水果，或者悠闲地倾听鸟鸣或观赏野花；漫步在村庄的大道上，欣赏大道两旁保存完好的房屋和整洁的店面；然后慵懒地躺在森林深处的小溪边，闻着木头和泥土的芬芳，静听潺潺流水声。千万不要错过像罗蕾莱岩石这样的著名景点，这块巨大的岩石几个世纪以来一直被作家和作曲家描绘成缪斯女神。关于这块岩石还有一个民间传说，据说一个美若天仙的少女因情人不忠感到绝望，愤而投河之后变成女妖，坐在这块岩石上，用她美妙的歌声引诱渔民触礁沉船。莱茵河就像一片童话般的土地，充满了妖怪和仙女的传说。幸运的是，现代社会的便利总是近在咫尺：无论你走多远，通常都能比较容易地搭上火车或轮船，一路回到起点。

德 国

易北河砂岩山脉

艺术家的灵感

距离： 直线距离 112 公里　　**行程：** 8 天
最佳出行时间： 春季和秋季　　**难度：** 中等

从18世纪末到19世纪中叶，浪漫主义艺术家经常在大自然中寻找灵感。对于德国的画家、音乐家和作家来说，易北河砂岩山脉是一个容易获取灵感的来源，那里有奇幻的岩层和茂密的森林，而且距离"艺术之城"德累斯顿只有几公里的路程。

今天，徒步旅行者可以沿着一条全长112公里、分为8个路段的步道，走近这些超凡脱俗的台地、峡谷、尖峰和其他岩层地貌。徒步旅行者通常住在沿途村庄的旅店里，这些旅店提供过夜住宿、行李运送和盒装午餐等服务，使旅行者的整个旅程轻松无忧且舒适得体。步道沿途的解说牌甚至还展示了一些受风景启发而创作的历史艺术作品。

这条步道穿过森林、峡谷、山脉和村庄，交相辉映的文化景观和自然景观使整个旅途充实愉快，且充满趣味。例如，第一个路段从皮尔纳-利贝沙尔出发，经过格劳帕的理查德·瓦格纳纪念馆，而后穿过一个黑暗的峡谷和洞穴，最后到达位于易北河岸边风景如画的韦伦镇。

有些徒步旅行者只选择步道8个路段中的一个或几个路段，但整条路线都充满惊喜。例如，在第二天，徒步旅行者沿着步道走上山丘，可以俯瞰高耸入云的手指状尖峰和悬崖，这些尖峰和悬崖上覆盖着青翠的植被。随后，他们要踮着脚尖走过石桥和木台阶，穿

徒步后活动

沿"画家之路"徒步旅行的好处之一就是会经过许多温泉小镇，如戈里施、拉森和巴特尚道等。巴特尚道位于步道第5路段的末端，交通非常便利。晚餐后，徒步旅行者可以到巴特尚道的托斯卡纳温泉（Toskana Therme）泡一泡，将全身浸于温泉水中，洗去一天的疲惫，让酸痛的肌肉得到放松。

在全长112公里的路线上,有很多像利希滕海恩瀑布这样令人叹为观止的景点静静等待着游客的到来。

过狭窄的沟壑,经过一个长满茂盛的蕨类植物和苔藓的洞穴。在19世纪30年代建成的小旅馆里歇歇脚,然后搭乘一辆自1898年就开始运营的有轨电车。

徒步旅行者只有走回山谷时,才能不时地看到乡村和锯齿状岩

你会看到：岩层｜洞穴｜石桥｜
历史悠久的小旅馆和磨坊｜
国王岩堡垒

层的景色。山谷里遍布着历史悠久的磨坊、完好无损的撒克逊时期的瑞士房屋、面包店和餐馆，这些地方都能为徒步者，尤其是那些汗流浃背的徒步者提供食宿。这里的食物有德国香肠、酸菜和啤酒，还有肉馅白菜卷（krautwickel）和土豆汤（kartoffelsuppe）之类的地方菜肴。

国王岩堡垒是一个值得关注的景点，这座建筑群矗立在郊外已经有 400 多年了。但也许最令人震惊的还是自然景观本身。早在几百年前，这里可能就已经有人类居住了，但像外星人基地一样的景色依然令人难以置信。

站在巴斯克观景台，可以看到蜿蜒的易北河流过砂岩山脉的壮丽景色。

挪　威

斯卡拉山

挪威的天然楼梯

距离：往返 16 公里　　**行程**：4—6 小时
最佳出行时间：夏季　　**难度**：艰苦

如果你攀登过高耸的山峰，也进入过峡谷，在寻找下一个挑战时，不妨考虑一下挪威海拔 1848 米高的斯卡拉山。这座山峰拥有挪威最长的连续上山步道，从峡湾脚下向上延伸，直达高耸裸露的峰顶，攀升的垂直高度约 1800 米。在峰顶，你可以俯瞰挪威沿海著名的峡湾、山脉和冰川。

这条步道的海拔高度上升得非常快，以至于沿线气候可能会发生巨大变化，在山脚下时你可能穿 T 恤，到了山顶就要穿防寒夹克。即便是在夏季，徒步路线的上坡路段也经常出现雪地，这意味着带上结实的靴子和保暖的衣物非常重要，你甚至可能要在下山途中在雪地上滑行。

当你从郁郁葱葱的绿色牧场出发时，可以看到牧场的草地上有很多奶牛在吃草。随后你会穿过茂密的森林，经过一系列瀑布，途中要留意优红蛱蝶、马鹿和灰头啄木鸟等。接下来，你会爬升到树线以上，可以看到大海和古老峡湾的陡坡。砾石和石头台阶小道维护得非常好。当你爬上岩石和台阶时，可以看到那些耐寒的高山植物，如越橘和石楠。最后，当你到达贫瘠的岩石斜坡时，看到的植物就只有地衣和苔藓了。在到达碎石坡山脊之前，最后一段路通常会被一片长长的雪原覆盖。

当你到达克劳曼恩塔时，就意味着你成功了，行程圆满结束。克劳曼恩塔是一栋圆形的石头小屋，是一位医生于 1891 年建造的，

备选路线

大多数游客选择在 6—9 月之间前往斯卡拉山徒步，然而有一群耐寒的徒步旅行者，也被称为"高山旅行滑雪者"，却选择在冬季前往。他们沿着同一条陡峭的步道滑雪上山，同样住在那栋山顶小屋里，但在下山的时候，他们选择滑雪方式，在雪地上划出一道优美的弧线。

斯卡拉山顶的这栋乡村小屋建于1891年，曾是肺结核病患者的疗养所；现在，它已成为徒步旅行者的休息站，最多可以容纳22人。

目的是鼓励挪威人多出去呼吸新鲜空气。几十年来，徒步旅行者络绎不绝地来到这栋古老而潮湿的石头小屋，每年夏季都是如此。但在2016年，挪威徒步旅行协会建造了一栋引人注目的新小屋，吸引人们前去。这栋小屋的外观就像设计杂志中的图片一样美丽，屋

你会看到：峡湾｜冰川｜奶牛｜瀑布｜优红蛱蝶｜马鹿｜灰头啄木鸟｜越橘｜石楠｜地衣｜苔藓

内有金色的木质内饰，还有铺着蓬松羽绒被的床铺，透过巨大的观景窗还能看到大自然的美景。出于身体的考虑，许多徒步旅行者会选择在这里过夜，自己做饭，并和其他徒步旅行者聊天，也许还会一起玩游戏，或者为了这次旅行快乐和这里的美景干一杯。从小屋望去，太阳光慢慢地从天空中消失，染山霞给斯卡拉山蒙上了一层温暖的桃红色，地平线逐渐从粉紫色变成了夜晚的深蓝色。

一条标记清晰的小路蜿蜒而上，通向山顶。山顶有一栋乡村小屋，可以俯瞰全景。

挪 威

罗弗敦群岛雷纳布瑞根山

小山大景

距离：往返不到 2.5 公里　　**行程**：1.5—2 小时
最佳出行时间：夏季　　**难度**：中等

雷纳布瑞根山的山体虽小，却异常险峻。这座山峰俯瞰着挪威罗弗敦群岛的雷纳小渔村，只有 448 米高，但被誉为岛上最美的风景。雷纳布瑞根山也因一条极其险峻的小道而闻名，这条小道沿着令人眩晕的朝南斜坡笔直延伸。而且，这条小道非常松软、陡峭、湿滑，导致许多游客摔倒，因此当地人在山脚下竖起了一块警告标识，劝告游客不要冒险上山。幸运的是，2016 年当地市政当局和一家户外组织出面，雇佣一批尼泊尔夏尔巴人建造了一条通往山顶的石阶小道，已于 2020 年完工。

在这条新修的小道上，游客能以相对安全的方式攀登这座传奇的山峰，但这并不意味着在通往山顶的 1500 级石阶上行走时，你的肌肉能有多好受。这条步道蜿蜒穿过桦树林，然后迅速上升到树线之上。在斜坡陡峭之处，一幅令人难以置信的奇特景象展现在游客眼前：锯齿状的山脊和陡峭的山坡向下直插入波光粼粼的深蓝色大海中，海水看上去如丝绸般顺滑。雷纳村干净整洁的房屋点缀着远处的海港，一艘艘小船在海上来来往往，在水面上留下一道道细丝般的白色尾迹。峡湾一直延伸到远处，海上点缀着陡峭多山的岛屿。

备选路线

罗弗敦群岛到处都是很棒的徒步旅行路线。在西沃格岛上，你可以尝试沿着一条 6 公里长的步道，爬上 738 米高的贾斯塔丁登峰。这条步道穿过长满青草的平缓山丘，然后沿着更陡峭、岩石更多的斜坡到达一个宽阔的顶峰，在那里可以 360° 俯瞰山峰、湖泊和深蓝色的大海。

你会看到：桦树林 | 峡湾 | 海景和岛屿景观

在雷纳布瑞根山的边缘，徒步旅行者可以看到柯克峡湾、雷纳村和雷纳瓦内湖的迷人景色。

瑞 典

萨勒克国家公园

北欧的荒野

距离：直线距离 60 多公里　　**行程**：7 天以上
最佳出行时间：夏末和初秋　　**难度**：仅限专家

欧洲没有大面积的开放空间，大型野生动物已几乎绝迹，这也正是位于瑞典最北端、面积 1971 平方公里的萨勒克国家公园令人叹为观止的原因所在。自远古以来，过着半游牧式生活的萨米人就一直生活在拉普兰地区，他们饲养驯鹿，采集浆果，并保持着丰富的文化传统，但他们对脚下这片土地几乎没怎么动手改造过，因此才使得这里还保持着最原始的荒野面貌。这里有海拔 2000 米的山峰（其中就包括瑞典境内海拔最高的 6 座山峰）、绵延的山谷、茂密的森林，还有宽阔的河流、迷人的湖泊和近 100 处冰川。

这里并不适合荒野探险的初学者。因为这里的地形崎岖难行，几乎找不到现成的步道。而且，这里的天气反复无常，即使在盛夏，也可能突然从酷热难耐变成严寒刺骨，并伴有暴风骤雨。有时，徒步旅行者在穿越这片广袤无树的苔原时，不仅会被成群的蚊子袭击，还要穿过结冰的河流和湿滑的雪地。

但是，对于那些能够熟练使用地图和指南针的人，或者在一名出色的向导指导下徒步的人来说，等待他们的会是诸多惊喜和奖励。你可以在欧洲最后一片荒野上，绘制一条专属于自己的陆路行进路线，然后在接下来的数日里享受无人打扰的独处时光。在这里，你会看到成群的驯鹿在陆上穿行，驼鹿在沼泽中活动并在浅水地带觅食，如果足够幸运，你甚至还可以看到高山上的狼獾。

野生动物掠影

驯鹿，在北美被称为"北美驯鹿"，是北极地区多种食肉动物的猎物，也是居住在北极圈附近的北方民族的肉食来源。总之，它是确保北方生态系统正常运转的一个重要因素。驯鹿主要有两个品种，分别是苔原驯鹿和林地驯鹿。苔原驯鹿的迁徙距离最远可达 4828 公里。为了抵御北极的严寒，驯鹿身上长有中空的长毛，能够起到隔温保暖的作用，脚底生有裂线很深的蹄子，这样它们在雪地上行走时就不会陷得太深。

一群半家养的驯鹿在雪地里穿行。

威廉·吉尔曼是瑞典真实大自然公司（True Nature Sweden）的创始人，该公司专门为前往萨勒克国家公园和附近的帕杰兰塔国家公园的游客提供向导服务。他说："这里是真正的大自然，没有任何现成的东西可供游客使用。在这里，游客也不能用手机，

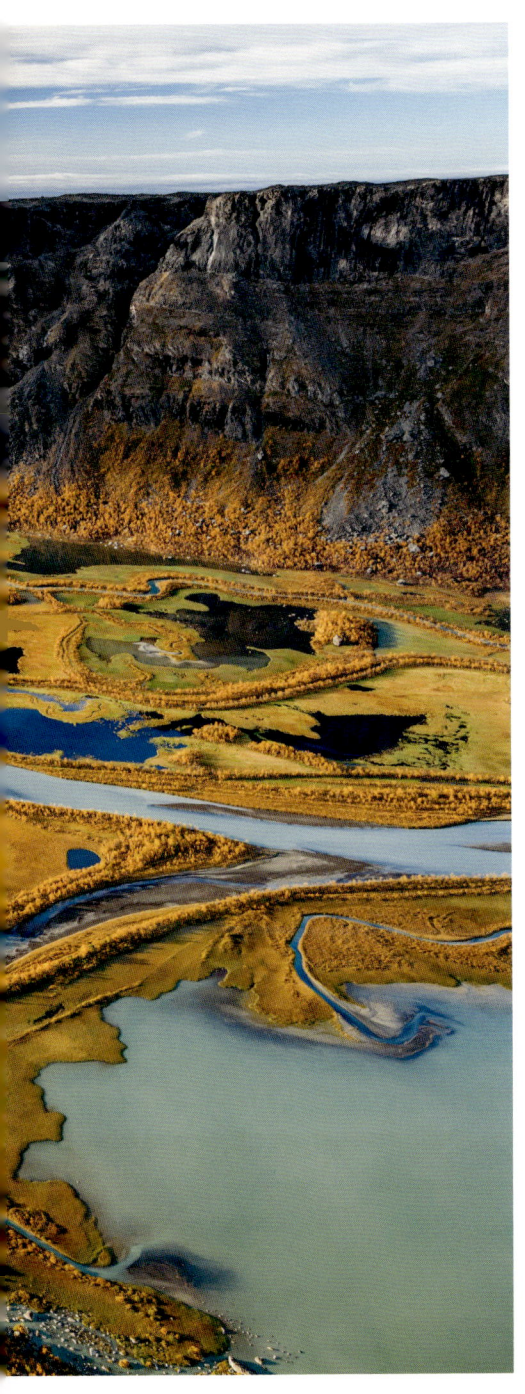

你会看到：

驯鹿 | 河流

湖泊 | 森林 | 雪原 | 驼鹿

会有一种真正身处荒野之中的感觉。"

在这里徒步数日，你的生活节奏将完全实现与大地和太阳同频，你的精神也可以彻底放松下来。你可以观察到，随着北极光的倾斜角度在一天中不断变化，身边的风景将呈现出不同的色彩。夏季，这里会一天 24 小时都被太阳照射。你会惊叹于脚下那些生命力顽强的矮小植物，能够在如此恶劣的气候条件下存活下来。虽然你未必能见到萨米人和他们的驯鹿群，但有证据表明，人类在此处定居的历史至少可以追溯到 7000 年之前。在这片广袤的苔原上，每每想到这群原住民能够将这片土地如此完好无损地保存下来，不免让人感触良多。

萨勒克国家公园始建于 1909 年，保护着拉帕河三角洲景观、广袤的山峰、近 100 座冰川，以及萨米人的故土家园。

第三部分 欧洲 205

爱尔兰

格林卡查奎恩公园

隐藏在凯里郡的翡翠谷

距离：环行 4 公里
最佳出行时间：夏季
行程：1.5—2 小时
难度：容易

格林卡查奎恩公园是位于爱尔兰比拉半岛西北海岸的一处农场和自然保护区，面积仅 600 公顷，却能够使游客安静、平和地沉浸在爱尔兰旧日的风光之中。这片冰川谷里，芳草如茵，群羊如云，一条高达 140 米的瀑布飞流直下，十分壮观；古朴的原木小桥下，溪水潺潺流淌；还有多条石头步道通向荒野地带，在那里可以俯瞰青灰色湖泊的全景。如果不是因为公园入口前是一条长约 8 公里的狭窄的柏油碎石路，大型巴士无法通行，这里可能早已经人满为患了。

幸好，游客通常有 6 条宁静的步道可以选择，有些步道距离短、地势平，有些步道则陡峭得让你心跳加速。不妨尝试一下红色步道，也被称为"瀑布之上"。沿着这条步道往山上走 4 公里，就能到达 2 座冰川湖泊跟前，在这里你可以俯瞰山下郁郁葱葱的村庄和美丽的肯梅尔湾。天空中飘浮着朵朵白云，不时遮住阳光，在地上投下斑驳的影子，并缓缓地移动着。然后，顺着步道往山下走，来到瀑布的顶部，再继续沿着瀑布溪流和一系列岩石水洼下行。走过崎岖的山间小道之后，你就可以在河边漫步，伴着轻快的鸟鸣和潺潺的流水声，能够感觉到如同置身于禅宗寺庙里一样的宁静。

你会看到：瀑布 | 草地 | 绵羊 | 冰川湖泊 | 肯梅尔湾

备选路线

古迹观光步道有着深厚的历史底蕴，它会将人们带到一栋 18 世纪建造的小屋前。这栋小屋于 1898 年被废弃，但最近已得到修复。早在 19 世纪，这里的住户就靠农耕谋生。时至今日，这里的农庄风景如画，因而时常在各种时尚杂志的报道中出现，甚至还成为讲述爱尔兰大饥荒的电影《寡妇的最后一刻》（*The Widow's Last*）的取景地。

这条河滨步道可以通往岩石潭和风景如画的瀑布,途中经过多座全人工搭建的小桥。

爱尔兰

丁格尔路

沉浸于古代和现代交织的爱尔兰生活中

距离：环行 179 公里　　　　**行程**：6—9 天
最佳出行时间：春末至初秋　　**难度**：中等

人类在爱尔兰丁格尔半岛起伏的山丘和喧闹的海岸线上生活了大约 6000 年，留下了大量古老的住宅、堡垒和文物。这里可能是爱尔兰境内可见考古遗迹最丰富的区域，而环绕着这片区域的丁格尔路，就是欣赏这些考古遗迹的一条重要路线。

丁格尔路的整条路线上，既有车道也有步道。徒步旅行者沿着丁格尔路前行，可以探索青铜时代当地居民用以抵御外来入侵者的海角堡垒，甚至更古老的土制环形堡垒，土制环形堡垒曾经用来保护小片的泥瓦房，如今泥瓦房早已不复存在了。在一些地区的乡村里，还可以看到早期的凯尔特十字架、凯尔特教堂、被称为"蜂巢小屋"的圆锥形穹顶石头建筑物，以及欧甘碑铭——一种刻有早期书面语言的方尖碑。

这片土地历史悠久，富有生机，充满多样性，且处处可见出众的山景和海景。徒步旅行者沿着人行道和空旷的乡间小路行进，穿过世界上一些最古老的山脉，包括布兰登山侧翼陡峭的绝壁悬崖，然后沿着荒蛮的海滩、开阔的沼泽地继续走，经过点缀着羊群和石屋的农田。徒步旅行者经常会看到成群的奶牛，还会遇到乐于给他们提供建议的农民。有些农民甚至如今仍然以爱尔兰语为母语，当然他们也精通英语。许多其他当地人也乐于为徒步旅行者指路和提供建议，特别是在恶劣天气下是否继续前行的建议，他们还会跟徒步旅行者讲一些有关当地独特历史的小故事。

徒步后活动

对于那些并不急于赶路的徒步旅行者来说，丁格尔镇可以称得上是途中停留一天的不二选择。小镇坐落于海边，整齐有序地分布着一排排五彩斑斓的小房子。晚上，小镇上经常会悠然地响起爱尔兰传统音乐声。当然，这里还有爱尔兰享誉全球的老式酒吧生活。

上图：石头建成的加拉鲁斯礼拜堂是丁格尔半岛上最著名的地标之一。

第 210—211 页：徒步旅行者经常可以在丁格尔路沿途的海边小村庄里找到地方住宿。

　　有些徒步旅行者会在指定地点露营，而另外一些徒步旅行者则更愿意将帐篷搭在空旷的地方（不过，最好是征得当地农民的同意。当然，农民们一般不会反对）。但由于这里经常下雨，天气时而有雾，时而有风，偶尔才是晴天，大多数徒步旅行者还是更愿意住在沿途

能够提供住宿和早餐的小旅馆里,或者小村庄的农家旅舍中。如果徒步旅行者在村庄留宿,就有机会在村中的酒吧里度过一个愉快的晚上,享用吉尼斯黑啤酒并和当地人聊天,这是爱尔兰人最钟爱的两项消遣。白天,徒步旅行者可以到村中的小商店逛一逛,淘一些当地的艺术品。

丁格尔路因作为一个展示乡村和古代生活的窗口而闻名,但其

自1899年以来,迪克·麦克酒吧就一直供应当地啤酒和优质威士忌,也提供皮革制品,游客在这里还可以享受现场音乐。

丁格尔路沿途有多座农场，所以徒步旅行者经常会偶遇驴子等家养牲畜。

荒凉程度也着实令徒步旅行者感到惊讶。琳达·伍兹是当地一名徒步旅行向导，她于1994年创立了一家徒步和骑行装备公司，她经常会说服客户花些时间在此逗留一阵，坐下来，什么也不做，只是静静地聆听，为的就是享受这份宁静。"这种什么也不做的感觉真的很奇妙，"她说，"你只听到大自然的声音。"

牧场绿草如茵，山脉植被茂盛，像一条巨大的绿色毯子一直铺到天边，处处生机盎然。丁格尔路通常沿着海滩或高高的海边悬崖延伸，徒步旅行者可以欣赏到大海各种不同的景色。无论天气还是美食，丁格尔半岛生活的方方面面都受到大海的影响。来到半岛的西端，徒步旅行者可以看到远处的大海。

"来到半岛西端，你只会感觉自己太渺小了。"琳达·伍兹说，"你会有一种仿佛要坠入大西洋的感觉。你可以看到波涛汹涌的大海和布拉斯基特群岛的壮丽景色，远处是浩瀚无际的汪洋，再远处就是美国了。"

行前须知

这里经常下雨，所以要购买一整套好的防水服。沼泽是丁格尔路沿线十分常见的一种地貌，在穿越沼泽时，明智的做法是穿上齐踝登山靴，以保持双脚干燥。因为沼泽中缺氧，许多文物得以保存下来。迄今为止，在沼泽区域已经发现了古剑、数百年前储存的黄油及其他宝物。

你会看到：青铜时代的堡垒和房屋 | 凯尔特十字架和凯尔特教堂 | 荒蛮的海滩 | 沼泽地 | 农田

冰 岛

克里斯蒂纳廷达山

巨人之地

距离：往返 17.9 公里　　**行程**：6—8 小时
最佳出行时间：夏季　　　**难度**：艰苦

冰岛南部拥有广阔的黑沙海滩、宝石般的冰川潟湖、瀑布和波涛汹涌的大海，这里的一切简直美到极致。有许多条步道和陆路穿过广阔的苔原，其中最引人注目的一条是通往克里斯蒂纳廷达山顶峰的步道。克里斯蒂纳廷达山位于瓦特纳冰川国家公园的斯卡夫塔山自然保护区，海拔超过 1000 米，要想登顶，需要沿着陡峭、湿滑、泥土松动的步道爬上去，这个过程令人毛骨悚然，却也是一个诱人的挑战。

徒步旅行者沿环形步道顺时针方向行走，当抵达斯瓦蒂瀑布时，他们立刻就会觉得自己的努力是值得的。斯瓦蒂瀑布的景致非常独特，在黑色柱状玄武岩峭壁的环绕下，瀑布奔腾直下，很是引人注目。观赏了斯瓦蒂瀑布之后继续上路，前往一片绿草葱茏、没有树木的高原，在那里山脊和冰川河谷的壮丽景色一览无余。那里广阔的地势很容易使人感觉仿佛来到了小人国，不由地兴奋起来。沿着高原继续前行，到达克里斯蒂纳廷达山的一处鞍部，从此处开始，步道的部分路段变得陡峭、松动，攀爬时需要手脚并用，当然还需要一定的勇气。到了克里斯蒂纳廷达山的山顶后，就可以尽情领略冰川奇观，从陡峭的山峦到淤泥满布的河流，还有斯卡夫塔山冰川和摩萨尔冰川五彩斑斓的冰舌，以及远处神秘而深邃的大海。

备选路线

在冰岛南海岸，水量丰沛的斯瓦蒂瀑布是一处不容错过的景点。但是许多游客并没有意识到，如果沿着右侧的步道继续向上走，就有机会领略到隐藏在山谷后面的更多奇景。这条步道全长大约 26 公里，穿过一座瀑布轰鸣的峡谷，到达两栋小屋。

从克里斯蒂纳廷达山陡峭的山峰上，可以眺望广阔而荒凉的瓦特纳冰川国家公园景观。

你会看到：

瀑布 | 玄武岩峭壁 | 冰川

英 国

特瑞凡峰

雪墩山国家公园里的传奇性登山挑战

距离： 往返约 3.2 公里　　**行程：** 3—6 小时
最佳出行时间： 春末至初秋　　**难度：** 艰苦

从山脚往上看，海拔 917 米的特瑞凡峰显得阴暗而令人生畏，整体轮廓颇具魅力。但是对于某些人来说，威尔士这座高耸陡峭的山峰好像在发出冲锋的号角，召唤着人们登顶。1953 年首批成功登顶珠峰的登山者丹增·诺盖和埃德蒙·希拉里，就是以特瑞凡峰作为训练场进行登山训练的。如今，攀岩者和雄心勃勃的登山者也会涌到这里，在特瑞凡峰裸露的斜坡上测试自己的勇气。

理查德·贝尔是位于威尔士贝塞斯达地区的一名登山教练，也是雪墩山徒步和登山公司（Snowdonia Walking and Climbing）的创始人，他说："对于那些已经尝试过徒步旅行，但又想进一步施展才能并尝试攀登的人来说，特瑞凡峰这个斜坡是一个巨大的挑战。这着实是一条非常不错的路线，而且交通便利。"

最受欢迎的登顶方式是先登上北面山脊，然后在急速变为垂直角度的岩壁上攀登。登山者双手准备就绪后，顺着沟壑和岩肋攀爬，经过一处著名的大炮形状的岩石——这里也是最受欢迎的拍照地点。山顶有两块巨大的石头，名为"亚当"和"夏娃"，相距 1—1.2 米。有些勇敢的（或者也许是鲁莽的）登山者会在这两块巨石之间跳跃。从山顶向下俯瞰，随着云层的移动，奥格文山谷、连绵的山脉和利物浦湾时隐时现，景色真是美极了。

徒步后活动

彭伊格里德酒店（Pen-Y-Gwryd Hotel）始建于 1810 年，最初是一家山区农家旅舍，后来接待过 1953 年成功登顶珠穆朗玛峰的登山探险队队员，当时他们正在雪墩山国家公园进行训练。如今，登山者和徒步旅行者仍然会选择住在这家酒店，人们聚集在大堂的壁炉旁，或在酒吧里交流登山过程中的探险故事。该酒店还收藏了一些具有历史意义的登山纪念品。

太阳落山时,特瑞凡峰(威尔士境内排名第 15 位的高峰)的阴影投射在奥格文山谷里。

你会看到:

奥格文山谷 | 利物浦湾 | 山羊 | "亚当和夏娃"巨石

英 国

西南海岸路径

英格兰西南海岸的史诗般旅程

距离： 单程 1014 公里　　**行程：** 6—8 周
最佳出行时间： 春季到秋季　　**难度：** 艰苦

从19世纪初，英格兰的海岸警卫队就开始在国家的海岸线上徒步巡逻，在每个港口和海湾寻找走私者。现在，在萨默塞特郡、德文郡、康沃尔郡和多塞特郡，海岸警卫队的巡逻路线形成了西南海岸路径，这是英格兰境内最长的一条国家级徒步旅行步道。

这条路径并没有取道最直接的路线，不过这反而是一件好事。它沿着海边的悬崖蜿蜒而下，穿过历史悠久的渔村，再向上经过荒野，环绕着狂风呼啸、风景壮美的英格兰西南半岛。如今，前来这条路径徒步旅行的人依然很多。这些徒步旅行者中既有顽强的马拉松运动员，也有周末来此休闲放松的人；前者在10天内就能走完整条路线，后者则会在这里的茶馆和酒吧中消磨时间。

无论你的速度或野心如何，这条路径上都有许多景点值得一看。侏罗纪海岸位于德文郡和多塞特郡，是一段长153公里的海岸线，由形成于数亿年前的岩层组成，包括壮观的海蚀柱、海蚀拱和一片27.5公里长的天然屏障海滩，这片海滩是欧洲同类海滩中最长的海滩之一。游客在这里可能会发现化石，这并不稀奇。正是由于该地区有着丰富的人类历史，徒步旅行者还可以看到构造精巧的古老山丘堡垒、风格粗犷的罗马时期小教堂和中世纪教堂。侏罗纪海岸上遍布防御工事，从远古时代至维多利亚时期，甚至到第二次世界大战期间的防御工事，在海岸上都可以看到。一些地方还保留着海岸

野生动物掠影

虽然这条路线上并没有显眼的野生动植物，但凭借敏锐的目光，徒步旅行者还是可以发现许多物种的。徒步旅行者会看到游隼在悬崖上栖息，还会看到它们以近乎垂直的角度从高空俯冲而下，捕捉猎物。在海角悬崖上，徒步旅行者偶尔还会发现下面深蓝海域中的海豹、海豚，甚至姥鲨。

上图：春季，路径沿途的山丘上盛开着报春花和紫罗兰。

第 220—221 页：沿着白垩悬崖漫步，凝视侏罗纪海岸上老哈里岩白崖的海蚀柱。

警卫队的小屋和围墙。

尽管这条路径从未远离文明，而且紧紧拥抱着海岸线，但路面的起伏程度令人咋舌。途中，徒步旅行者要穿越许多小溪、河流和河口，其中一些可以从人行天桥上穿过，其他的则需要乘坐短途轮

渡。虽然这条路线的部分路段穿过繁华的旅游小镇，旅馆、商店、餐馆和冰淇淋店遍布其间；但是，其他路段经过的地区却出奇的荒凉，比如德文郡北部的海岸。对于徒步旅行爱好者雷诺·温恩 [徒步燃情故事书《盐之路》（*The Salt Path*）作者] 来说，这种与大自然的亲密接触才是治愈一切的良药。

"这里的步道、悬崖、大海和无尽的地平线深深吸引了我。"

船只停靠在波尔佩罗。波尔佩罗是康沃尔郡南部波尔佩罗遗产海岸线上的一个渔村和民事教区。

在德文郡的多克顿·米尔花园和茶室（Docton Mill Gardens and Tea Room），徒步旅行者能够享用备受赞誉的奶油茶点和自制美食。

行前须知

虽然一年中的任何时候都可以来西南海岸路径上徒步，但最佳时间段无疑是春季和初夏，届时鲜花盛开，羊羔在草地上吃草，滴翠的绿色调使这里的风景熠熠生辉。夏季，这条路径上的游客较多；秋季，游客相对较少，这里会更安静一些，而且海水变暖，秋色也渐渐浓了起来。

雷诺·温恩说，"这是一种最令人难以置信的自由自在的感觉。"温恩发现这条路线总能给人带来意外和惊喜。沿途让人惊掉下巴的东西实在太多了，比如既能亲身感受这里危险的海域和恶劣的天气，也能在僻静的小港湾中游泳，享受和一群经过港湾的海豚偶遇的神奇体验。据雷诺·温恩说，有一天，成群的瓢虫孵化出来，落在她和丈夫的手上，又从他们的指尖飞走。还有一天，他们目睹了山体滑坡将红色的悬崖冲入海中的整个过程，蓝色的海浪瞬间变成深红色，就像一口沸腾的大锅。最重要的是，对于徒步旅行者来说，在这样一片人类长期居住的土地上，竟然能够尽情享受完全沉浸在大自然中的自由感，这实在是太难得了。

"我们完全被这里不可思议的风景吸引了，简直就像一场步行冥想。"温恩说，"每走一步，就感觉有了继续迈出下一步的理由。"

你会看到：悬崖 ｜
海蚀拱和海蚀柱 ｜ 海滩 ｜ 化石 ｜
罗马时期的教堂 ｜ 中世纪教堂 ｜ 历史悠久的堡垒

第三部分 欧洲 223

西巴尔干地区

迪纳里卡之路

西巴尔干的一段高山之旅

距离： 单程 1260 公里　　**行程：** 7—12 周
最佳出行时间： 春末、夏季和初秋　　**难度：** 艰苦

西巴尔干地区崎岖多山，拥有着美丽的自然风景。尽管该地区长期以来民族矛盾和宗教纷争不断，战争和冲突频发，但其壮观的荒野和田园村庄仍在对旅游业开放，且保护得非常好。而穿越 8 个国家的迪纳里卡之路，就像是通往该地区最佳景致的通行证。

从技术层面上讲，迪纳里卡之路并不是一条小路，而是 3 条远足小道，这 3 条小道将古老的路线与新建的路线连接起来。其中，蓝色小道沿着海岸线延伸，绿色小道穿过森林和山谷，白色小道则蜿蜒穿过高地，直达各个国家的一些最高峰。到目前为止，白色小道是唯一一条已经彻底完工的小道，全长 1260 公里，上坡和下坡路段超过 50000 米。

白色小道穿越巴尔干半岛，其间穿过众多形状和高度各异的白色石灰岩山脉和喀斯特地貌、大片的山毛榉林、开满野花的高山草甸、冰川湖泊，还经过一些偏远社区，目前仍有当地人在这些社区的农场和牧场生活和工作。在一些地区，徒步旅行者会选择露营；而在另外一些地区，他们则会以地处偏远的小屋或家庭旅馆为住宿地。在从一个社区走到另一个社区的途中，徒步旅行者可能会看到鹿、熊和岩羚羊（一种当地的羚羊），还要留意可能出现的狐狸、兔子、蛇，甚至野猪。徒步旅行者认为，探索这条路线上隐藏的自然奇观，再与热情的当地人来一次偶遇，无疑是这次徒步旅行的亮点。

备选路线

对于那些喜欢在登山的同时还能看海的人来说，可以考虑选择克罗地亚亚得里亚海沿岸迪纳里卡之路上的蓝色小道路段。沿着这段蓝色小道行进，徒步旅行者在穿过白色的喀斯特地貌时还可以欣赏海岸美景，然后横穿一座座迷人的村庄，甚至还要穿越克罗地亚的 4 座小岛（经由桥梁可达）。

普斯塔瓦茨瀑布是布里特威斯湖国家公园内第二高的瀑布。

萨比娜·西尔科是萨拉热窝绿色愿景（Green Visions）旅行公司的一名向导，专门负责迪纳里卡之路的徒步服务，她还在 wildinthebalkans.com 网站上发布一些介绍这条路线的文章。她说："在小道经过的一些地方，你可能徒步数日也见不到一个人。

不过当地人会邀请你到他们的花园里露营。他们一般不懂英语，但他们还是会为你提供一些美食。"有时候，你在途中会遇到从家中向你挥手的当地村民，或者当你迷路的时候，他们会二话不说就把你带回正路上。到了晚上，你可能会发现自己和一群新结交的朋友坐在一起，吃着农家自制的腌肉，再适量喝点当地烈酒"拉基亚"（rakia，一种在该地区颇受欢迎的水果白兰地），入喉清冽，给人

第 226—227 页：卢克米尔是波斯尼亚最古老的村庄，坐落在海拔 1500 米的亚霍里纳山上，以出产羊毛闻名。

上图：日落时分，秋季的雾气在迪纳里卡之路沿途的山谷中缭绕。

一条木板铺成的小路横跨布里特威斯湖下游，并经过布里特威斯湖国家公园的多条小瀑布。布里特威斯湖国家公园是联合国教科文组织世界遗产地。

徒步后活动

在这些山脉的峡谷里，小溪和河流纵横交错，蜿蜒流淌中溅起朵朵白色的浪花。而且，很多小溪和河流里都可以划皮筏子。比如，位于黑山、波斯尼亚和黑塞哥维那边界上的塔拉河，蓝绿色的河水如宝石般耀眼，蜿蜒穿过欧洲大陆最深的峡谷，然后跌入多处二级到四级不等的激流中。

一种舒畅感。

走完整条路线着实是一个艰巨的挑战，所以绝大多数徒步旅行者选择每次只打卡完成其中部分路段。比如，在波斯尼亚和黑塞哥维那，徒步登上乔夫斯尼卡山（Čvrsnica）可以欣赏陡峭的悬崖和深切的河谷，还可以看到一个被称为"强盗之门"的拱形奇石景观，它非常引人注目。

再往更北边走，就到了斯洛文尼亚境内，这里有着不同的山景和历史悠久的城堡，比如布列加玛城堡就是一个不容错过的景点，它是一座拥有 800 年历史的白色堡垒，看上去俨然就是《权力的游戏》的取景地。传说，一位勇敢的骑士捍卫了这座城堡长达一年之久，最后因仆人的背叛而被杀害。这座城堡的军械库、小教堂、厨房和秘密隧道都向游客开放，充分展示了这个富有传奇色彩的地区有着悠久的历史。

你会看到：石灰岩山脉和喀斯特地貌 | 山毛榉林 | 野花 | 冰河湖泊 | 鹿 | 岩羚羊 | 历史悠久的城堡

克罗地亚
白石山和维霍拉斯基步道

石灰岩仙境

距离：单程 6.5 公里　　　**行程**：6—8 小时
最佳出行时间：夏季和初秋　　**难度**：中等

克罗地亚的戈尔斯基科塔尔地区最不缺的就是绿色，这里不仅有茂密苍翠的森林，还有汇入急流的碧绿色河水。位于深山中的白石山和维霍拉斯基步道，即使以国际标准来看，也堪称一颗宝石。这里呈现的完全是一片异域景观，纸白色的石灰岩喀斯特地貌从丘陵林地中冒出来，俨然就是一群被冻住的小矮人在冷眼旁观。相对而言，来到这里的游客并不多，尽管从首都萨格勒布驱车约 2.5 小时即可到达。但是，那些来到这里的游客会得到奖励，因为是他们在这些矗立着的犹如白色拇指般的石灰岩山峰间完成了障碍赛级别的攀爬。

"这个地方有一种神秘感，给人一种非常特别的感觉，"佩特拉·潘说，"一切都是那么绿色，而且非常宁静。"佩特拉·潘是克罗地亚自然探险旅行社（Natural Croatia Adventure Travel Agency）的老板兼首席向导，这家旅行社位于克罗地亚首都萨格勒布。

这条步道沿着巨石下到小山谷，再爬升到巨石顶上，途中某些地方需要徒步旅行者手脚并用地攀爬，还要小心地通过阶梯。从白石山路段到另一个类似的岩石群萨马斯克，步道蜿蜒穿过寂静的森林，林中会有鹿和熊出没。不时地，徒步旅行者可以看到一片茂密的树林，看上去完全未经人工雕琢，是一片纯粹的自然美景。

徒步后活动

徒步旅行接近终点时，可以看到一栋藏在半洞穴里的小木屋。小屋名为"拉特科沃·斯克洛尼斯特"（Ratkovo Skloniste），里面有床铺、炉子和一个过滤雨水后的蓄水池，徒步旅行者晚上可以在这里休息。第二天，体力得到恢复的徒步旅行者就可以尽情在这些喀斯特地貌的"天然健身房"里攀岩了。

白石山是一片高耸林立的石灰岩山峰，与周围郁郁葱葱的绿色森林形成鲜明的对比。

你会看到：
石灰岩喀斯特地貌 | 鹿 | 熊 | 绿色山谷 | 草地

奥地利、斯洛文尼亚和意大利

阿尔卑斯-亚得里亚小径

从冰川到海洋

距离：单程 750 公里　　　　**行程**：5—6 周
最佳出行时间：夏末　　　　　**难度**：中等

从奥地利最高峰大格洛克纳山脚下，到亚得里亚海沿岸的意大利小镇穆贾，阿尔卑斯-亚得里亚小径平缓地蜿蜒穿过欧洲乡村。这条建于 2013 年的小径，其实是巧妙地融合了奥地利、斯洛文尼亚和意大利三个国家境内的现有小路，将阿尔卑斯山和亚得里亚海连接起来。这条小径由非营利组织和企业组成的联盟管理，组织严密，标记清晰，沿途有解释性标志，甚至还提供统一的预订服务，帮助旅客安排交通、班车和住宿。露营是不允许的，但为了方便游客，每个路段的露营终点都选在村庄或某种类型的旅馆处。

只有一小部分徒步旅行者的目标是一次走完这条小径的全程，绝大多数徒步旅行者会选择尝试 1 日的徒步旅行，或者较短距离的多日徒步，抑或在几年内分阶段走完全程。以从奥地利这一端开始的一次为期 10 日的徒步旅行为例，从海拔 3798 米的大格洛克纳山脚下，也就是小径的第一段出发，穿过山脉、草地、森林和农田，到达卡林西亚的丹尼尔斯伯格山。丹尼尔斯伯格山是一座圣山，数世纪以来，凯尔特人、罗马人和早期基督徒都曾在此举行仪式（如今，留存下来的只有一座罗马式小教堂）。沿途，你可以在美丽的乡村停留，比如海利根布鲁特，这个村子依偎在群峰之中，值得一看的是一座有着纤细优雅尖顶的干净整洁的教堂；也可以在一些引人入胜的景点驻足，比如福尔肯斯坦城堡，这座童话般美丽的城堡庄严

行前须知

阿尔卑斯-亚得里亚小径上的徒步旅行者过夜时，一般会找地方住宿，而不是露营，这意味着他们的背包并不太大。那么，你应该带些什么呢？一两件换洗衣服、洗漱用品、防晒霜、泳衣、人字拖、户外毛巾、急救箱。如果喜欢登山的话，你还可以带上登山杖。

在奥地利格利岑山的顶峰，登山者可以欣赏到令人难忘的风景。

地坐落在山顶上。在这次徒步旅行中，你会经过生机勃勃的农场、流水潺潺的瀑布峡谷和锯齿状的蒂罗尔白云石景区。

你也可以从这条小径的另一端尝试一次为期 6 天的徒步旅行。从意大利弗留利地区的奇维达莱出发，穿过意大利和斯洛文尼亚的

你会看到： 乡村和农场 ｜
瀑布 ｜ 蒂罗尔白云石 ｜
葡萄园 ｜ 樱桃园 ｜ 橡树林

葡萄园、樱桃园和橡树林，到达意大利的亚得里亚海海滨。沿途还有各种各样的消遣活动，你可以在什马特诺镇漫步，欣赏一栋栋整齐别致的红顶房屋，体验迷宫般狭窄的古老街道；还可以到附近的岩石池里泡一泡，感受池水的凉爽，很多当地人会到这里来游泳。随着小径逐渐下行，你在途中品尝到的美食也从更多的高山山珍逐步变成地中海海味。在亚得里亚海海岸附近，花点时间在当地被称为"奥斯米泽"（osmizze）的乡间小酒馆逗留一会儿，喝一杯葡萄酒，品尝当地的肉类和奶酪。出发前，你还可以到穆贾镇的海边小村逛一逛，在的里雅斯特美丽的海滩上享受日光浴。

意大利弗留利地区的奇维达莱小镇坐落在阿尔卑斯山东麓，靠近斯洛文尼亚边境。

俄罗斯

大贝加尔湖步道

世界上最古老、最深的湖泊

距离：单程 58 公里　　行程：3—4 天
最佳出行时间：夏季　　难度：中等

贝加尔湖是世界上最古老、最深的湖泊，位于西伯利亚东南部，从南到北长 636 公里。几十年来，俄罗斯的生态环境保护者、自然爱好者和徒步旅行者一直梦想着能有一条环绕贝加尔湖的步道。2003 年，当第一批志愿者来到这里修建人行道时，这个梦想开始实现。从那以后，每年都有志愿者前来继续修筑这条步道，现在整条步道的长度大约为 500 公里。

从度假小镇利斯特维扬卡到大戈洛乌斯特诺耶镇这段是整条步道中最容易走的路段之一，沿着贝加尔湖岸延伸 58 公里，徒步旅行者在大戈洛乌斯特诺耶镇可以乘公共汽车返回伊尔库茨克市。这段路程要花几天时间才能走完，大多数徒步旅行者会露营几个晚上，然后在宁静的大科蒂村住一夜。大科蒂村是一个由挖矿发展起来的小村子，只能步行或乘船到达。村里没有餐馆和旅店，但一些当地人会让徒步旅行者住在自己家里。这条步道蜿蜒穿过凉爽、芳香的常绿森林，在峭壁上来回盘旋，而后穿过崎岖的海岸线。留意一下的话，会看到矮百合和橙色的金莲花，还有一种类似仙人掌的高山多肉植物。最终，徒步旅行者得以亲近美丽而浩瀚的贝加尔湖，它才是真正吸引旅行者远道而来的理由。

你会看到：常绿森林 | 矮百合 | 金莲花 | 高山多肉植物

徒步后活动

大戈洛乌斯特诺耶镇是一个消磨时间的好地方。在那里，你可以看看坐落在湖畔的圣尼古拉斯教堂。从城郊出发，沿着一条 3 公里长的步道走上当地一座圣山的山顶，从山顶可以俯瞰河谷、湖泊和村庄。

漫步在贝加尔湖岸的沙滩上,你可以凝视远处白雪皑皑的山峰。

第四部分

非 洲

一群跳羚在广袤的非洲草原上吃草，远方是乞力马扎罗山（参见第266页）。

埃 及

西奈小径

与贝都因人同行

距离： 单程 550 公里　　**行程：** 42 天
最佳出行时间： 春季和秋季　　**难度：** 中等

埃及西奈半岛的内陆地区有着广阔的沙漠、波光粼粼的绿洲和丰富的贝都因文化，长久以来却少有游客光顾。许多游客更愿意前往该地区开发比较成熟的东海岸，大多数游客出于安全考虑完全不打算到该地区来。但在 2015 年左右，来自 8 个贝都因部落的部族首领、非政府组织代表和志愿者聚集在一起，商讨通过修建西奈小径来提升该地区对游客的吸引力。这是埃及修建的首条长途步道。

西奈小径于 2015 年首次开放，之后不断扩展延伸，现在这条小径以三角形环绕半岛。小径开放的第一个路段从亚喀巴湾通往圣凯瑟琳高地，全长 250 公里，大多数徒步旅行者需要 12—14 天走完（整条路线环绕半岛延伸长达 550 公里，步行大约需要 50 天）。第一个路段，也是最受欢迎的路段，穿过宽阔的旱谷、低矮的平原、蜿蜒的峡谷，然后上升到半岛内陆的高地。这里的地形险恶，气候恶劣，徒步旅行者在这里徒步时一定要有贝都因人做向导，这一点非常关键。贝都因人有着独特的识别方向的技能，而且对这片土地了如指掌，当然也少不了他们的骆驼。在贝都因人的带领下，徒步旅行者就能顺利地完成这次徒步旅行。

"在西奈小径上可以欣赏美丽的荒野，但它与大多数步道的不同之处在于，这里几百年来一直有人居住。"奥马尔·萨姆拉这样说道。奥马尔·萨姆拉是第一个登上珠穆朗玛峰的埃及人，他创办的 Wild

徒步后活动

西奈半岛可以开展的户外活动简直多得诱人。红海沿岸就是潜水爱好者的乐园，而在内陆地区，世界级的攀岩运动则正在砂岩、花岗岩和石灰岩峭壁上蓬勃发展。贝都因人还开设了针对本地药用植物的相关课程。

纳赛尔·莫努尔（右）和他的儿子以及穆罕默德·阿布·莱麦丹带领徒步旅行者穿过圣凯瑟琳高地。

Guanabana 徒步装备用品公司可以为徒步旅行者提供由贝都因人做向导的西奈小径徒步旅行服务。他说："贝都因人长年在这片土地上行走，与这里的自然环境长期相处，适应了这里的生活节奏，并积累了大量的智慧。他们能够传授给其他埃及人和世界各地游客的东西，

第四部分 非洲 241

实在是太多了。"

　　在这次旅行中，徒步旅行者将沉浸在贝都因人的家园中。这片土地以炎热和干旱为特征，但景色一点也不平淡：平原上耸立着布满红色、棕色和灰色岩石条纹的山脉。不时地，徒步旅行者会转过一个弯道，眼前突然出现一池静水，让人很想跳进去畅游一番。在

第242—243页：徒步旅行者沿着西奈小径上一个狭窄的山口前行，他们身后是驮着行李的骆驼。

上图：徒步旅行者爬上沙漠中的一座小山。

特拉赫旱谷里有一个营地，营地两旁是绿色的贝都因花园。在这个营地里，疲惫的徒步旅行者可以喝到贝都因人的传统花茶。

艾因哈德拉的绿洲，一片美丽的绿地被四周高耸的悬崖环绕着。徒步旅行者还会经过大约 2000 年前早期基督教朝圣者和纳巴塔人留下的石刻，然后穿过宁静的山地果园，果园里种植的石榴树和杏树的树龄已经超过了千年。这里很少见到野生动物，但隼、鹰、狐狸和蜥蜴等物种确实栖息在这里。

其中一个亮点是攀登西奈山，山顶上有一座拜占庭小教堂，很值得一看。山脚下是著名的圣凯瑟琳修道院，其历史可以追溯到6世纪中期，据说是世界上仍在使用的最古老的修道院。据信，西奈半岛自史前时代起就有人居住了，而且这里很早以前就成了苦行者和隐士的居住地。

到了晚上，徒步旅行者可以参加贝都因人最神圣的传统活动之一：聚集在篝火旁数小时，凝视头顶缀满繁星的天幕，聆听部落首领讲述真人真事和神话传说，而在沙漠之夜的梦幻情境下，徒步旅行者也难以区分哪些是真事，哪些是神话了。

行前须知

出发前，最好提前熟悉一下贝都因人的风俗习惯。例如，男女都应该穿长裤和有袖衬衫。贝都因人还有分享食物的习惯，徒步旅行者要慷慨地给予回馈。另外，需要注意的是，这里禁止饮酒。

你会看到： 旱谷 | 峡谷 | 高地
贝都因人的家园 | 悬崖 | 古代石刻 | 山地果园 | 石榴树和杏树

加那利群岛（西班牙属自治区）
格拉西奥罗斯步道

通往大海的空中路线

距离：往返约 7.5 公里　　**行程**：2—3 小时
最佳出行时间：春季和秋季　　**难度**：中等

加那利群岛是西班牙的一个自治区，距离非洲西北海岸 108 公里。一个多世纪以来，加那利群岛所属拉格拉西奥萨岛的居民都要穿过一条海峡，沿着陡峭的小路爬上法玛拉悬崖，到达兰萨罗特岛。如今，这条小路是加那利群岛最引人注目的海岸步道之一，人们称它"格拉西奥罗斯步道"。步道起点在距离兰萨罗特岛北部拉斯帕尔马斯省的叶村不远的地方，海拔约 358 米。徒步旅行者从这里出发，沿着鹅卵石和砾石铺就的小路往下走，沿途可以欣赏到拉格拉西奥萨岛和绿松石色海峡的迷人风景。

"这是岛上最好的景色之一。"当地向导服务机构 One Two Trek 公司的负责人吉尔斯·奥德纳尔德说，"在信风的作用下，云层不断移动，使得景色也在不断变化。"隼和秃鹫在头顶上翱翔，蜥蜴和兔子则在脚下四处乱窜。

步道沿着海岸延伸，经过一系列古老的咸化潟湖（这些潟湖可能从 16 世纪起就已经开始形成了），最后抵达普拉亚德尔里斯科海滩，这是一片无人海滩，地处偏远，只能步行或乘船到达。这里是亚热带气候，全年气温度维持在 21℃左右。阳光照射在湛蓝的海面上，波光粼粼，让人忍不住想要跳进海水里，自由自在地游泳。

你会看到：咸化潟湖｜火山岩｜海岸风光

徒步后活动

加那利群岛气候温和，阳光充足，是欧洲人心中理想的度假胜地，有人称它为"欧洲夏威夷"。众所周知，夏威夷群岛是世界冲浪胜地，而加那利群岛中的兰萨罗特岛上也有包括冲浪在内的一流探险活动。在格拉西奥罗斯步道所在的北海岸上，法玛拉和拉圣塔等迷人的海滩吸引着众多冲浪者，不论是来自本地的还是外国的，不论是初学者还是高级玩家。

站在兰萨罗特岛的法玛拉悬崖顶上,可以看到远处的拉格拉西奥萨岛。

埃塞俄比亚

瑟门山

埃塞俄比亚超凡脱俗的山峰

距离： 单程约 23 公里　　**行程：** 3 天
最佳出行时间： 9—11 月　　**难度：** 中等

瓦利亚野山羊、狮尾狒和瑟门狐（也被称为"埃塞俄比亚狼"）有两个共同点：一是非常罕见，二是有传闻说它们出没于瑟门山国家公园的神秘山脉中。瑟门山国家公园是联合国教科文组织确定的世界文化遗产地，位于埃塞俄比亚北部，保护着由强大的侵蚀力形成的一系列不同寻常的地质奇观，包括嵯峨的山峰、深邃的山谷、1524 米高的峭壁，以及埃塞俄比亚最高峰——海拔 4553 米的拉斯达善峰。除了地貌和动物，这里生长的植物也异常奇特，巨型半边莲高达 6 米左右，树木可以长到 1.2 米，且树干上长满了地衣。

"我把客人带到这里，有些人才待了半个小时，就想尽览这里的风景，但这是不可能的。"考古学家、埃塞俄比亚旅游公司（Ethio Travel and Tours）的向导萨姆·沃克说，"在这么短时间里只能看看峭壁、奇峰、幽谷、险壑。"

徒步路线沿着悬崖的边缘，一直延伸到拉斯达善峰，然后深入低地。以一条为期 3 天的徒步路线为例，从桑克伯的既定营地出发，走到位于格奇的既定营地，最终到达陈尼（游客既可以沿专门的路线回到公园入口，也可以原路返回）。在这样高海拔、干旱、寒冷的地区，当地人以农耕和放牧为生，已经生活了不知多少年。夜晚气温较低，一定要多带一些保暖的衣物。

沿着这条步道，徒步旅行者在起伏不平的山石路上艰难地爬

野生动物掠影

髭兀鹰，也被称为"胡秃鹫"，是在瑟门山发现的另一种令人印象深刻的野生动物。它的两翼展开长约 3 米，头部有明显的黑白条纹，胸部有斑点。它是食腐动物，有时会将骨头从高空扔到地面裸露的岩石上，将骨头摔碎后食用。

巨型半边莲是埃塞俄比亚一种特有的植物。这种植物要生长20年（最高长到10米），才能迎来第一次花期。

坡和下坡。瀑布从悬崖边倾泻而下，秃鹫和猛禽在空中盘旋，俯瞰着幽邃的峡谷直入地平线。很有可能你会遇到一群懒散闲逛的狮尾狒，它们的鬃毛随风飘扬。这些形似狒狒的灵长类动物大多数时间都在山顶上吃草，而作为攀岩高手，它们甚至会不时从悬崖边掉下

你会看到：胡兀鹫 | 瓦利亚野山羊 | 狮尾狒 | 瑟门狐 | 猛禽 | 山羚 | 金豺 | 巨型半边莲 | 瀑布

来。金豺、狒狒和山羚（一种小型羚羊）也经常出没在这片高地上。你不妨多花点时间，在这片超凡脱俗的非洲高山森林中尽情享受异域氛围，盛开的野花和怪异的植物会让你感觉仿佛穿越到了史前的恐龙王国。

一只狮尾狒蹲坐在瑟门山一座陡峭的山峰上。

第四部分 非洲

埃塞俄比亚

尔塔阿雷火山

往返于烈火之门

距离：往返 15 公里　　**行程**：2 天
最佳出行时间：10 月至次年 6 月　　**难度**：中等

尔塔阿雷火山是埃塞俄比亚最大的火山，去那里旅行可能会让人觉得有点儿冒险，因为尔塔阿雷火山一直处于活跃状态，而且火山顶上有一座活跃的熔岩湖，喷发出的岩浆会顺着火山口边缘溢出，炽热的岩浆流以一种奇特的方式向山下流去。当然，这种自然现象也是尔塔阿雷火山最吸引人的地方。为了目睹这一奇观，徒步旅行者首先要在一段崎岖不平的道路上艰难地缓慢行进，脚下是坚硬的熔岩、岩石和沙子；接着穿越条件恶劣的阿法尔沙漠，那里的气温经常超过 43℃；然后，为了避开一天中的高温时段，徒步旅行者要在天黑后攀爬崎岖、坚硬的熔岩石，需要戴上头灯，露营装备则由骆驼驮着。

行进过程中，当熔岩的景观隐隐约约映入眼帘时，徒步旅行者能闻到硫黄的气味，还能看到烟雾不断升腾。这里是世界上为数不多的几个能让人接近火山口的地方之一，你可以站在火山口边缘，观看沸腾的熔岩撕裂浅灰色的湖面后喷薄而出，划破黑夜，在火山口的海岸上投射出炽热的光芒。在去帐篷里休息之前，你可以花一晚上的时间观察沸腾的熔岩；在黎明前醒来后，你可以再去看一眼火山口和沸腾的熔岩，然后迎着晨曦踏上归途。

徒步后活动

达纳吉尔凹地是地球上最热、最干燥、最低的地方之一。该地区色彩斑斓的热液活动区是另一个不容错过的景观，它由热泉、盐田及其他矿床组成，为五颜六色的特殊藻类的生长创造了条件。

一座被称为"地狱之门"的熔岩湖坐落在一直处于活跃状态的尔塔阿雷火山的中心。

你会看到:
埃塞俄比亚最大的火山(尔塔阿雷火山)|熔岩湖和熔岩场|沸腾的熔岩|阿法尔沙漠

纳米比亚

"老爹"沙丘

登上沙丘之最

距离：往返 5—6 公里　　**行程**：2—3 小时
最佳出行时间：全年　　　**难度**：中等

纳米布沙漠位于非洲西南部大西洋海岸，沿海岸南北延伸 1900 公里，覆盖了纳米比亚的整个海岸线。在纳马语中，"纳米布"的意思是"一个什么都没有的地区"。其实，这里也并不是什么都没有。贸易路线穿过这片沙漠，通向大海。沙漠中的不同区域栖息着甲虫、蛇、鸵鸟等动物。而且，这一大片沙丘也是纳米比亚主要的旅游景点之一。这些由铁锈色沙子组成的连绵起伏的沙丘被称为"苏丝斯黎"（Sossusvlei）。红色的沙丘、蔚蓝的天空、白色的平地，构成了一幅色调简单却令人难忘的景观。

游客可以攀爬许多沙丘，其中一个极具挑战性的是高达 325 米的"老爹"沙丘。虽然攀爬距离并不是特别长，但在头顶着太阳，脚下的沙子不断下陷的情况下，爬上这座大沙丘还是很费力的。登顶后，可以看到其他沙丘的沙脊线，还可以看到死亡谷。死亡谷是一块白色的盐沼盆地，曾经是一片绿洲，生长着许多骆驼刺树，但随着沙漠中水源的变迁，骆驼刺树纷纷死亡，干枯的树干在烈日的炙烤下变黑，一棵棵突兀地立在白色的盐沼上。几个世纪以来，这些骆驼刺树残骸一直不腐不倒，成为一道充满诗意的风景。从"老爹"沙丘顶上下来时，你可以在光滑的沙丘表面一路奔跑、跳跃和滑行而下（也可以带上或租一块沙板，真正体验一次刺激的感觉）。爬上沙丘可能要花 2 小时，下来却只需要惊险刺激且难忘的 45 秒。

行前须知

登顶"老爹"沙丘，关键是要在清晨出发，避免高温炙烤（夜间，有些动物会到广袤起伏的沙丘上冒险活动，徒步旅行者在宁静的清晨出发时，一定要留意这些夜行动物的踪迹）。此外，一定要确保带上充足的饮用水，因为干燥的空气会使身体水分快速蒸发。

"老爹"沙丘高达325米，徒步旅行者在此可以体验具有一定挑战性的登顶徒步和惊险刺激的下撤。

你会看到：

红色沙丘 | 枯槁的骆驼刺树残骸

乌干达

玛格丽塔峰

月亮山

距离：往返 82 公里　　**行程**：7—9 天
最佳出行时间：7—9 月　　**难度**：仅限专家

鲁文佐里山脉高耸于乌干达西部，又被称为"月亮山"，是一座鲜为人知的山脉。在这里，游客不但可以看到赤道冰川、海拔 4900 米的高峰以及长着巨型半边莲的荒野，还能领略到更多壮观的自然景观。月亮山的山体紧凑、海拔高，而且常年被雾气笼罩，这给它带来了一种诡异的神秘感。尽管这里的游客仍然相对较少，但游客数量正在逐年上升。越来越多的游客来这里探险，领略非洲最与众不同的风景之一，并尝试攀登鲁文佐里山脉那些在技术上具有挑战性的高峰。

一条徒步路线从鲁文佐里山国家公园的步道起点出发，到达非洲第三高峰玛格丽塔峰，然后绕一圈再回到步道起点。从 21 世纪初开始，在那些对这片森林了如指掌的前偷猎者的帮助下，当地人艰难地在灌木丛中开辟出了多条路线，并手工搬运物资搭起了小屋。尽管如此，这条路线的徒步难度依然不小，徒步旅行者有时会陷入齐腰高的泥沼中，在某些险要的裸露路段，脚下可能就是陡峭的沟壑和汹涌的河流。换句话说，这着实是一场探险。

"游客们都说这是他们尝试过的最难走，但也是最美丽的路线。"鲁文佐里山徒步旅行公司（Rwenzori Trekking）总经理约翰·亨威克说道，"我喜欢在雨季去那里徒步。看着白雪飘落在翠绿的植物上，真是太美了。在有些地方，你看到的苔藓不是几厘米高，而是几十厘米高。"

历史拾遗

据报道，19 世纪 80 年代英国探险家亨利·莫顿·斯坦利爵士带领的探险队来到这里，成为第一批发现鲁文佐里山脉的欧洲探险者。他在 1890 年出版的《在最黑暗的非洲》（*In Darkest Africa*）一书中，详述了这次探险之旅。1906 年，意大利登山家阿布鲁齐公爵登上了鲁文佐里山的最高峰。

上图：鲁文佐里山国家公园内有露营小屋。

第258—259页：鲁文佐里山国家公园里不仅有令人惊叹的瀑布、湖泊和冰川，还生长着美丽的植物。

徒步旅行者从海拔大约1450米处出发，沿着路线逐渐向上走，在不同的生态系统中徜徉。穿过林地，这里是黑猩猩、黑白疣猴和鲁文佐里蕉鹃（一种长着鲜艳的红色、蓝色和绿色羽毛的鸟类）的栖息地，然后继续向上走，穿过竹林。在这几天时间里，徒步旅行者会在茂密的草丛间跳跃，踮着脚走过铺在沼泽上的木板栈道，艰

难地爬上陡峭的山脊,然后攀上巨石场。树线以上的风景俨然一幅充满离奇想象力的孩童画作:在广阔的荒野上,最引人注目的是一些巨大而怪异的植物,包括千里光、石楠,以及看起来像巨大麦克风的巨型半边莲。这条步道素以陡峭著称,沿途分布着许多壮观的

一只巨大的蓝色蕉鹃栖息在纽格威国家公园。

对于那些想要征服乞力马扎罗山的徒步旅行者来说,不远处海拔更低的梅鲁山是一个很受欢迎的"热身"训练场。

野生动物掠影

由于偷猎活动猖獗,这里的黑猩猩濒临灭绝。但是,据当地人介绍,黑猩猩的数量已经开始上升。黑猩猩经常到林地里觅食,它们的食物主要是植物的果实、叶子和种子,徒步旅行者可以到林地里去寻找它们的踪迹。黑猩猩是群居动物,有较强的合群性,但有时彼此也会产生冲突或竞争。

瀑布、湍急的河流和静谧的高海拔湖泊。

"我走过很多条徒步路线,这条路线绝对能排进我心目中的前5名。"马克·冈洛森说,他是山痴徒步公司(Mountain Madness)的董事长,该公司可以为徒步旅行者提供在世界七大洲的向导服务,也包括鲁文佐里山徒步之旅。"我保证,整条步道上至少有5处急转弯,地形复杂程度简直令人难以置信。这里是世界上为数不多的既可以体验热带森林,又可以欣赏壮丽冰川的地方。"

一些徒步旅行者会放弃前往山脉深处并登顶玛格丽塔峰的路线,因为这条路线要求徒步旅行者具备相当丰富的登山经验。但是,那些想尝试的人会带着冰爪和冰斧攀上冰川,沿着布满奇形怪状冰层的赤道冰坡走上去,然后爬上冰雪覆盖的峰顶。站在峰顶,徒步旅行者可以俯瞰鲁文佐里山脉,它那连绵起伏的山峰向刚果盆地郁郁葱葱的深处延伸而去。

你会看到:赤道冰川 |

巨型半边莲 | 黑猩猩 | 疣猴 |

鲁文佐里蕉鹃 | 竹林 | 千里光 | 石楠 | 瀑布

肯尼亚

马赛马拉

与马赛人同行

距离：1.5—8 公里　　　**行程**：1 天
最佳出行时间：夏季和深冬　　**难度**：容易

当你穿过非洲丛林时，最好与任何大型野生动物保持至少30米的距离。但有时，当风吹过你的脸颊，正在陷入遐想的你，可能会与一头张着大嘴咀嚼的犀牛或大象不期而遇。如果幸好它们没有注意到你的存在，给你一个忠告：千万别偷看。正是像这样可遇不可求的时刻，才让与马赛人一起徒步游猎的旅程变得令人终生难忘。

"对我来说，这才是真正的游猎旅行。"肯特·雷丁说，"虽然不会像坐在游览车里那样看到那么多的动物，但这种方式更令人兴奋，也更接近自然。你看到的景色更清晰，听到的声音更大，闻到的气味更浓。"肯特·雷丁是非洲探险咨询公司（Africa Adventure Consultants）的创始人，该公司在马赛马拉专业提供以营地和度假屋为基地的徒步游猎旅行服务。

自古以来，过着游牧生活的马赛人就一直生活在肯尼亚的这一地区以及坦桑尼亚北部。如今，这片土地上星罗棋布地分布着自然保护区，而且还有对游客自由开放的徒步游猎营地。许多马赛人现在的专职工作就是为游猎爱好者做向导，并与造访此地的游客分享他们对这片土地及其生态循环和动植物的深入理解。穿过高高的草丛时，要留意成群的斑马、瞪羚和牛羚，仔细观察地面上有没有粪便或者蹄印，这些都是它们在这里出现过的痕迹。

文化探寻

马赛人以其高挑的身材、独特的服饰和悠久的畜牧文化传统而闻名。很多年来，马赛人一直以牛肉、牛奶和牛血为生。尽管他们的生活方式正在改变，但许多部族都强调要保护他们最宝贵的习俗。

马赛人经常在他们生活的自然保护区内充当徒步游猎团的向导。

你会看到：

犀牛 | 大象 | 斑马 | 瞪羚 |
牛羚 | 动物的粪便和蹄印 | 马赛人的家园

摩洛哥

阿特拉斯山脉图布卡尔山

站在北非之巅

距离：往返 44 公里　　**行程**：2 天
最佳出行时间：春季和秋季　　**难度**：艰苦

在黎明前的黑暗笼罩下，徒步旅行者孤身一人在北非最高峰图布卡尔的高坡上跋涉，难免会有点儿紧张。毕竟这里海拔高度超过 4300 米，空气稀薄，而且夜间气温较低，步道又崎岖不平。但是，当徒步旅行者站到海拔 4165 米的峰顶，看着新一天的第一缕阳光照亮摩洛哥阿特拉斯山脉一排排锯齿状的山脊时，一切的忧虑和不安就都消失了。图布卡尔山是前来摩洛哥徒步旅行的游客的最爱。在通往峰顶的一条漫长而干燥的碎石小路上，载货（也载游客）的驴队和其他徒步旅行者络绎不绝；当地人经常也会加入其中，和游客一起前往半山腰的穆斯林圣地。

"有些游客没想到非洲会有高山和积雪，也没有料到当地人如此热情好客。"图布卡尔山徒步探险公司（Toubkal Trekking Adventures）的老板穆斯塔法·布因巴登说，"这里的人总是面带微笑，爱开玩笑。他们真心欢迎游客的到来。"

徒步旅行者最早在凌晨 3:30 从山上的休息站出发，在日出前到达山顶。在清晨柔和的阳光下尽情欣赏山峰的景色，当阳光将山坡染成桃红色时开始下山，一路跋涉到谷底。

你会看到：

驴队 | 巴巴里猕猴 | 巴巴里羊 | 居氏瞪羚
巴巴里无花果 | 绵枣儿 | 椋鸟 | 黄爪隼

文化探寻

在通往图布卡尔山山顶的半路上，有一处名为西迪·查姆 哈 鲁 克（Sidi Chamharouch）的穆斯林圣地，其实就是一块房子大小、被涂成纯白色的巨石。传说，这块巨石下面就是精灵之王的陵墓。朝圣者来此献祭，用圣水洗漱来治愈疾病或驱逐厄运。

始建于 1938 年夏季的图布卡尔休息站，1999 年重建时增加了很多现代化设施，能够为登山者提供更多便利。

坦桑尼亚

乞力马扎罗山

非洲之王

距离：往返 70—97 公里　　**行程**：5—8 天
最佳出行时间：冬季和夏季　　**难度**：艰苦

即使乞力马扎罗山不是非洲大陆的最高峰，但它仍然像一块磁石一样吸引着人们。这座海拔 5895 米的山峰从坦桑尼亚的草原上拔地而起，据称是世界上最高的独立山峰。这座高山由 3 座主要的死火山组成，其中一座火山的山顶至今仍覆盖着冰盖，终年积雪。乞力马扎罗国家公园成立于 1973 年，不仅是为了保护山峰，也是为了保护依附于山坡及周围环境的多种类型的生态系统，从野生动物密集的稀树草原，到生长着巨型半边莲和千里光等奇异植物的茫茫荒野。

乞力马扎罗山如此有吸引力，部分原因在于它是世界上为数不多的不需要登山设备或专业技能就能攀登的高峰之一。这就是为什么每年都有数以万计的徒步旅行者涌向这里并试图登顶。在登山的 6 条主要路线中，马朗古路线最受欢迎。每天都会有徒步旅行者从马朗古路线的起点出发，晚上他们会住在沿途的棚屋里。其他路线，如马查姆和希拉路线的沿途没有棚屋或棚屋破旧不堪，徒步旅行者必须自带露营设备。

无论选择哪条路线，登山都是一次穿越不同植物区的迷人之旅。在大本营，徒步旅行者看到的是农民们在肥沃的火山土壤中种植咖啡、香蕉、豆类和其他作物。随后，他们来到郁郁葱葱的山地森林，黑白疣猴在树冠上荡来荡去，大象、豹子、水牛和羚羊在林间漫步。到了海拔更高的地方，映入眼帘的是一片荒野，还有很多

行前须知

乞力马扎罗山挑夫援助项目是一个非营利性的公益项目，致力于保障挑夫（这些挑夫主要的谋生手段就是帮助徒步旅行者将物资背上山）的合理薪酬。该项目要求旅游公司必须要获得认证，而且必须遵守保障挑夫福祉的准则，比如最低工资标准和挑夫单次搬运行李的限重等要求。

上图：乞力马扎罗山傲然挺立，俯视着坦桑尼亚草原。

第 268—269 页图：登山者在巴兰科小屋营地的千里光和半边莲后面安营扎寨。

稀奇古怪的植物从中冒出来，看上去就像是苏斯博士在儿童图书里画的那些植物一样。继续向上就到了山地沙漠，这里空气稀薄，土壤变得贫瘠多石，植被明显减少。这片山地沙漠里生长的主要植物是苔藓和地衣，它们紧紧依附在裸露的岩石表面。最后，徒步旅行

你会看到：乞力马扎罗国家公园 | 稀树草原 | 荒野 | 巨型半边莲 | 千里光 | 种植咖啡、香蕉和豆类的农场 | 山地森林 | 疣猴 | 大象 | 豹子 | 水牛 | 羚羊

者到达乞力马扎罗山的顶峰，由于海拔高，山顶终年被积雪覆盖，形成了一片类似北极的冰雪景观。根据所走路线的不同，徒步旅行者可能会看到一个探入空中 91 米的火山塞，或者火山口内的一个火山灰坑。不管你能否一路顺利登顶，世上几乎没有什么景色能与从乞力马扎罗山的云层之上观日落相媲美了，这真的是一次令人难忘的经历。

行前须知

因为徒步旅行者可以直接步行登上顶峰，所以乞力马扎罗山长期以来被人们低估了。高原反应是一个真实存在的危险，所以一定不要走得太快，要多喝水，如果出现持续的头痛和恶心等症状，不要羞于转身往回走。山顶的气温比许多人预期的要低得多，一定要带上足够多的衣物，包括保温外套和一只足够暖和的睡袋。

坦桑尼亚

梅鲁山

乞力马扎罗山不可小觑的姐妹山

距离：往返 48 公里　　　　**行程**：3 天
最佳出行时间：夏季和冬季　　**难度**：艰苦

乞力马扎罗山是非洲最高峰，但它常常被云层笼罩，从山下仰望，根本无法欣赏到她的美丽。因此，位于乞力马扎罗山西南面的梅鲁山就成为欣赏"非洲之王"的最佳地点。梅鲁山是一座距离乞力马扎罗山 68 公里的活火山，海拔接近 4600 米。从这个有利位置，人们经常可以看到乞力马扎罗山标志性的轮廓在云层中高高耸立。

虽然梅鲁山相对较小，但她的壮美和独特丝毫不亚于乞力马扎罗山。在山的一侧，一次古老的火山喷发将山体炸开了一个大洞，形成了一个独特的 U 形火山口和山脊。"它看起来就像想象中的月球和火星一样，表面非常粗糙，而且参差不齐。"非洲探险咨询公司（Africa Adventure Consultants）的创始人肯特·雷丁说，"这座山是独立的，有着近乎完美的圆锥形山体，是一座令人难以置信且印象深刻的山峰。"与乞力马扎罗山相比，虽然攀登梅鲁山的路线更短、门票更便宜、游客数量更少，但它也并不是那么容易征服的。徒步旅行者需要向上攀爬超过 3048 米的垂直高度，然后在高海拔处继续行走，再沿着狭窄的小路急速下降，回到山脚下。

从梅鲁山的山脚下出发，徒步旅行者首先驱车穿过咖啡和香蕉种植园，这里肥沃的火山土壤非常适合这些作物的生长。在阿鲁沙国家公园里，徒步旅行者会看到长颈鹿、非洲水牛、大象、疣猪、疣猴、林羚和成群的鸟栖息在较低的山坡上。随着海拔的升高，徒

野生动物掠影

保护梅鲁山的阿鲁沙国家公园拥有丰富多样的野生动物资源。其中，最危险的是非洲水牛，它们是奶牛的近亲。虽然这些重达 900 千克的大型野兽是食草动物，主要吃草，但它们也可能具有攻击性，有时会踩踏、用角刺伤甚至杀死狮子。

坦桑尼亚草原上，一群斑马在吃草。

步旅行者会穿过茂密的山地森林，然后穿过贫瘠多石的山地沙漠。

　　徒步旅行者通常要花3天的时间爬上梅鲁山，中途可以住在米瑞阿坎巴营地和赛都营地的简陋小屋里，小屋里有铺位可供休息。瀑布和梅鲁火山口等美丽的景色，都值得拍照留念。徒步旅行者通

你会看到： 火山锥｜咖啡和香蕉种植园｜长颈鹿｜非洲水牛｜大象｜疣猪｜疣猴｜林羚｜瀑布

常会在清晨发起登顶冲锋，以确保天气晴好，且有足够的时间下山。到达终点线后，徒步旅行者要沿着光秃秃的山脊行走，就像踩钢丝一样，令人毛骨悚然，这一定能把人从半睡半醒中唤醒。从山顶可以俯瞰一片独特的景观：一望无垠的平原和农田上耸立着一座座直入云霄的巨峰，其中就包括乞力马扎罗山。徒步旅行者可以坐在山顶，凝视着这些"巨人"，当晨曦给它们罩上了一层薄薄的面纱时，给人一种轻柔朦胧的美感。

阿鲁沙国家公园位于梅鲁山山脚下，靠近马根戈村。

马 里

多贡人居住区

走进历史

距离：不定　　　　　　**行程**：不定
最佳出行时间：10月至次年1月　　**难度**：中等

在北美人看来，马里中部的邦贾加拉悬崖与美国犹他州的风景很相似，那里有红色砂岩悬崖、巨石和沙漠。自旧石器时代以来，这里也保存了丰富的本土文化。

多贡人以其万物有灵论的宗教信仰、多彩面具、仪式舞蹈和引人注目的建筑而为人所知。马里多贡人居住区的高原、悬崖和平原上分布着近300个居民点，居民点里都是泥屋，其锥形屋顶是由稻草制成的。在这些泥屋上方的悬崖峭壁的凹处，还有一些幸存下来的住所、古粮仓和数百年前曾居住在这里的特勒姆人的墓地。许多旅行者评价说，多贡人和特勒姆人的建筑跟美国西南部古普韦布洛人的悬崖住所有着惊人的相似之处。

让自己沉浸在多贡人生活中的最佳方式，就是像当地人一样做事和走路。一条条泥石小路纵横交错，将一座座村庄连接起来，当地向导可以带领你沿着这些崎岖不平的路线前行。途中你会遇到头上顶着水罐的妇女，你要恭恭敬敬地目送她们远去；当地的小孩子会跑出来迎接你。到了晚上，用泥土、黏土和岩石建造的房屋里还留有白天的热度，你可以跟随当地人爬上屋顶，感受夜晚的凉爽，在灿烂的星空下酣然入睡。

你会看到：多贡人居民点 | 红色砂岩悬崖 | 沙漠 | 多贡人住宅 | 古粮仓 | 特勒姆人的墓地

文化探寻

多贡人对星星的运动了如指掌。每隔60年，当天狼星在两座山峰之间升起时，他们都会举行一种名为"锡圭"（Sigi）的特殊仪式。在仪式举行之前，一群青年男子要过3个月与世隔绝的生活，在此期间他们使用一种秘密语言交流。下一次仪式预计在2027年举行。

多贡人把家园建在邦贾加拉悬崖边上。

卢旺达

火山国家公园

遇见山地大猩猩

距离：往返 0.8—5 公里　　**行程**：3—8 小时
最佳出行时间：夏季和冬季　　**难度**：中等

要接近山地大猩猩，你必须把一切都抛在脑后。这种说法真的是一点儿都不夸张。在森林里，只要徒步旅行者靠近大猩猩群，就必须把背包、水和食物藏到挑夫那里，这样他们就不会被误认为是偷猎者，也不会吸引到这些动物的关注了。就像著名的自然保护者、生物学家戴安·福茜那样，徒步旅行者在接近大猩猩的时候应该怀着开放的心态，且双手空空（除了一两部相机）。这些敏感的哺乳动物与人类的基因高度相似，许多人在与它们接触时，会被它们的敏感、智慧和举止所打动。

在野外生活的山地大猩猩只有大约 1000 只，且大多数群居在横跨卢旺达、乌干达和刚果民主共和国的维龙加山脉周围。要想在大猩猩的自然栖息地看到它们，就得进入丛林深处，而卢旺达火山国家公园正是最容易接触到大猩猩群的地方。卢旺达制定了规范的保护措施，加强对旅游业的监管，以保护这些濒危动物。每天只允许接待 8 人以下的徒步旅行团，每天游客数量不超过 96 人。因此，价格并不便宜：每个外国游客每天要支付 1500 美元，才能获得观看大猩猩的许可证。

大猩猩四处游荡，寻找新鲜的竹子和其他植物作为食物，但徒步旅行者通常很容易就能找到它们。根据猩猩所处位置，以及天气和道路的泥泞状况，徒步旅行者可能会步行半小时或更长时间，沿着曲折的步道穿过丛林，经常还要在茂密的灌木丛中穿行。山坡可

文化探寻

山地大猩猩是卢旺达人的骄傲。自 2005 年起，卢旺达政府每年都会举行山地大猩猩命名仪式，为过去一年内出生的大猩猩宝宝命名。而且每天早上，音乐家和舞蹈家都会在卢旺达火山国家公园里表演，欢迎徒步旅行者。

卢旺达火山国家公园内青翠葱茏的丛林为濒危大猩猩和它们的家园提供了保护。

能比较陡,但森林有着自己的美丽之处,鸟鸣声不绝于耳。

大猩猩是群居性动物,每个群的成员数量可能多达几十只,而且群里经常有玩耍嬉戏的大猩猩宝宝。卢旺达政府规定,徒步旅行者找到大猩猩群之后,只能停留观察1小时。一定要留意银背大

你会看到：山地大猩猩 |
竹子 | 维龙加山脉 | 戴安·福茜墓

一只山地大猩猩在亲吻她的宝宝。

猩猩，它是大猩猩群的雄性首领，体重高达 200 千克。徒步旅行者可以观察这些类人猿如何进食、睡觉、闲逛，偶尔它们也会跟人进行眼神交流。

"当你与大猩猩进行眼神交流时，你的内心就会发生某种变化，"戴安·福茜大猩猩基金会高级项目经理维罗妮卡·维切利奥说，"因为你从来没有想到会与非人类的生物产生这种程度的联系和理解。这是一次改变人生的经历。"

第四部分 非 洲

马达加斯加

马苏阿拉国家公园

热带地区的生物多样性

距离：不定　　　　**行程**：不定
最佳出行时间：9—12 月　　**难度**：中等

大约 6000 万年前，马达加斯加脱离非洲大陆，成为一座世外桃源般的孤岛，这里隔绝封闭的环境孕育出了一大批独一无二的动植物。在马达加斯加岛东部的热带雨林中，超过 80% 的物种是当地特有的。马苏阿拉国家公园位于马达加斯加东北部的马苏阿拉半岛上，是观赏这些传奇野生动物的绝佳地点，那里生长着茂密的热带雨林，周围海域有鲸鱼、海豚、海龟和鲨鱼。

多条徒步路线沿着马苏阿拉半岛的海岸延伸，穿过丛林密布的内陆，其中一些地方的雨林正受到非法砍伐的威胁。聘请一名当地向导帮你带路，并发现野生动物。一路上，你可能会遇到钓鱼或照料牲畜的人，还可能会遇到泥泞的道路和令人头疼的湿气。一定要有耐心，并保持冷静，这样才能发现那些胆小怕人的独特野生动物。你会惊讶地看到五颜六色的壁虎，还能看到浮出海面换气的海龟；你也可以静静地坐在森林里，看着红领狐猴缓慢而耐心地穿过树林，并以能融化心灵的好奇目光注视着你。

你会看到：雨林｜鲸鱼｜海豚｜海龟｜鲨鱼｜壁虎｜红领狐猴｜变色龙

备选路线

安通吉尔湾海域的曼加贝岛是一个小岛保护区，保护着许多珍稀动物，如狐猴。狐猴是一种罕见的夜行性灵长类动物，体重大约 1.8 千克，尾巴毛浓密，耳朵大，手指长。晚上，当你在小岛的步道上徒步时，可以看到这种可爱的哺乳动物。白天，你还可以看到岛上的灯塔和 17 世纪荷兰水手留下的石刻。

在马苏阿拉国家公园安通吉尔湾的海滩上,一只雄性的豹纹变色龙正在追踪猎物。

马拉维

穆拉尼亚山

令人敬畏的大山

距离： 往返 31 公里　　　　**行程：** 3 天
最佳出行时间： 4 月中旬至 9 月　　**难度：** 艰苦

穆拉尼亚山巨大的山体巍然屹立在平原上，像一个无所不能的存在，激发了当地人丰富的精神信仰，并为成千上万的人提供了生活来源。虽然附近的一些居民相信有鬼神生活在这片高地上，担心会用渡船将徒步旅行者带走，但这并不能阻止游客冒险登上穆拉尼亚山陡峭的山坡。传说英国作家 J.R.R. 托尔金在 20 世纪 30 年代造访过穆拉尼亚山，受到这座山的神秘魔力的启发，并将之作为自己文学作品的背景。穆拉尼亚山群峰耸立，海拔超过 2500 米的山峰大约有 20 座。

穆拉尼亚山的整个山体上分布着 6 条主要的徒步路线，步道起点分别位于不同的村庄，沿线还有 10 栋小屋（其中 9 栋由马拉维山地俱乐部、穆拉尼亚山保护信托基金和林业部维护）。霍普休憩小屋是其中最古老的一栋，其历史可以追溯到 1899 年，归中非长老会所有。另外，还有很多备选路线通向花岗岩山峰、瀑布、水池和高原。

萨皮图瓦峰是最受徒步旅行者欢迎的目的地，它是穆拉尼亚山的最高点，海拔 3000 米。这条路线的往返行程较长，大多数人需要 3 天完成。这里 12 月至次年 3 月之间经常降雨，所以大多数徒步旅行者选择在 4 月至 9 月之间前来，但在 5 月至 8 月仍会遇到被称为 "Chiperonis" 的潮湿大雾。

从利库布拉村出发，沿着持续上坡的天际线步道穿过林地，到达尚布盆地，盆地西侧耸立着一座陡峭的悬崖。山坡上生长着当地

备选路线

对于那些喜欢白天徒步旅行的人来说，穆拉尼亚山有很多合适的路线。其中一条是前往火山口的往返路线，穿过古老的森林和茶园，全长约 8 公里，垂直高度近 300 米。徒步旅行者穿过两条河流来到一处洼地，四周是植被繁茂的悬崖和山峰。

上图：沿着穆拉尼亚山徒步，壮丽的景色令人惊叹。

第 284—285 页：一个男人在山谷小路上骑行，身后穆拉尼亚山的山顶被云层遮住。

特有的穆拉尼亚雪松，在行进过程中，徒步旅行者可能还会看到鹰、鵟、渡鸦和山羚（一种非常小的羚羊）。谢天谢地，通向尚布小屋的这段步道坡度会变得平缓，尚布小屋曾经是山上森林管理员的住所。接下来，在尚布盆地的边缘，徒步旅行者会遇到一条刀锋状的

你会看到：雪松树 | 鹰 | 鸶 |
渡鸦 | 山羊 | 溪流 |
悬崖 | 达兹维拉纳卡拉姆巴瀑布

穆拉尼亚山中，一条瀑布从长满青苔的岩石上飞泻而下。

建于 1901 年的图奇拉小屋是穆拉尼亚山上最古老的休息站,也是绝佳的登山基地。

山脊,它就像一道分水岭,在这里可以看到南达兰达、库托和哲罗 3 座山峰的景色。最后,徒步旅行者穿过奇塞波峰和北峰之间的一条通道,到达奇塞波小屋。这栋小屋是山上最受欢迎的休息地,大多数徒步旅行者都会在这里尝试登顶。

　　早晨,徒步旅行者沿着陡峭的大块花岗岩石板路快步疾走,向萨皮图瓦峰西北侧的山脊行进。天气好的时候,这些花岗岩石板路很好走,但下雨时路面很湿滑,比较危险,一定要注意。最后一段直道比较艰险,会遇到巨石和洞穴等障碍物,在很多情况下,这些巨石和洞穴真的令人难以置信。走过这段充满障碍的路段,就来到山顶,可以看到耸立的山峰从鹅卵石般的云海中探出。天气晴朗的时候,站在山顶可以眺望平原,甚至可以眺望邻国莫桑比克的印度洋海岸线。

　　下山时,徒步旅行者可以住在尚布小屋或奇塞波小屋里。在行程的最后一天,徒步旅行者可以悠闲地沿着查帕鲁卡小路走回去,这条小路沿着几条溪流蜿蜒而下,穿过一条狭窄的山谷,山谷两侧峭壁千仞,拔地擎天。美丽的达兹维拉纳卡拉姆巴瀑布倾泻而下,注入布满巨石的水潭中。徒步旅行者可以跳入潭中,用清凉的潭水洗去长途跋涉的疲惫。

徒步后活动

　　穆拉尼亚山巨大的花岗岩表面光秃秃的,几乎没有裂缝或突出物,比较难攀爬。但是,尚布盆地的西侧是一个例外,那里有一处海拔 1700 米的峭壁,有人说这是非洲南部最长的连续攀岩峭壁。登山至少需要 2 天时间,徒步旅行者需要在长满植物,而且可能有蛇出没的岩壁上攀登。

南 非

德拉肯斯堡山脉图盖拉瀑布

南非之巅

距离：往返 14 公里 **行程**：4—6 小时
最佳出行时间：南半球的秋季 **难度**：中等

德拉肯斯堡是南非最著名的山脉，有着扣人心弦的悬崖面、变幻莫测的天气和漩涡般的雾霭。可以说，这条山脉最著名的地质特征是"圆形剧场"——一座 6.5 公里长的悬崖，俯瞰着下面的乡村。徒步旅行者只需花点力气和胆量，就可以在一天内登上山顶。

这条步道从圣天诺停车场开始，蜿蜒向上，一直延伸到一个观景台，然后穿过一个陡峭的山坡。浓雾时有时无，暗黑的悬崖、铁锈色或翠绿的山坡和山谷时隐时现。踩在裸露的岩石凸起上时，务必要小心谨慎。一条陡峭狭窄的沟壑通向悬崖顶部，在那里，图盖拉河像银线一样流过裸露的岩石、稀疏的草丛及在一年中某些月份盛开的大片野花。在雨季，图盖拉河的河水流过高原，直接从德拉肯斯堡山脉的悬崖上几近垂直地倾泻下来，形成壮观的图盖拉瀑布，落差高达近 1000 米。

兹穆力·兹·纳巴是一名认证的徒步旅行向导，在附近的维提斯胡克山林小屋（Witsieshoek Mountain Lodge）工作，他说："我称之为即时满足，你甚至不必那么努力，就能来到这个世界上最美丽的地方。"

你会看到：林羚｜狒狒｜岩石蹄兔｜水獭｜小羚羊｜豺

行前须知

通常，游客会选择另一条路线从高原上走下来，这条路线通向一个陡峭的阀口，上面有一系列固定的链梯。对于那些有恐高症的人来说，可以考虑放弃这条路线，沿原路返回。

图盖拉瀑布是世界第二高瀑布，它从德拉肯斯堡山脉的悬崖上一泻而下，总落差达948米。

南 非
桌山印度视窗路线

大陆的尽头

距离： 单程约 2.5 公里　　**行程：** 2.5—3.5 小时
最佳出行时间： 南半球的夏季　　**难度：** 中等

桌山是南非的一座平顶山，它像一位至高无上的君主雄视着开普敦市。在桌山的山坡上，65 条步道和 1000 多条登山路线向英勇无畏和精力充沛的游客招手。大多数游客会沿着普拉特克利普峡谷路线上行，这是登上桌山最简单的方式（不包括缆车）。但是，对于那些不恐高的游客而言，印度视窗路线可以说是风景最优美、最令人兴奋的路线。这条路线从城市郊区出发，沿着山的北侧穿过险峻的悬崖。

在悬崖峭壁上攀岩的过程中，登山者很容易迷路，所以在这条路线上徒步时雇一名向导是明智的选择。桌山的自然环境也不容小觑。它以山麓边缘覆盖的形似桌布的云层而闻名，云层有时会连续数日遮蔽峰顶，有时还会使登山者无法继续前行。不过，即使无法登顶，只是沿着这条地形多变的路线进行短途旅行也是一次十分有趣的体验，就好像在丛林健身房里探险一样。

印度视窗路线的独特魅力之一，就是它横穿山峰的 3 个侧面，从开普敦市区到波光粼粼的大海，最后是桌山和开普敦半岛的其他地方，一路上风景各异。在山顶，徒步旅行者可以选择乘坐缆车下山，这有利于保护他们的膝盖。

你会看到： 兰花｜帝王花｜岩石蹄兔｜黄金眼镜蛇｜食蜜鸟

备选路线

对于那些恐高或喜欢在没有向导的情况下登山的人来说，普拉特克利普峡谷路线是最简单、最快捷、最容易的登山路线。如果选择这条路线，登山者从城市大道出发，沿着山正面北侧陡峭的岩石和岩壁向上攀爬，不用太费劲就能登上桌山。

桌山俯瞰着开普敦市和桌湾,其最高点是海拔 1086 米的麦克利尔灯塔。

第五部分

亚　洲

不丹的普那卡宗是亚洲最大的寺庙之一,可以在雪人步道(参见第 308 页)上欣赏其美景。

以色列

以色列国家步道

跟随先知的脚步

距离：单程约 1100 公里　　**行程**：8—10 周
最佳出行时间：春季和秋季　　**难度**：中等

以色列国家步道是一条从北到南贯穿全国的长距离步道，对许多踏上这条步道的以色列人来说，这段旅程不仅是为了欣赏变化无穷的风景，更是一场跟随先知的脚步，在先知故乡进行一次深刻的个人和精神的朝圣之旅。对于喜爱户外活动的以色列年轻人来说，这实际上是一种成人仪式，因此他们成为这条徒步路线上的主力。许多年轻人成群结队地在这条步道上徒步，他们的背包上挂着以色列国旗，常常引来当地人的鼓励。

《我的以色列之路：在应许之地寻找宁静》（*My Israel Trail: Finding Peace in the Promised Land*）一书的作者阿里耶·格林说："以色列国家步道在精神、历史和情感层面上都是独一无二的，不仅对犹太人如此，对基督徒、穆斯林或无神论者也不例外，大家都会被史料记载的故事所打动。"该书是一部回忆录，主要讲述了作者在经历离婚的痛苦后踏上徒步旅程，在大自然中找回内心宁静的故事。

这条步道从以色列北部边境附近开始，向南再向西穿过茂密的森林，到达加利利海和地中海海岸，穿过耶路撒冷的边远地区，向南穿过内盖夫，最终到达红海海岸的度假小镇埃拉特。途中，徒步旅行者会停下来和过着游牧生活的贝都因人喝咖啡，跟农民和牧羊人聊天，还可能与其他徒步旅行者相遇。他们几乎会被杂乱无章的地标和废墟吸引，这里有酿酒压榨机等一些废弃的物品，还有隐藏在树林中的以赛亚之墓，以及齐波里古城的遗迹等。

文化探寻

徒步旅行者在长途跋涉中，经常会遇到一些热心人为他们提供食物、饮料和乘车服务，他们称这些热心人为"徒步天使"。但众所周知，以色列的"徒步天使"尤其慷慨，他们会不遗余力地为徒步旅行者提供乘车服务，频繁地在家中接待徒步旅行者，并为他们提供食物和淋浴。

上图：步道穿过埃拉特山脉中壮美的红峡谷。

第 296—297 页：徒步旅行者从钾盐输送带（输送死海工厂开采的钾盐）下穿过。

大多数徒步旅行者会在秋季或春季出发，以避开夏季的高温，而且许多人会从北部地区出发，那里水源较多。徒步旅行者在散布着农场和茂密森林的山谷里漫步，可以停下来在天然泳池里游泳，也可以从高处俯瞰波光粼粼的湖面，欣赏五彩缤纷的野花，或者品尝当季的

你会看到： 豹｜山猫｜蛇｜
努比亚羱羊｜加利利海｜内盖夫沙漠｜
红海｜贝都因人居民点｜古代遗址和城市

渔民们和冲浪者在以色列海滩附近的水域中嬉戏。

野生浆果或水果。

这条步道的南部路段也以不同的方式给人留下了深刻的印象。在这里，小路从峡谷边缘开始，蜿蜒穿过巨大的山谷，有时甚至配有梯子和横档，帮助徒步旅行者在危险的地形中行走。这片沙漠的大部分地区缺乏水源，因此你需要携带足够的饮用水。你还必须注意蝎子和蛇等动物，虽然它们不常被发现，但非常危险。同时，这片土地也拥有意想不到的美丽，比如广阔而龟裂的大地、五颜六色的矿藏和火山口。尽管这种单调的淡棕色在这片土地上无边地蔓延着，令人望而生畏，但也会引发人们的沉思。

"在虚无中行走可能是我整个旅途中最强的精神体验。"阿里耶·格林说，"它会带走世界上所有令人分心的东西，只剩下你和天空，你和其他人——或者对此你有自己的理解。"

野生动物掠影

虽然以色列不是观赏野生动物的胜地，但徒步旅行者通常在这里会看见豺、山猫、蛇和努比亚羱羊。努比亚羱羊能够适应炎热干旱地区的自然环境，经常出没于内盖夫沙漠和朱迪亚沙漠，并冒险进入令人毛骨悚然的陡峭地形，以躲避捕食者。雄性努比亚羱羊头上长有细长的角，非常引人注目。

齐波里国家公园保护着许多古代遗迹，包括仪式浴场、犹太区和"加利利的蒙娜丽莎"马赛克镶嵌画。

菲律宾

科迪勒拉水稻梯田

有着 2000 多年历史的文化景观

距离： 15—24 公里　　**行程：** 5—8 小时
最佳出行时间： 春季和秋季　　**难度：** 中等

吕宋岛距离马尼拉至少 8 小时的车程，菲律宾山地少数民族伊富高人就生活在吕宋岛北部的科迪勒拉山区，几个世纪以来，伊富高人在这里创造了一个令人惊叹的文化景观。他们完全靠肩扛手扶，用一块块岩石垒成一道道堤坝，在裸露的山地上开垦出水稻梯田。这些水稻梯田依山坡地形种植，顺着山势绵延直上，形成了非常有吸引力的平行线条。这些梯田已经有 2000 多年的历史，观赏这片梯田的最佳方式就是像当地人一样步行。

这趟徒步旅行的起点在哈宝村，根据选择路线的不同，往返 15—24 公里。当水稻梯田展现在你面前时，你可能会遇到带着农产品去市场售卖的妇女、耕田的水牛和搬石头修补梯田堤坝的男人。

部落探险公司（Tribal Adventures）是该区域的一家徒步旅行公司，其创始人格雷格·哈钦森说："许多人对水稻梯田的规模和持续运作方式感到敬畏。徒步旅行者在这里可以自由漫步，走进农民家中，会看到他们舂米、做饭、喂猪，还会看到孩子们在玩游戏、读书，当然了，孩子们也会通过脸书跟朋友交流。"

你会看到： 水稻梯田 | 水牛 | 伊富高居民点 | 猪 | 鸡 | 红薯田

文化探寻

伊富高人以水稻种植为主要经济活动，他们也在陡峭的梯田里种植红薯，饲养鸡和猪等牲畜。他们通常居住在有 5—10 户人家的居民点里，许多人家里都装饰着复杂的雕刻品。

2000多年前由伊富高人建造的巴纳韦梯田被联合国教科文组织列为世界文化遗产。

吉尔吉斯斯坦

阿克苏区穿越

中亚的高峰

距离：单程 115 公里　　**行程**：7—8 天
最佳出行时间：夏季　　　**难度**：艰苦

多年来，除了最爱探险的旅行者，很多人对吉尔吉斯斯坦十分陌生。21 世纪第一个 10 年初期，随着签证政策的变化以及飞往该国航班数量的增加，这种情况正在慢慢改变。游客们正在探索的是一个拥有世界级山景和高山游牧民族多彩文化传统的国家。换句话说，这里是徒步旅行者的天堂。

阿克苏区穿越是最好的多日徒步路线之一。这是一条极具挑战性的步道，长 115 公里，起点在伊塞克湖州阿克苏区的小村庄杰尔加兰（Jyrgalan）。杰尔加兰曾是一个煤矿小村，现在正变为一个探险旅游中心。在大约 1 周的时间里，徒步旅行者可以径直穿过吉尔吉斯斯坦美丽的高原中心地带，其间要越过 9 个山口，忍受着膝盖损伤走下一个个陡坡，时刻提防被大量出没的旱獭绊倒，还要踮着脚尖穿过覆盖着松动岩石的宽阔山谷。

从高处俯瞰，巨大的冰川宛如一条巨龙，从一座座耸立的山峰上蜿蜒而下，顺着陡峭的山谷一直延伸到地平线。徒步旅行者通常会遇到放牧马、绵羊、山羊和奶牛的游牧民。这些游牧民非常好客，经常邀请徒步旅行者到他们的帐篷里坐一坐，品尝他们用马奶发酵酿制而成的马奶酒。到了晚上，徒步旅行者可以在翠绿的高山湖泊边露营，在繁星点点的穹顶下安然入睡。

历史拾遗

吉尔吉斯斯坦曾是苏联的加盟共和国之一，1991 年宣布独立。吉尔吉斯斯坦是一个多民族国家，其中吉尔吉斯族为主体，且绝大多数居民信仰伊斯兰教，多数属逊尼派。吉尔吉斯斯坦的国语为吉尔吉斯语。

阿克苏区穿越路线贯穿吉尔吉斯斯坦的高原中心地带,穿过雄伟的山谷。

你会看到:

冰川 | 游牧民 | 旱獭 | 马 | 绵羊 | 山羊 | 奶牛 | 高山湖泊

印度尼西亚
林贾尼火山

神圣的火山

距离：单程约 27 公里　　**行程**：2—4 天
最佳出行时间：4—12 月　　**难度**：艰苦

龙目岛与巴厘岛隔着龙目海峡相望，是印度尼西亚的一个宝藏景点，那里郁郁葱葱的山景和风景如画的海滩吸引着越来越多的游客前来游览。在岛上大部分地区都能隐约看到如巨人般耸立的林贾尼火山。林贾尼火山非常高，有着独特的天气系统，其肥沃的火山灰土壤滋养了整个岛屿的植物。林贾尼火山是印度尼西亚最神圣的火山之一。

外国徒步旅行者可以在这里欣赏林贾尼火山独特的火山湖和顶峰。虽然攀登林贾尼火山的技术难度不算太高，但要求旅行者具有相当好的体能。登山步道从塞纳鲁和塞姆巴伦居民点出发，一直通向林贾尼火山的顶峰，大多数徒步旅行者需要 3—4 天的时间，从一个小镇爬上山顶，再下山到另一个小镇。

最常见的路线是以塞纳鲁为起点，第一天攀升的海拔高度会超过 2000 米，沿途丛林蔽日。徒步旅行者会穿过不同的生态系统，从猴子和鸟类出没的森林到开阔的草原，沿途的地形也会随之变得各不相同。

如果在火山口边缘露营，还可以俯瞰蓝宝石般的火山湖。由于地热的加热作用，水体温暖，可以在湖里游泳。而且，火山湖中还有一座形成于 20 世纪 90 年代中期的火山锥，它经常像一个抽着雪茄的大叔一样喷出阵阵浓烟。

登顶当天，徒步旅行者在黎明前醒来，在黑暗中爬上 1500 米

历史拾遗

一座被称为"撒玛拉斯"的古老火山曾经矗立在今天的林贾尼火山所在的地区。1257 年，撒玛拉斯火山大喷发，将多达 42 立方公里的岩石和火山灰喷向空中，遮挡了阳光，使地球温度降低，其影响可能一直持续到 13 世纪末。

徒步旅行者站在耸立于云层之上的林贾尼火山（海拔3726米）山顶上欣赏壮丽的景色。

的垂直高度到达山顶，观看太阳从岛屿和海面上升起。在柔和的光线下，不难想象为什么长期以来这座火山会被当地人视为神圣之地。天气晴朗的时候，在山顶还能看到巴厘岛的阿贡山（另一座神圣的活火山）和吉利群岛。

你会看到： 无花果树 | 蜜雀 | 凤头鹦鹉 | 绿翅鹦鹉 | 长尾灰猕猴 | 乌木叶猴

林贾尼火山黎明探险公司（Rinjani Dawn Adventures）是一家提供登山指导服务的徒步装备用品公司，其创始人安格斯·劳伦斯说："我最喜欢的事情就是在火山口边缘，看着云卷云舒，填满火山口。夜幕降临时，天空中的银河显现出雄壮之美。攀爬林贾尼火山远不止是为了登顶，而是要跟这个生机勃勃的星球重新建立联系。"

黄昏时分，林贾尼火山喷发，冒出滚滚浓烟。

不丹
雪人步道

世界上最可怕的徒步路线之一

距离：单程约 300 公里 **行程**：25—30 天
最佳出行时间：初秋 **难度**：仅限专家

在喜马拉雅山脉沿线国家中，不丹一直有一种特别迷人的神秘感。这个国家相对较小，却极力地保护本土佛教文化，并限制游客数量。尽管不丹境内的山峰比尼泊尔境内的要小，但不丹的雪人步道仍被誉为世界上最具挑战性的多日徒步路线。虽然还有争论的余地，但这无疑是一项严峻的考验。这条路线穿越近 320 公里的喜马拉雅山脉地区，那里海拔高、位置偏远、道路崎岖不平，其间要翻越 11 个山口，其中有的山口海拔在 5000 米以上。这条路线沿着不丹北部边境，从帕罗山谷一直延伸到遥远的东部布姆唐地区。许多徒步旅行者无法完成这趟旅程，主要是由于地形复杂、海拔较高，而且天气变化无常，有时有强烈的高海拔阳光，有时又有肆虐的暴风雪。

对于那些翻过大山的徒步旅行者来说，这些隐秘的空间里藏着难以言喻的奇观。一路上，他们会穿过广阔的草地，当冰雪融化时，草地上开满了野花。他们还会穿过茂密的松树林和杜鹃花丛。如果他们抬头向悬崖上望去，可以发现岩羊的踪迹，甚至还能在更高处看到髭兀鹰的巨大身影。冰川及冰川作用产生的冰碛和乳蓝色的高山湖泊，也是沿途一道亮丽的风景。似乎在每一个转弯处，像卓木拉日峰和吉楚德雷克这样的高大山峰都会在山谷里投下巨大的阴影。但是，最能打动游客的往往是当地居民友好的态度。

徒步旅行者通常会遇到赶着牦牛在牧场上行走的牧民。在整洁

野生动物掠影

雪豹经常出现在不丹喜马拉雅山脉高耸且偏远的山坡上，但只是偶尔被人们看到。这些体长 2 米的动物在黄昏和黎明时分最活跃，它们猎杀野绵羊、野山羊和其他哺乳动物，通常独来独往。它们的大爪子能够帮助它们穿越厚厚的积雪，长长的尾巴则有助于它们在崎岖不平的地形中保持平衡。

上图：虎穴寺坐落在帕罗山谷的悬崖峭壁上。

第310—311页图：在有些路段，徒步旅行者可以看到壮丽的冰川和放牧的马。

的石屋村庄附近，农民们在打麦子，孩子们在唱歌玩耍。在佛教寺院（称为"宗"）宏伟建筑独特的白色墙壁周围，僧侣们在从事着日常工作。山区居民的出现和关照，再加上美丽而严酷的地形，无不以神秘的方式对游客的身体、情感和精神产生影响。与靠意志力

你会看到：野花 | 松树林和杜鹃花丛 | 岩羊 | 髭兀鹰 | 冰川 | 高山湖泊 | 放牧牦牛的牧民 | 佛教寺院

取得的成就不同,它能让人感觉到徒步的成功是大山本身慈悲的恩典。

凯文·格兰奇是远足回忆录《花雨之下:在世界上最艰难的徒步中发现不丹》(Beneath Blossom Rain: Discovering Bhutan on the Toughest Trek in the World)一书的作者,他说:"广阔而美丽的风景加上与世隔绝的环境,使旅行者完全沉浸在当下时刻。每一个景象、每一种声音和每一幅图像都涌动着某种神圣感、关联性和重要意义。"

文化探寻

大多数不丹人信奉佛教,佛教装饰渗透到该国的文化中,比如山顶神殿悬挂的经幡,以及虎穴寺和普那卡宗等知名寺院。运气好的话,徒步旅行者还可能听到僧侣们的念经声。

中 国

老寨山

高峰之地

距离： 往返不到 2.5 公里　　**行程：** 1—1.5 小时
最佳出行时间： 春季和秋季　　**难度：** 中等

中国广西壮族自治区壮丽的群山长期以来一直被认为是作家和艺术家的灵感源泉。这里属于典型的喀斯特地貌，群山连绵起伏，一座座巨大的石灰岩喀斯特山峰从一片郁郁葱葱的黄绿色和翡翠色的田野中拔地而起，漓江从中蜿蜒而过。该地区现在是户外活动的中心，许多游客或骑着自行车在乡间穿梭，或在陡峭的喀斯特山峰上攀岩，或在漓江上乘竹筏漂流。徒步旅行通常有两种类型：一是向山上攀登，二是在平地上步行。攀登兴坪古村附近的老寨山正是属于前者，它路程短、难度高，但收获很大。

从兴坪村出发，徒步旅行者顺着梯子一样陡峭的台阶向山上攀登。在有些地方，徒步旅行者在爬上森林覆盖的斜坡时，可能需要越过一些松动的岩石。山顶视野开阔，棋盘状的稻田、星罗棋布的建筑群及漓江上的点点船只尽收眼底。如果徒步旅行者出发时携带了头灯，可以在山顶欣赏夕阳西下的美景后再下山。日落时分，夕阳渐渐下沉，温暖的阳光将天空染成橙色，远处的群峰渐渐朦胧起来，直至隐没于渐浓的夜幕中。

你会看到： 石灰岩喀斯特地貌 | 漓江 | 历史悠久的兴坪村 | 棋盘状的稻田

备选路线

月亮山是阳朔镇附近的著名地标，山上有一个天然的大石拱，两面贯通，远看酷似天上明月高挂。徒步旅行者沿着一条有大约 800 级台阶的登山步道向上走，穿过茂密的竹林，到达石拱。在石拱处，徒步旅行者可以欣赏周围乡村的景色。山顶附近有一条小路，徒步旅行者可以沿着这条小路爬到山的最高点，从那里俯瞰美丽的景色。

坐落在漓江边老寨山下的兴坪渔村是一个充满诗情画意的古村。

中　国

长　城

中国的伟大工程

距离： 单程 14 公里　　　　**行程：** 6—8 小时
最佳出行时间： 春季和秋季　　**难度：** 艰苦

长城是中国古代的军事防御工程，自公元前七八世纪开始修筑，延续不断修筑了 2000 多年，是人类历史上最惊人的工程之一。长城像一条巨龙跨越崇山峻岭，横卧在中国北方的土地上，"上下两千多年，纵横十万余里"。长城由城墙、敌楼、烽火台、垛墙、甬道、马道和堡垒等多种防御工事组成，很多部分保留至今。为了更好地了解长城的建筑结构，你可以去游客较少的城段徒步，比如保存完好的金山岭长城，以及位于北京市密云区古北口镇司马台村北的司马台长城。

城墙由石头建造，高 7 米，宽 6 米。万里长城蜿蜒穿过群山，每隔 100 米就有一座敌楼，可以用作堡垒储存物资，也可以供士兵休息。长城地形陡峭，所以徒步过程非常辛苦。最好在春季或秋季前往，因为夏季炎热潮湿，冬季寒冷多雪，都不适合长城徒步。在墙体塌损的地方，徒步旅行者必须踩着松动、光滑的石头才能前行。但是，从这些墙体塌损的地方，徒步旅行者可以欣赏到长城蜿蜒穿过乡村的壮丽景色。

加里·李是长城徒步旅行公司（Great Wall Hiking）的创始人，该公司为徒步旅行者提供多个长城路段的徒步指导服务，他说："走在这段城墙上，你可以触摸有着几百年历史的敌楼，欣赏长城内外的秀丽景色。登高远眺，凭古怀幽，狼烟四起、金戈铁马的古战场情景仿佛就在眼前。"

行前须知

为了解当地的风俗民情，你可以考虑在附近吃饭和住宿，而不是直接返回北京市区。当地人还会带你到城墙倒塌的地方去参观，途中会穿过农田和灌木丛。

传说，如果情侣们在长城上留下一把爱情锁，他们的爱情将会永恒。

探索长城，寻找历史的痕迹，看看当年士兵们在哪里守望、睡觉，又是在哪里从高处向下射箭，想象一下当年他们守卫长城的场景。有些砖块上刻有铭文，记载了它们的制作地点和时间，并提醒着现代游客，这座古老的建筑是用手工建造的。

第五部分 亚 洲

你会看到：长城｜长城砖铭文｜敌楼

　　日落和日出前后，在柔和的阳光照射下，这里的风景会呈现出一种近乎神秘的特质。不难想象，几百年前长城作为防御屏障时所具有的重要的军事意义。长城凝聚了中华民族自强不息的奋斗精神和众志成城、坚韧不屈的爱国情怀，已经成为中华民族的代表性符号和中华文明的重要象征。时至今日，长城依然是一个令人难以置信的奇迹。

据估计，长城沿线设有1万多座敌楼。

中 国

虎跳峡

中国的大峡谷

距离：单程 26 公里　　　**行程**：2—3 天
最佳出行时间：冬季　　　**难度**：艰苦

从前，有个猎人在中国西部的一个峡谷里追赶一只老虎，最终将其困住。为了逃走，这只老虎从峡谷最窄处（约24米）勇敢地一跃而过。这就是虎跳峡得名的传说。

今天，游客们来到这里，游览这座由汹涌的金沙江劈削出的陡峭峡谷，欣赏其壮丽的景色。从桥头镇的小村庄出发，大多数徒步旅行者可以在2天内走完26公里的上坡路，夜晚住在沿途的小客栈里。这条岩石步道能够让你感受到惊险刺激，从纳西雅阁沿着蜿蜒向上的步道前往"二十八道拐"，你需要连续攀爬垂直高度约450米。这条步道沿途也有不少美景值得欣赏，比如陡峭的悬崖和美丽的瀑布，这些瀑布或细流涓涓，或奔腾而下，如玉带飘舞，似银河倾泻。一路上，你会看到当地的纳西族人赶着成群的山羊、奶牛和马，沿着小路疾走慢跑。抬头仰望，可以看到玉龙雪山和哈巴雪山的重峦叠嶂。徒步中可以呼吸清新的空气，欣赏森林、天空和云彩的美景。如果幸运的话，你会看到彩虹闪现，还会看到云朵在半山腰飘来飘去。

你会看到：金沙江 | 瀑布 | 山羊 | 奶牛 | 马 | 彩虹

文化探寻

纳西族是中国的少数民族之一，主要分布在云南、四川、西藏。纳西族讲纳西语，属于汉藏语系藏缅语族彝语支。纳西族种植水稻、玉米和土豆等作物。

虎跳峡是世界上最深的峡谷之一,两岸峭壁对峙,金沙江从中间穿过,景色令人惊叹。

日本
富士山御殿场步道
日本的象征

距离：往返约 16 公里　　**行程**：2 天
最佳出行时间：夏末　　**难度**：艰苦

海拔 3776 米的富士山是日本的象征，在日本国民的意识中根深蒂固。富士山是日本的最高峰，位于东京西南约 100 公里处，几个世纪以来一直是日本朝圣者的目的地，也激发着人们进行艺术和诗歌创作的灵感。寺庙、神社和朝圣者的住所散布在山坡上，为了在山顶观看日出，成千上万的人在黎明前的黑暗中攀登这座神圣的山峰（主要集中在官方推荐的夏季攀登季节）。尽管富士火山自 1707 年以来就没再喷发过，但它仍被认为是一座活火山，而且它有熔岩洞、温泉和火山口等标志性特征。

虽然富士山很受徒步旅行者的欢迎，但其徒步旅行路线并不简单（徒步旅行者通常需要购买一根富士山登山杖来帮助他们登上山顶，还可以将它留作纪念）。有 4 条步道通向山顶，每条步道攀升的垂直高度都超过 1200 米。其中，吉田步道是最容易，也是最受欢迎的一条步道。从东京始发的公共汽车可以直接将徒步者送到吉田步道的起点处（与众多其他登山者一起徒步旅行是一种文化体验，但要准备好跟上队伍的步伐）。相比之下，御殿场步道起点的海拔要低一些，沿途的商店和设施比较少，游客数量也最少。御殿场步道从海拔大约 1400 米处开始，徒步旅行者要沿着像月球表面一样荒凉的黑色火山沙弯道向上攀爬。半路上，有几栋山间小屋供徒步旅行者在日出前休息。第二天一早，他们就可以加入戴着头灯的徒步大军之列，沿着蜿蜒的步道登顶。

历史拾遗

自 14 世纪以来，富士山成为绘画、诗歌、园林设计和许多其他文艺作品创作的灵感源泉。19 世纪，艺术家葛饰北斋的木版画影响了西方艺术家，同时也让富士山作为日本的象征，在海外打开了知名度。

白雪皑皑的富士山高耸入云,俯瞰着芦之湖及其周围的森林。

等待太阳从地平线上升起的那一刻是一个值得珍视的传统,成百上千的人跟你一样,都会在山顶等待日出。朝霞渐起,把天空染成橙色和红色;最终,一轮红日从东方的地平线上冉冉升起,此时你会听到周围相机快门的咔嚓声不断,人们争相将这个难忘的时刻

你会看到：

寺庙 | 神社 |

黑色火山沙 | 山顶观日出 |

用镜头记录下来。御殿场步道的下山路线开始时与上山路线重叠，后面会与上山路线分岔，进入一个被称为"osunabashiri"的松软沙质路段，也就是大家所谓的"大型砂子滑走步道"。在这段路上，你可以带着纯粹的喜悦心情冲下陡峭的斜坡，你会看到日本的乡村就在你的脚下展开，看上去非常壮观。

徒步旅行者穿过富士山脚下一片雾气弥漫的森林。

约旦

约旦步道

过去和现在的文明

距离：单程约 650 公里　　**行程**：30—40 天
最佳出行时间：春季和秋季　　**难度**：艰苦

在21世纪的第一个10年里，世界各地出现了大量的长途步道，其中许多步道的修建是为了促进偏远乡村地区旅游业的可持续发展。其中，约旦步道就是一个尤为突出的代表。很少有长途步道能够像约旦步道那样，将美丽的风景、深厚的考古遗产和丰富的当代文化巧妙地结合在一起。约旦步道于2017年正式向游客开放，从红海海岸穿过瓦迪拉姆的沙漠和山脊，经过著名的佩特拉古城，而后穿过北部森林覆盖的山丘，沿途经过50多个居民点。

约旦步道上的许多小道都不是新修建的。几个世纪以来，从摩押人、以东人、亚扪人到古罗马人，人类一直在这片土地上放牧或进行贸易活动。现在，许多徒步旅行者不会走完整条路线，而是选择其中一段，比如连接瓦迪拉姆和佩特拉古城的129公里长的路段，这是整条路线上最长的荒野路段之一。在这里，你会惊异于浩瀚的沙漠、巨大的旱谷和壮观的山丘给人带来的涤荡心境的空灵感。夜幕降临，你可以凝视着繁星点点的漆黑天幕，享受沙漠中不受干扰的宁静。

再往北，景观就变成了叠加的生态系统，既有高山，又有农田。而在最北端的阿杰隆城堡和乌姆盖斯之间，徒步旅行者还会穿过一座座橄榄园和果园，他们经常住在当地人开办的家庭旅馆里，这些家庭旅馆还提供餐食和手工艺品。

文化探寻

虽然许多约旦人都会说英语，但如果你能学一点儿阿拉伯语单词和短语，就会非常受欢迎。接近贝都因人的营地时，一定要大声打招呼。如果营地里只有女性，就让你们团队中的女性去接近她们。

瓦迪拉姆保护区面积720平方公里,那里有非常壮观的沙漠景观,包括巨大的砂岩和花岗岩山脉。

这条步道位于约旦西部边缘,沿途的遗迹和居民点数量之多让人着迷。一些徒步旅行者甚至会在路边发现陶片和古代工具。在佩特拉,徒步旅行者可以仰望那些纳巴泰人或古罗马人在高大的岩石上开凿的宏伟建筑。这些建筑一半向外突出,一半嵌入岩石中,蔚

你会看到：红海｜瓦迪拉姆｜
佩特拉古城｜巨大的旱谷｜橄榄园｜果园｜
手工艺品｜十字军城堡

为壮观。在卡拉克城堡，徒步旅行者可以带着手电筒去探索这座建筑里幽暗的石头走廊通道。卡拉克城堡是一座十字军城堡，建于12世纪，一直发挥着军事要塞的作用。在古老的农业城市阿尔索尔特，徒步旅行者可以沿着狭窄蜿蜒的街道，漫步在黄色砂岩建筑的迷宫中，几个世纪以来，当地人一直在那里生活和进行贸易活动。

烛光照亮了佩特拉古城的卡兹尼宝库。佩特拉是约旦著名的古城遗址，被联合国教科文组织列入《世界遗产名录》。

印　度
巴巴山口路线

从印度教飞地到佛教山谷

距离：单程约 52 公里　　　　**行程**：5—6 天
最佳出行时间：秋季　　　　　**难度**：中等

马偕尔邦位于印度北部，是一个风景优美的地方，既有喜马拉雅山脉的高峰和深切的峡谷，又有梯田式的斜坡和茂密的森林。换句话说，这里是徒步旅行者的天堂。在许多既有的徒步路线中，巴巴山口路线因地形和文化的多样性脱颖而出。在这条路线的指引下，徒步旅行者从一个以印度教为主的地区走到一个有佛教徒聚居的区域。

徒步旅行者从卡夫努出发，穿过草地、松树林、橡树林和桦树林。在高高的草原上，野花绽放，群山耸立，比如海拔 5240 米的汉白山、海拔 6500 米的金瑙尔凯拉什山和海拔 6220 米的因德拉桑峰等。这条路线的最高点是巴巴山口，海拔 4500 米，一年中大部分时间都被积雪覆盖。

班加拉露营度假公司（Banjara Camps & Retreats）是一家专为前来巴巴山口徒步的旅行者提供向导服务的徒步装备公司，其联合创始人拉杰什·奥哈说："徒步旅行的整个过程非常引人入胜，因为你在欣赏沿途不断变化的景观时，还会体验到宗教信仰和仪式的改变。"

下山的时候，徒步旅行者穿过冰川冰碛的碎石，沉浸在这片干燥、多岩石地区斑斓的色彩中，然后穿越穆德的荒野。穆德有一片风景如画的白色藏式建筑，坐落在斯皮蒂山谷一个干旱的山坡上。

徒步后活动

斯皮蒂山谷有着月球般贫瘠荒凉的景观，还分布着一些村庄，值得花些时间去探索一番。卡扎是斯皮蒂山谷里最大的定居点，可雅寺院则是一个引人注目的景点。这座庄严而迷人的寺院建在一个小山丘上，俯瞰着一片错落有致的田野和一座群峰环抱着的巨大山谷。

喜马偕尔邦的平谷国家公园里栖息着雪豹和西伯利亚野山羊,这里还有一些建在山坡上的村庄。

你会看到:

草地 | 松树林和桦树林 |

草原 | 野花 | 藏式建筑 | 冰川冰碛

韩 国

智异山登山路线

神圣的山景

距离：单程 60 公里　　　　**行程**：2—4 天
最佳出行时间：春季和秋季　　**难度**：中等

对于许多韩国人来说，位于朝鲜半岛南部的智异山是一座圣山，也是一座灵山。传说，愚蠢的人来到这里，接触了智异山的超凡美景后就能变得聪明。因此，成群结队的韩国人来到智异山国家公园，徜徉在森林里，尽享山中美景。春季，森林里繁花似锦，绚烂多彩；秋季，红色、橙色和金色把森林渲染得美不胜收。无数条步道在山间穿过，经过奔流不息的瀑布，到达山脊。其中，最具史诗色彩的当属智异山登山路线。

沿着山脊有多条徒步路线，但许多徒步者还是倾向于选择东起华严寺、西至大源寺的路线。这条路线长 60 公里，沿途有 5 个休息站，能够为徒步旅行者提供高低床铺位（需要提前预订）和拉面之类的小吃（但建议自带食物和炊具）。

这条路线沿着石子土路从静谧的林间穿过，一直延伸到山脊上，在那里可以俯瞰连绵起伏的山峦。许多徒步旅行者都会赶在日出时登上天王峰，这里是欣赏日出的最佳地点。当阳光照耀这片宁静的大地时，会带给人无限的感动和希望。

野生动物掠影

亚洲黑熊曾一度在智异山国家公园濒临灭绝，但随着拯救黑熊运动的开展，黑熊的数量正在增加。亚洲黑熊通身黑色，胸前一块醒目的白色皮毛构成 V 形标记。它们以植物果实、坚果、昆虫、小动物、腐肉为食，偶尔也吃蜂巢。

你会看到：瀑布 | 寺庙 | 亚洲黑熊 | 朝鲜蜡瓣花 | 水鹿

一条铺满落叶的木栈道通向智异山国家公园中的蛇谷。

尼泊尔

大喜马拉雅步道（尼泊尔段）

一段喜马拉雅史诗

距离： 单程约 1700 公里　　**行程：** 140—160 天
最佳出行时间： 秋季　　**难度：** 仅限专家

长途徒步过程中，生活被无限简化：只剩下吃、睡、走。在陌生和艰难的地形中躬身前行，会让人的内心产生一种在任何其他环境下都难以重现的宁静。可以说，大喜马拉雅步道（GHT）能够为徒步旅行者提供一次完美的长途探险体验。这是一个惊人的挑战，绝大多数徒步旅行者在完成这次徒步旅行后会发生很大变化。

虽然大喜马拉雅步道穿过不丹、中国、印度、尼泊尔和巴基斯坦，但这条步道在尼泊尔境内最为便利。大喜马拉雅步道尼泊尔段东起干城章嘉峰，西至青藏高原，穿越尼泊尔境内每一座海拔 8000 米的高峰，并且穿过至少十几种独特的山地文化聚集区。在穿过中世纪的村庄、参观寺院和寺庙时，徒步旅行者经常被开朗、友好、勤劳的当地居民深深打动。有时，徒步旅行者会连续几周沿着这条步道深入高海拔地区，甚至比尼泊尔人生活的地方还要高。高海拔地区就是神出鬼没的雪豹的栖息地。

在完成大喜马拉雅步道尼泊尔段徒步的旅行者中，安·普莱斯是年龄最长的一位女性。2012 年，65 岁的安·普莱斯参加了世界探险公司（World Expeditions，一家徒步装备公司）组织的首批商业徒步旅行。在最初的几周里，她被深深地震撼了，深感整个团队是如此与世隔绝，徒步旅行的条件是如此恶劣，而山脉的美景又是如此摄人心魄。

文化探寻

冬虫夏草是一种名贵的滋补药材，只生长在喜马拉雅山脉的高海拔地区，售价昂贵，经济价值可观。许多当地人上山大规模地采集冬虫夏草，以增加家庭收入。但过度采挖导致这一物种近乎枯竭，使该地区面临巨大的生态压力。

上图：牧民赶着牲畜在河床上行走。

第334—335页：大喜马拉雅步道穿过尼泊尔境内的数座高峰和十几个山地居民点。

"这根本不是一条普通的徒步旅行路线，"安·普莱斯说，"这是一次登山探险……你所经历的困难和不适真的开始让你感到绝望。没有出路，没有人会来帮你。你只能一步步地继续前行。"安·普莱斯回忆称，她和团队成员攀登了多个海拔6000米的山口，在持续了近一周的暴风雪中勇敢穿行；还有一次，他们连续数月徒步，累得筋

你会看到：

松树林 | 杜鹃花 | 喜马拉雅山脉 | 中世纪村庄 |
寺院和寺庙 | 牦牛 | 山羊 | 绵羊

尼泊尔挑夫从一座古老的吊桥上穿过绿松石色的卡纳利河。

疲力尽。她还记得,在穿过汹涌的河流时,河上只有一根长满苔藓的湿滑圆木或一座令人毛骨悚然的吊桥;还有一次,他们在雪中向上攀爬了约1200米后,在一个山口处露营。但是,穿越世界上最高的山脉并真正感受到个体的渺小,也会给徒步旅行者的内心带来显著变化。

徒步旅行者会穿过野花盛开的草地,以及古老的松树林和散发着芬芳气息的杜鹃花海。而且,每天都会有一座新的、在阳光下闪闪发光的壮丽山峰进入视野。偶尔,步道会与其他徒步路线交汇,如安纳普尔纳小环线,在那里徒步旅行者会看到其他徒步团队。在一些更偏僻的村庄里,徒步旅行团队很不常见,以至于小孩们会跑出来迎接他们,成年人则几乎总是热情地微笑着欢迎徒步旅行者,让许多徒步旅行者倍感温暖。到了晚上,气温下降,当你准备钻进舒适的睡袋休息时,可以先花点儿时间看看周围——星星撒满天空,月亮照亮了世界最高峰的巨大身躯,看上去就像一个银色的王国。"我都有点儿不想回家了,"安·普莱斯说,"这里真的会改变一个人。"

野生动物掠影

除了当地居民饲养的牦牛、山羊和绵羊外,这片严酷的土地上没有特别多的野生动物。但是,如果运气不错,又有足够耐心的话,你就有可能发现巨型秃鹫、五颜六色的尼泊尔雉鸡,甚至雪豹或稀有的红熊猫。红熊猫是一种红白相间、大小似家猫的哺乳动物,它们生活在树上,因森林砍伐而濒临灭绝。

尼泊尔

珠穆朗玛峰大本营

一览世界之巅

距离：往返约 130 公里　　**行程**：14 天以上
最佳出行时间：春季、夏季和秋季　　**难度**：艰苦

即使对于那些来自其他高山地带的人来说，喜马拉雅山脉也赋予了"高山"这个词全新的含义。这些巨大的山峰似乎与世界上许多其他雄伟山脉的规模都不一样。这些山峰相当于高山中的皇室，而其中的女王就是珠穆朗玛峰，海拔 8850 米（2020 年，中国和尼泊尔共同宣布珠穆朗玛峰最新高程为 8848.86 米），是世界最高峰。

1953 年丹增·诺盖和埃德蒙·希拉里首次登上珠穆朗玛峰，现在这里每年吸引着数百名登山者（一次有向导的探险通常需要支付超过 5 万美元）。珠穆朗玛在藏语中意为"大地之母"，在尼泊尔则被称为"萨加玛塔"（Sagarmatha）或"天堂之巅"。但是，即使你不登顶，也能一睹这座传奇山峰的风采。许多徒步旅行者将大本营作为这次徒步旅行的目的地。

贾斯汀·伍德是 REI Adventures 公司全球旅行业务（其中包括珠穆朗玛峰大本营的徒步旅行）的负责人，他说："在我所有的旅行经历中，徒步前往珠峰大本营是我的最爱之一。在现实生活中，任何一个喜欢攀岩的人都会不由自主地对珠穆朗玛峰感到敬畏。而这场徒步旅行之所以具有如此强大的吸引力并令人永远难忘，是因为你要徒步穿过那些没有公路、只能步行到达的村庄，它们是如此令人惊叹。"珠穆朗玛峰地区主要居住的是夏尔巴人，他们原是中国西藏的一个种族，后来才迁移到这里。长期以来，他们还一直为

文化探寻

通往珠穆朗玛峰大本营的路线上有商店和旅馆，这就意味着很容易买到许多西方小吃，如薯条和糖果条（价格通常相当昂贵）。当地食物的供应也很充足，最常见的是"道巴"（dal bhat），这是一道营养丰富的套餐，包括蒸米饭、扁豆汤和蔬菜。

上图：每年都有成千上万名徒步旅行者前往珠峰大本营。

第340—341页：一条石头路通向那木齐巴扎的入口。那木齐巴扎是大多数珠峰探险队的中转站。

攀登珠峰的徒步旅行者充当向导和挑夫。

前往珠峰大本营的徒步旅行从卢克拉镇开始，那里有一条令人毛骨悚然的短距离飞行跑道，迎接着那些乘坐小型飞机前来的徒步旅行者。通常情况下，徒步旅行者当天会离开卢克拉，下行到杜德科西河，然后前往法克定，那里是一个不错的过夜地点。第二天，

你会看到：杜德科西河 | 萨加玛塔国家公园 | 那木齐巴扎 | 天波切寺院 | 牦牛 | 珠峰登山者

一头牦牛在珠穆朗玛峰的山坡上吃草时,停下来向四周张望。

那木齐贡巴寺内的佛教转经筒。

他们经过萨加玛塔国家公园的入口,上山前往热闹的市集小镇那木齐巴扎,它是该地区登山探险的中转站。在接下来的几天里,这个地区的一些高峰会依次映入徒步旅行者的眼帘:努子峰、洛子峰、阿玛达布拉姆峰和珠穆朗玛峰。当地人相信这些山峰是众神的居所,当你仰望它们高大巍峨的身躯时,就不难想象为什么当地人会有这样的想法了。

一路上,你会经过挂满经幡的偏远神庙、笼罩在阿玛达布拉姆峰阴影下的天波切寺,以及牦牛铃铛叮当作响的乡村,地势也会越来越高。一般来说,徒步旅行者会在沿途的山间小屋和茶馆里休息几天,以便安全地适应高峰缺氧的环境(至少给自己 14 天的时间,这样就能有足够的时间来适应)。这条徒步路线非常受欢迎,所以晚上经常会有来自各国的旅行者聚在一起聊天,重温一天的探险经历。

到达珠峰大本营时,尽职尽责的旅行社会为登山者提供充足的空间。附近的卡拉帕塔峰海拔约 5500 米,可以一览无余地看到珠穆朗玛峰和大本营,是一个绝佳的拍摄地点。在暮春时节的登山高峰期,五颜六色的帐篷会在山下铺开。日出时,抬头仰望卡拉帕塔峰,会看到它被染山霞染上了一层柔和的粉橙色。

行前须知

在尼泊尔的群山里,天气总是难以预测,这意味着十分有必要多穿几层衣服。但是,高海拔的强烈阳光有时会让徒步旅行者措手不及。所以,一定要带上充足的防晒霜和一顶宽边帽,因为高海拔地区的紫外线更强烈,而且在冰雪的反射下进一步加强。

泰　国

清道山

泰国北部山峰中的一颗宝石

距离：往返约 17 公里　　**行程**：1—2 天
最佳出行时间：11 月至次年 2 月　　**难度**：艰苦

许多外国游客到泰国旅行是为了享受迷人的海滩，但他们其实并不知道，泰国北部地区山峦密布，林木茂盛，拥有东南亚地区最好的徒步旅行路线。对于泰国国内的许多游客来说，在一些著名的山峰上观看日出和日落是一种神圣的仪式。清道山就是其中一个非常好的观赏点。

清道山海拔 2225 米，这样挑战腿部力量的高度会让一些游客望而却步。其海拔落差为一些罕见植物提供了理想的栖息地，如稀有的兰花和特有的棕榈树。徒步旅行者穿过常绿森林，就会到达一个布满石灰岩峭壁的山谷。马利的自然爱好者小屋（Malee's Nature Lovers Bungalows）坐落在清道山的山脚下，为徒步旅行者提供登山向导服务。小屋的主人马利·克塔塔维苏克说："登顶过程中，景色在不断变化。这里的风景和自然环境令人惊叹，而夜晚的寒冷也会让在山中过夜的人感到惊讶！"对于徒步旅行者而言，层峦叠嶂的山峰肯定会吸引他们的目光，但一些小动物也值得留意，比如稀有的斑羚（形似山羊的有蹄类动物）就以清道山为家。

你会看到：兰花｜棕榈树｜常绿森林｜石灰岩峭壁｜斑羚｜绝美的日出和日落

备选路线

泰国北部清莱市周围的山区有许多特色鲜明的徒步旅行路线。其中，指天山登山路线就是一条独具特色的短途路线，深受泰国游客喜爱。黎明前，徒步旅行者从停车场步行约 20 分钟，就可以登上山顶观日出，看着太阳从群山环绕、云海翻滚的山谷里冉冉升起。

日落前爬上清道山顶,欣赏迷人的景色。

越　南

避暑小镇萨帕

梯田、森林和山地民族

距离：往返 11—16 公里　　行程：5—6 小时
最佳出行时间：3—5 月或 9—11 月　　难度：中等

小镇萨帕位于越南西北部山区，是法国人于 1922 年建造的一个避暑小镇，也是越南的徒步旅行中心。小镇本身就是居住在该地区的多个山地民族的一个聚集地（也是一个繁忙的旅游中心），但小镇最为人所知的可能还在小镇以外：山谷里的水稻梯田绿意盎然，群山连绵起伏，森林青翠欲滴，小村庄散落山间，缥缈的雾气时浓时淡，给这幅山间美景增添了一种神秘的气息。

这里生活着几个山地民族，包括赫蒙族、红瑶族、岱依族、热依族、泰族和夫拉族。当地许多家庭为徒步旅行者提供向导服务，他们还开办农家旅社，并供应用豆腐、猪肉、米饭和当地蔬菜制作的家常菜。

交错纵横的步道将当地社区连接起来，但通常没有指定的徒步路线，徒步旅行者只需沿着这些步道前行或往返即可。此时，就显出一名经验丰富的向导的必要性。你可以通过当地的萨帕姐妹徒步探险公司（Sapa Sisters Trekking Adventures）找到可靠的向导，该公司致力于通过培训和雇用当地的赫蒙族妇女做向导来帮助她们提升能力。在一位女向导的带领下，你会穿过萨帕周围的高山、沟壑和水稻梯田。萨帕经常下雨（有人可能会说是免费淋浴），丰沛的雨水浇灌着这里葱郁的原野、森林和稻田。

徒步后活动

萨帕小镇文化底蕴深厚，在这里，徒步旅行者除了远足之外，还有很多其他事情可做。比如探访当地市场，近距离观察当地人如何买卖商品和农作物，以便更深入地了解他们的生活。一些当地的旅行用品商店还提供赫蒙族蜡染课程，甚至赫蒙族烹饪课程，游客可以在那里学习如何制作越南薄饼和炸香蕉蛋糕等食品。

萨帕是越南西北部的一个小镇，坐落在海拔 1600 米的山区。

你会看到：赫蒙族、红瑶族、岱依族、热依族、泰族和夫拉族等山地民族 | 水稻梯田 | 沟壑 | 森林

第六部分
大洋洲和南极洲

新西兰卡胡朗吉国家公园中的希菲步道（参见第 350 页）旁种植着繁茂的尼考棕榈树。

新西兰

希菲步道

从山脉到海岸

距离：单程 78 公里　　　　　　　　**行程**：4—6 天
最佳出行时间：南半球的春季到秋季　　**难度**：中等

至少从 14 世纪开始，毛利人就占领并穿越了现在的卡胡朗吉国家公园所在的地区。自那时起，许多毛利人都在寻找一种叫作"普纳姆"（pounamu）的珍贵绿玉，他们用这种石头制造武器、工具和艺术品。今天，游客来到卡胡朗吉国家公园，寻找的却是其他宝藏——茂密独特的棕榈树、广阔葱郁的绿色山谷，以及空旷海岸汹涌的波涛。

希菲步道是由新西兰环保部负责维护的"超级步道"（Great Walks）之一，前往那里有点儿困难，需要班车接送，因此它不像新西兰其他一些"超级步道"那样频繁地有游客光顾。但幸运的是，步道沿途零星建有几栋小屋，游客至少晚上可以在小屋里煮点儿饭菜，和新西兰人或来自其他国家的游客一起聊聊天。这条步道的海拔落差并不算大，所以胆大的家庭经常会带孩子一起去徒步。

步道从森林覆盖的山区一直延伸到遍布海滩和悬崖的海岸，沿途风景不断变幻，是一条具有鲜明景观对比的步道。徒步旅行者在穿过山谷中的草地时，会看到又密又高的草丛在风中摇曳。长满苔藓的山毛榉林是那么苍翠欲滴且充满神奇，以至于有人说就像被施了魔法一样为之着迷。徒步旅行者在林中穿行时，一定要密切注意隐藏在地下的蜿蜒的石灰岩洞穴。最终，徒步旅行者会看到引人注目的尼考棕榈树，这些树使周围的风景看起来像热带雨林（当心这里臭名昭著的沙蝇）。向海岸靠近时，会听到海浪翻滚的声音越来

备选路线

2019 年底，新西兰开放了一条新的"超级步道"——帕帕罗瓦步道。这条步道蜿蜒穿过南岛西北侧的帕帕罗瓦山脉，全长 55 公里，为徒步旅行者和山地自行车爱好者提供了前往热带雨林、喀斯特地貌和高山地带进行探索的机会。步道沿途还建有小屋。这条步道上的风景多变又壮观，徒步旅行者既可以欣赏塔斯曼海的景色，又能俯瞰南阿尔卑斯山的风光。

卡胡朗吉国家公园的科哈伊哈伊河上有一座悬索桥。

越大，看到尼考棕榈树越来越浓密。突然，西北海岸空旷的海滩就映入了眼帘。

值得一提的是，除了欣赏沿途多姿多彩的风景外，徒步旅行者在这次远足过程中还有机会看到新西兰一些特有的野生动物，比如

你会看到：尼考棕榈树｜石灰岩洞穴｜海滩｜啄羊鹦鹉｜高山鹦鹉｜大斑几维鸟｜陆地蜗牛｜短翅水鸡

啄羊鹦鹉和大斑几维鸟。啄羊鹦鹉是世界上唯一的高山鹦鹉，大斑几维鸟在夜深人静时会发出叫声呼唤同伴。天黑后，你能长到棒球大小的肉食性陆地蜗牛会偷偷溜出来，狼吞虎咽地吞食掉1米长的蠕虫。幸运的话，你还可能会看到短翅水鸡，它们是一种高度濒危鸟类，2018年被重新引入卡胡朗吉国家公园。短翅水鸡不会飞，背部长着艳丽无比的蓝绿色羽毛。

南岛盛开的高山雪绒花长着毛茸茸的白色苞片。

新西兰

路特本步道

壮美的南阿尔卑斯山脉

距离：单程 33 公里　　**行程**：2—4 天
最佳出行时间：南半球的夏季　　**难度**：中等

位于峡湾国家公园和新西兰南岛阿斯派灵山国家公园之间的地区曾经被大型冰川占据。目光所及，都是冰川的风景：陡峭的峡湾、璀璨的冰斗湖和棱角分明的山脊。路特本步道并不是新西兰最艰难或最长的步道，却拥有摄人心魄的绝美风景。这条步道为新西兰富有传奇色彩的高山地形提供了一个简短而有力的证明。

徒步旅行者（当地人称之为"流浪者"）通常需要 3 天走完全程。步道上建有 4 栋小屋，在夏季的几个月里，这 4 栋小屋会提供煤气灶和铺位，徒步旅行者可以在这里做饭和休息。同时，小屋里还有常驻护林员，徒步旅行者可以向他们咨询问题。此外，来自世界各地的徒步旅行者聚在一起，小屋里洋溢着热烈友好的气氛（小屋需要提前预订，建议去时带上耳塞）。绝大多数徒步旅行者都是在南半球的夏季，即 10 月中旬到次年 4 月之间来这里徒步旅行。冬季，护林员会把大部分桥梁拆除，以免它们被雪崩和洪水摧毁。这就意味着想在冬季来这里徒步的旅行者需要熟练掌握冬季野外旅行技巧。

虽然暴风雨在一年中的任何月份都有可能来临，届时会狂风怒号，大雨倾盆，但是夏季在这里徒步通常是非常令人愉悦的。这条步道是新西兰的"超级步道"之一，维护得非常好，比许多其他单向路线都要宽，而且步行相对容易一些。这里的景色如此壮观，令

徒步后活动

皇后镇距离路特本步道起点不远，是新西兰南阿尔卑斯山地区著名的探险中心。夏季，游客可以尝试漂流、高空跳伞和蹦极（皇后镇是蹦极运动的发源地）。冬季，这里则是滑雪爱好者的乐园。另外，皇后镇附近的中奥塔哥葡萄酒产区以黑比诺而闻名。

徒步旅行结束后，徒步旅行者跳上喷气快艇，在皇后镇郊外的沙特欧瓦河上疾驰。

人心旷神怡。你可以在长满毛茸茸的蕨类植物的森林里悠闲地漫步；当你从长满青草的谷底仰望陡峭、黑暗的山坡时，你会觉得自己很渺小。瀑布从悬崖上倾泻而下，气势磅礴，水雾弥漫在空中，轻纱般朦胧缥缈，使景色显得迷蒙古朴又充满童话般的美。

你会看到:
峡湾 | 蕨类植物 |
瀑布 | 高山湖泊 | 蓝鸭 | 岩异鹩

经过长途跋涉,你终于到达哈里斯鞍脊。这里也被称为"塔拉哈卡—瓦卡蒂普",海拔 1255 米。待云雾消散,你可以看到巍峨的群峰向四面八方延伸。往下走,你会看到许多高山湖泊或瀑布池,可以在里面洗一个冰水浴。路上要留意一些稀有的鸟类,比如蓝鸭和岩异鹩。不妨停下来,花点时间欣赏一下眼前的美景,观察一下周围的动植物,一些美好的时刻可能会在你静止不动的时候出现。在麦肯齐湖小屋外,当午后阳光逐渐减弱时,你可以在麦肯齐湖的岸边晒太阳,镜子般清澈明亮的湖面倒映着连绵的山峰和湛蓝的天空,景色美极了。

沿着步道穿过峡湾国家公园时,可以欣赏高山湖泊映照皑皑雪峰的壮丽景色。

第六部分 大洋洲和南极洲

巴布亚新几内亚
科科达小径

第二次世界大战的幽灵

距离：单程 96 公里　　**行程**：6—10 天
最佳出行时间：5—11 月　　**难度**：艰苦

第二次世界大战期间，科科达小径上曾发生了一场重要的战役。1942 年下半年，日本军队在巴布亚登陆，企图翻越欧文斯坦利山脉占领南岸的莫尔兹比港。澳大利亚军队和巴布亚盟军的人数虽远不及日军，却在科科达进行了英勇抵抗。科科达战役成功阻止了日本军队占领南太平洋军事要地的图谋，时至今日在澳大利亚的教科书中也享有盛名。今天，科科达小径大致追溯着当年士兵们走过的路线；而这条徒步路线也已经成为许多澳大利亚人的朝圣之路，他们在体验当年士兵们经历过的困苦磨难的同时，也能够更深入地了解那段黑暗的历史，向英雄致敬。

这条徒步路线的海拔轮廓就像心电图一样，先是沿着陡峭、泥泞的山坡直行，然后冲下山坡，并径直穿过一条河。白天温度在 24—32℃，夜间地势较高地区的温度低至约 2℃，湿度很大。但是，这次徒步旅行能让你亲身体验当年澳大利亚士兵的经历，以及当地人的日常生活。几个世纪以来，当地人一直靠土地和土地上的野生动植物为生，而且经常会给徒步旅行者讲故事、唱歌跳舞。

你会看到：历史悠久的战争小路｜
斑袋貂｜亚历山大女皇鸟翼凤蝶｜蓝极乐鸟｜野猪

行前须知

科科达小径管理局会给旅行社签发许可证和营业执照，要求旅行社必须尊重当地文化习俗，在获得许可后才能在私人土地上徒步旅行。如果可能的话，你可以去参加当地的一些活动，注意一定要衣着得体，不要带酒，也不要打扰晚上的礼拜时间。

一名徒步旅行者从一个掩映在山野丛林中的小村庄出来,沿着小道向上走。

澳大利亚

鸽子湖环湖步道

雨林、湖泊和山峰

距离： 往返 6.6 公里　　　　　**行程：** 2—3 小时
最佳出行时间： 南半球的夏季到秋季　　**难度：** 容易

澳大利亚塔斯马尼亚岛（州）的鸽子湖景色优美，风景如画，环湖徒步能够尽赏湖光山色。鸽子湖环湖步道是一条平坦的砾石和木板路，穿过塔斯马尼亚的摇篮山－圣克莱尔湖国家公园。沿着顺时针方向走，你可以在开阔的荒野漫步，那里生长着一些低矮的植物，还可以欣赏到湖泊和环绕湖泊的山脊线。这条步道绕湖而行，你可以在湖畔的沙滩上停下来野餐，或者欣赏清澈的湖水和水面下游动的鳟鱼，抑或驻足观察沙袋鼠、袋熊、针鼹鼠，如果足够幸运的话，你还能看见鸭嘴兽。湖面静止时，可以完美地倒映出上方的山峰和云朵。

木板路通向古老的、长满青苔的温带雨林，塔斯马尼亚的这一地区也因为温带雨林而闻名。在这些长满青苔的桃金娘山毛榉树林中，当你透过树干眺望远处的湖泊和山峰时，你会陶醉在那片宁静之中，耳边只有鸟鸣声和微风拂过大地的声音。步道尽头的船坞处应该是游客拍摄最多的地方，这是一座漂亮的松木建筑，建造于1940年，现在仍然像一位安静的智者一样俯视着湖面。

你会看到： 荒野｜鳟鱼｜沙袋鼠｜
袋熊｜针鼹鼠｜鸭嘴兽｜温带雨林｜桃金娘山毛榉树

挑 战

摇圣徒步道可以说是塔斯马尼亚最著名的徒步路线。该步道全长62.5公里，穿过塔斯马尼亚荒原世界遗产区。步道起点位于摇篮山，终点在圣克莱尔湖，穿过开阔的荒野和长满苔藓的森林，周围是陡峭的悬崖、起伏的山峰和飞流直下的瀑布。沿途设置有多栋小屋，可供徒步旅行者休息。

从鸽子湖畔可以看到远处的摇篮山。

澳大利亚

拉勒平塔步道

澳大利亚的红色沙漠荒野

距离：单程 223 公里　　　　**行程**：15—20 天
最佳出行时间：南半球的冬季　　**难度**：中等

大约 4 万年来，阿伦特人一直生活在澳大利亚内陆的爱丽丝泉附近地区。这片土地孕育出灿烂的文化和独特的精神财富，传颂着扑朔迷离的人类文明起源故事。在获得原住民的许可后，游客现在可以踏上拉勒平塔步道，开启一场令人心驰神往的荒漠之旅。

令游客感到惊讶的是，这片沙漠不仅仅是一片广袤的沙漠荒地，而且还有各种各样的景色和奇观。这里不仅有红色岩壁、山脉、峡谷、山脊、罕见的池塘、树林和绿色植物，还有黑足岩袋鼠和各种鸟类，比如澳洲鸢、隼和可爱的冠翎岩鸠，冠翎岩鸠长着醒目的头冠，面部有红色、黑色、白色的标记。

拉勒平塔步道虽然是澳大利亚相对较新的一条长途步道，但已经拥有了一批忠实的追随者。徒步旅行者被这里广阔的天地、风和寂静所吸引，视角也会随之发生变化。

从爱丽丝泉向西走，徒步旅行者会穿过一片平原，那里矗立着红色岩壁和桉树，然后爬上西麦克唐奈尔山脉。第一个路段中最令人难忘的部分是像走钢丝般穿过刀背岭，那里是一个高耸裸露的岩石山脊，视野开阔。

"在这里，你必须放慢脚步。岩石非常松动，每个人都要与其他人保持几米的距离。但是，这里的景色相当惊艳，你感觉自己好像可以看到澳大利亚的边缘。"澳大利亚徒步假日公司（Australian

野生动物掠影

徒步旅行者很少会看到澳洲野狗，但它们偶尔也会闯入营地偷吃人类的食物。多数情况下，徒步旅行者会听到它们的叫声。这些犬科动物有时独居，有时群居，捕食蜥蜴、啮齿类动物和鸟类。在澳大利亚的部分地区，澳洲野狗数量非常之多，已经被认为是一种公害。

上图：大雨过后，麦克唐奈尔山中奥米斯顿溪的水位猛涨。

第364—365页：从山顶观景台望去，太阳升起时桑德山也被染成了红色。

Walking Holidays）的向导爱丽丝·霍曼如是说。澳大利亚徒步假日公司为在拉勒平塔步道上徒步的旅行者提供向导服务，并开设了一系列生态营地。

　　徒步旅行者穿过山脉之间的谷底后，又会回到山里。一个非常

你会看到：红色岩壁｜黑足岩袋鼠｜澳洲鸢｜隼｜冠翎岩鸠｜桉树｜棕伊澳蛇

一只岩袋鼠带着小岩袋鼠在彩虹谷的岩石上活动，它们不时会停下来休息。

麦克唐奈尔山脉中生长的苏铁外形很像棕榈树，宽度和长度都能达到2米。

受欢迎的景点便是埃勒里溪大水潭，平静的潭水会让疲惫的徒步旅行者忍不住跳进去泡个冷水浴。最终，徒步旅行者会到达步道的终点——桑德山。桑德山海拔1380米，耸立在沙漠之上。登上桑德山顶，就可以欣赏干旱高原上日出的壮观景色。

这条步道虽然海拔不是很高，挑战却不少。水源十分稀缺，一般只在步道起点才有，而且高温让人感到十分痛苦。虽然不太可能遇到毒蛇，但像可怕的棕伊澳蛇这样的毒蛇还是构成了这条步道上最大的危险。但是，穿越这片几千年来人类一直敬畏的荒野，也令人感慨万千。在这条步道上徒步时也有一些非常安静的时刻，比如：难得的降雨过后，尽情享受这片土地清新的泥土气息；天黑后，聆听野狗骇人的叫声；看着薄雾从岩石上悄悄升起。

爱丽丝·霍曼说："你真的有一种与世隔绝的感觉，这对人们来说是一个非常重要的吸引点。很难想象外面的天地竟然如此广阔……站在高处眺望，这片广袤的荒漠延伸到远方，看不到尽头，地平线好像消失了。"

行前须知

一定要为剧烈的气温波动和大风做好准备。南半球的冬季在5—9月，是徒步的最佳时间，因为白天的气温在20℃左右。相比之下，夏季气温接近50℃，微风感觉就像是烘干机排气口排出的废气一样热。无论在哪个季节，夜间气温都会显著下降。

澳大利亚
比布蒙步道

尼昂加尔族的土地

距离：单程约 1000 公里　　**行程**：6—8 周
最佳出行时间：南半球的秋季、冬季和春季　　**难度**：中等

尼昂加尔族人在西澳大利亚州的西南部地区生活了大约 45000 年，与这片土地有着深厚的精神联结。比布蒙人是尼昂加尔族中的一支，他们生活在彭伯顿周围的森林里，和该地区的其他原住民一样，他们为了举行仪式而进行长途跋涉。20 世纪 70 年代，当徒步爱好者们萌生在该地区进行长途徒步旅行的想法，"比布蒙"似乎是这条步道比较合适的名字，可以纪念那些在这片土地上生活了几个世纪，并一直关心着这片土地的人们。

经过多次迭代和改线后，如今的比布蒙步道从珀斯郊外的卡拉蒙达小镇延伸到了澳大利亚大陆西南部的奥尔巴尼，约 1000 公里长。步道经过 7 个城镇，沿线建有 49 个露营地，露营地里有休息站和雨水储存罐，对于那些没有太多深度荒野徒步经验的人来说，这是一次十分有吸引力的长途徒步旅行。

绝大多数徒步旅行者会选择在比布蒙步道上走一天或几天的路段，但是每年都有大约 120 人走完全程。大多数人在春季从北方出发，向南徒步进入寒冷的地区。西澳大利亚州的西南部地区以其生物多样性和特有物种而闻名，所以，在这条步道上徒步的最大乐趣之一就是观赏种类繁多的植物。

在步道的前半段，占主导地位的植物是稀疏的红柳桉树林。徒步旅行者穿过达令山脉，途中会爬上库克山等山丘和山峰，欣赏壮

备选路线

这条步道中路程较短、景观最丰富的路段是位于西澳大利亚州的沃尔波尔镇和丹麦镇之间的路段，全长 126 公里，穿过遍布卡里树和丁戈树的大片森林，经过名副其实的巨人谷、和平湾社区，以及有陡峭沙丘、荒野和空旷海滩的海岸地带。

上图：树顶步行桥位于沃尔普－诺那卢普国家公园内，从巨人谷中茂密的树冠间穿过。

第370—371页：一只玫瑰鹦鹉栖息在灌木丛中。

丽的风景。穿过稀疏的桉树林时，一定要留意一下这些非比寻常的树木。在墨累河谷，宁静的池塘向疲惫的徒步旅行者敞开怀抱，欢迎他们到池中畅游。

路程过半时，植被完全改变，桉树不见了，巨大的卡里树开始

你会看到： 红柳桉树林 | 卡里树 | 野花 | 丁戈树 | 海滩 | 沙丘 | 悬崖 | 海湾 | 斑点拟眼镜蛇和虎蛇 | 巨蜥 | 石龙子 | 楔尾鹰 | 鸸鹋 | 凤头鹦鹉

五颜六色的西澳大利亚野花像珊瑚藤一样沿着步道生长。

一条蜿蜒的楼梯通向托恩迪拉普国家公园内幽静的鲑鱼洞海滩,这里是一个绝佳的钓鱼点。

登场,它是世界上第三高的树。春季,野花从土里冒出来,在林间绚烂绽放,紫的、橙的、黄的、红的,把这片参天巨树的森林装点得五彩缤纷。在这片巨树森林里,你还可以与丁戈树亲密互动,这些高大的丁戈树特别粗壮,看上去就像一个庞然大物,20个人手拉手也无法环抱它的底部。最后,当你越来越靠近海岸时,空气中海洋的气息也越来越浓烈。沿着步道在海岸上前行,呈现在你眼前的是原始的海滩、巨大的新月形海湾、沙丘和悬崖,景色美不胜收。登上花岗岩峰顶,可以俯瞰壮丽迷人的森林和海洋景观。

比布蒙步道相对安静的路段上经常会有野生动物出没。一定要注意斑点拟眼镜蛇和虎蛇,这两种蛇都是剧毒蛇,在这条步道上很常见。你可能还会看到巨蜥和石龙子在岩石上晒太阳,还有栖息在高高的树枝上的鸟儿,比如体型庞大的楔尾鹰、神出鬼没的鸸鹋、五颜六色的玫瑰鹦鹉或凤头鹦鹉。夜间是有袋动物出没的时候,比如针鼹鼠或短鼻袋狸。在静谧的黑暗中,你可以听到它们发出的声音,就像袋鼠跳跃时的砰砰声。第二天早晨醒来时,你还可能会发现栖息在这里的其他小动物,比如从蚊帐外盯着你看的小树蛙。

行前须知

比布蒙步道基金会负责维护步道,并为徒步旅行者提供相关信息。基金会一直努力阻止旅行者在夏季前往步道徒步。丛林火灾是重大危险之一,一些徒步旅行者差点在火灾中丧生。2018年1月,一名被山火困在营地的徒步旅行者被直升机救出后,不到10分钟营地就被山火吞噬了。

密克罗尼西亚联邦

六瀑布之旅

瀑布帝国

距离：往返 5.1 公里　　**行程**：5—7 小时
最佳出行时间：全年　　**难度**：中等

由于雨量惊人，地形陡峭，密克罗尼西亚联邦的波纳佩岛上到处都是瀑布。峡谷的每个转弯处似乎都有河水流出，奔腾的水流声充斥着整个雨林。对于瀑布爱好者来说，六瀑布之旅相当于一场全明星赛。徒步路线始于林间一条狭窄的小路，那里路面湿滑，树根盘根错节。第一条瀑布是帕纳伊尔拉普瀑布，你在徒步旅行开始一个小时内就可以听到它的隆隆声；及至眼前，就会看到瀑布倾泻而下，穿过黑色的岩石和郁郁葱葱的绿色植物，迸起的朵朵水花四处飞溅。

从那里开始，步道会穿过森林，但大部分路段都是沿着莱恩梅西河，或者干脆在河里。而后，瀑布开始有规律地出现，以多种形态熠熠生辉，从落入宁静水池的小瀑布，到长长的宛如银练的瀑布，无不令人惊叹。第6条瀑布名为"利普文蒂亚克"，它隐藏在巨大的岩石后面，只闻其声，不见其形。你可以攀爬上裸露的岩石，或者干脆放下背包，穿过岩石之间的缝隙来到瀑布跟前，瀑布正好从这条裂缝中涌出，汇入一个宽阔的水池中。在丛林深处，周围没有其他人，你会觉得自己是第一个发现这条瀑布的人。

你会看到：瀑布｜莱恩梅西河｜丛林｜扇尾鱼｜波纳佩捕蝇草｜长嘴白眼鸟

徒步后活动

在波纳佩岛的海岸线上，你可以看到南马都尔古城遗址的石头废墟露出海面。这座古城建于1200—1500年间，被称为"太平洋上的威尼斯"，它由100多个人工岛屿组成，岛上有宫殿、坟墓、珊瑚和玄武岩巨石建造的庙宇。没有人知道古人是如何建成这个庆典中心的。

凯皮罗希瀑布高20米，宽30米，从玄武岩岩石上倾泻而下，形成一个非常适合游泳的浅水池。

斐 济

拉维纳海岸漫步

海滩、丛林和瀑布

距离：往返约 10 公里　　　**行程**：2—4 小时
最佳出行时间：全年　　　　**难度**：中等

　　在 20 世纪 90 年代初，布马部落的 4 个村庄在斐济的塔韦乌尼岛上建立了布马国家遗产公园，并开发了旅游景点，旨在建立可持续的营生。拉维纳海岸漫步就是其中一个旅游项目。这条步道从拉维纳村出发，沿着浅色海滩延伸，步道一边是郁郁葱葱的雨林，另一边是碧绿的潟湖。

　　这条步道附近有一些很小的村落，当徒步旅行者经过时，村里的孩子们可能会害羞地看着这些来访者，向他们挥手致意，甚至会跑出来跟他们击掌微笑。途中会经过几条河流，河上建有简易的小桥，过河很方便。继续向前，最终，浅色海滩逐渐变成黑沙和火山石海滩，随后步道沿着岩石河床急剧下降，俯冲进丛林中。

　　斐济以其丰富的独特物种而闻名。要仔细观察塔韦乌尼丝尾莺，这是一种斐济特有的鸟类，长着浓密的、天鹅绒般的蓝黑色羽毛。当你沿着河流逆流而上，前往韦尼堡瀑布时，可以看到河道两边长满了巨型蕨类植物和成片的林木。但是要想一睹瀑布真容，你必须游过一个被青翠葱茏的植物遮盖的小峡谷，游到一处石壁凹洞，在那里你能欣赏到"飞落数来崖，碎玉叹飞花"的瀑布奇观。

你会看到：瀑布 | 黑沙和火山石海滩 |
雨林 | 潟湖 | 塔韦乌尼丝尾莺 | 巨型蕨类植物

文化探寻

　　卡瓦酒，又名"阳高那"（yaqona），是斐济人的首选饮品，他们通常在卡瓦仪式上一起饮用这种酒。卡瓦酒由当地的一种植物根制成，尝起来有点土味儿，略带苦涩，不含任何酒精，但能让人产生一种温和而放松的兴奋感。

拉维纳海岸步道穿过葱茏的丛林景观和海滩僻静处。

南乔治亚岛地区

沙克尔顿之路

传奇的探险家之路

距离：单程约 6 公里　　**行程**：3—4 小时
最佳出行时间：南半球的夏季　　**难度**：中等

南乔治亚岛位于南大西洋，距离阿根廷火地岛以东约 2100 公里，是一片由高山、冰川和岩石海岸组成的神秘飞地。从本质上讲，这座岛是大约 5000 万年前安第斯山脉延伸到南极半岛的水下山脉，它的面积很大，大部分区域被冰雪覆盖，让人望而生畏。南乔治亚岛的气候相当严酷，用"恶劣"一词都不足以形容：夏季，这里的气温常常保持在 0℃以下，强风会在瞬间突然刮起。

20 世纪早期著名的南极探险家欧内斯特·沙克尔顿曾在这里奋力营救他的探险队成员，也让他实现了自我价值，成为英国家喻户晓的传奇人物。在沙克尔顿的第三次南极探险中，他们乘坐的探险船被浮冰困住，寸步难行。10 个月后，探险船被浮冰彻底挤碎，沉入海底。他们在浮冰和海洋上漂流了 5 个月后，登上了荒无人烟的象岛。他们没有坐以待毙，沙克尔顿决定前往近 1300 公里外的南乔治亚岛寻求救援，那是数百平方公里海域内唯一一个拥有人类文明的地方。沙克尔顿和 5 名队员乘坐救生艇，通过六分仪在天寒地冻、风暴肆虐的海上艰难航行了数日后，终于到达南乔治亚岛。

登上南乔治亚岛后，沙克尔顿和他的伙伴还经历了一次磨难：他们不得不徒步穿过这座荒凉多山、被冰雪覆盖的岛屿，前往岛另一侧的捕鲸站寻求救援。沙克尔顿和 2 名最强壮的伙伴只用了短短 36 个小时就走完了这惊险的 42 公里。时至今日，现代登山者仍然认为，

历史拾遗

尽管之前在南极经历过诸多磨难，但欧内斯特·沙克尔顿似乎无法摆脱南极的诱惑。1922 年，在又一次去南极探险中，沙克尔顿在探险船上因心脏病发作去世，当时探险船停靠在古利德维肯捕鲸站附近。他被埋葬在古利德维肯公墓，他的坟墓朝向南极。

徒步旅行者从福图纳湾出发，沿着沙克尔顿之路前往斯特罗姆尼斯。

在当时的情况下他们的成功简直是一个令人震惊的壮举。不用说，捕鲸站的工作人员看到他们时都非常惊讶。随后，他们向象岛进发，开展了营救被困同伴的行动。最终，沙克尔顿的所有队员都在这次探险中幸存下来。这在探险史上是一个具有传奇色彩的事件。

　　如今，南乔治亚岛仍然是世界上最大的荒野之一。很少有游客来这里，如果要来的话，只有一种方式：乘船。游客需要在大风大浪的海上漂泊多日才能到达，在很长一段时间里，地平线上除了海水之外，什么都看不到。对于那些来这里探险的人来说，沿着沙克尔顿的足迹行进，追寻史上最伟大的救援故事之一，是一种神圣的仪式。通常情况下，只有登山者才能走完全程，但对于徒步旅行者

第380—381页：在南乔治亚岛北部海岸一个古老的捕鲸站里，南极软毛海豹躺在散乱放置的轮船螺旋桨中间休息。

上图：欧内斯特·沙克尔顿的墓位于南乔治亚岛的古利德维肯公墓。

南极软毛海豹幼崽在福图纳湾海滩的冰上玩耍。

来说，位于福图纳湾和斯特罗姆尼斯之间的最后一段路程还是可以在一天内走完的。

在福图纳湾登陆时，很可能会有一大群企鹅迎接你。这里没有企鹅的陆地捕食者，所以这些企鹅一点儿也不怕人，对人类非常友好。海岸上还遍布着憨态可掬的软毛海豹，它们三五成群，或懒洋洋地躺在草丛里，或笨拙地挪动着身体。空中，无数的鸟儿在自由地翱翔。爬上长满青草的山丘和松软的岩石山坡，经过克林湖和几个小冰斗湖，就能到达大约 300 米高的山口，然后向下走就可以看到下面捕鲸站的遗迹。沙克尔顿就是在这里听到了捕鲸站的哨声，他知道经过艰苦卓绝的跋涉后，终于可以寻求帮助了。当你沿着松动的石头斜坡向下走，穿过平坦的山谷来到岸边时，想象一下，在被困在地球上最寒冷、最严酷的地方之一大约 2 年后，终于看到其他人时，会是什么感觉。

野生动物掠影

南乔治亚岛周围寒冷的海域里有大量的鱼类和磷虾，供海洋生物和鸟类食用。多达 10 万只王企鹅在这里聚居，发出类似卡祖笛一样的刺耳叫声。当你在软毛海豹幼崽中间行走时，一定要当心凶猛的母海豹，它们有时会虚张声势。你还要在像汽车一样大的象海豹中间穿行。体型巨大的漂泊信天翁也在这里筑巢。

你会看到： 王企鹅 | 软毛海豹
象海豹 | 信天翁 | 克林湖 | 历史悠久的捕鲸站

南极洲

麦克默多站观测山

南极洲工作之余的徒步旅行

距离：往返 1.3 公里　　**行程**：1—2 小时
最佳出行时间：南半球的夏季　　**难度**：中等

在南极广袤的白色大地上，耸立着一块深色的熔岩穹丘，那就是观测山，它基本上已经成为被派往麦克默多站（美国南极计划的中心）的研究人员和工作人员下班后常去的徒步旅行之处。麦克默多站位于罗斯岛南部的尽头，由几个简易机场、一个港口和大约 85 栋建筑组成。在南半球的夏季，当气温徘徊在相对温和的 -11℃至 -4℃之间时，麦克默多站热闹非凡，有多达 950 人在这里度夏。

想要到这里来并不容易——你要么获得研究基金资助，要么与负责考察站维护的承包商签订工作合同，或者你正在进行一次探险。但是，如果你在夏季去的话，当午夜的太阳高挂在空中时，你很可能会想爬到观测山的顶部，看看周围的环境。这里几乎没有导航信号——在阳光明媚的日子里，你是不会错过这座山丘的。只需穿过麦克默多站的碎石路，沿着铺满石头和积雪的小道前行，就能到达这座 228 米高的山丘顶部。站在观测山的顶部，你可以看到巨大的冰架、横贯南极山脉、迪斯卡弗里火山和埃里伯斯活火山、麦克默多站和下面的斯科特基地（新西兰南极科学考察站）。

你会看到：麦克默多站 | 冰架 | 横贯南极山脉

历史拾遗

1912 年，英国海军军官和极地探险家罗伯特·法尔肯·斯科特和他的探险队到南极探险，试图成为第一批到达南极点的人，但他们一行在返回途中遇难（到达南极点后，他们发现挪威极地探险家罗尔德·阿蒙森已经捷足先登，成为全球第一个到达南极点的人）。今天，观测山上树立着一个木制的十字架，是为了纪念斯科特和他的伙伴，上面刻着他们的名字，还有丁尼生的名句"勇于拼搏，勇于探索，勇于发现，绝不屈服"。

观测山俯瞰着麦克默多站研究大楼、埃里伯斯火山、横贯南极山脉和迪斯卡弗里火山。

徒步旅行中的环保措施

作为徒步旅行者，我们有幸看到了世界上最壮丽的角落。巍峨的山峰、休眠的火山、高原草甸、荒漠沙丘和满目青翠的湿地都是我们的精神家园——这些景色和奇观一次又一次地将我们吸引到步道上去。我们有责任保护这些原始的自然环境以及栖息在这里的野生动物，以免它们永远消失在野外。

徒步旅行者应该带头保护这些荒野地区的自然环境，因为我们有幸第一时间目睹正在发生的变化。那是我们的后院，也是我们的责任。

如果你不知道从哪里开始，以下 8 条环保指南可以帮你开启自然保护之旅：

1. 投票。 这是一个简单且非常重要的问题。投票给那些支持环保的人士，并让他们（和他们的对手）知道原因。要大声疾呼，还要签署请愿书。不管我们个人做了多少事，我们都需要立法者在全球范围内予以支持。

2. 支持科学。 在我们最需要的时候，错误的信息和资金的匮乏会使科学研究变得异常困难。无论是你所在社区的当地基层项目、着眼于大局的组织，还是致力于提供解决方案的公司，你都可以通过奉献时间、自愿提供个人专业知识（无论是平面设计还是社交媒体方面的专业知识）来作为支持，或者为这些组织提供资金支持。徒步旅行者还应该考虑成为公民科学家，在徒步旅行过程中监测和记录周围环境，并注意气候条件的变化。

3. 减少开车。 下次去徒步旅行时，你可以选择拼车或乘坐公共交通工具到达步道起点。美国环保署公布的数据显示，2014 年美国交通运输业的温室气体排放量占美国温室气体排放总量的 26%。尽可能地乘坐公共汽车，没有公共汽车时可以拼车，还可以通过门户网站和应用程序寻找在无车的情况下前往目的地的交通方式。

4. 只看不碰。 这本是一个无须考虑的问题，但在 Instagram 时代，我们可以从另一个角度去提醒人们：让野生动物选择互动方式。给野生动物空间，永远不要触摸或投喂它们。避免（并报告）任何不当行为或改变野生动物习性的行为。

5. 种树。 与其把靴子弄脏，不如手上沾点土。植物有助于吸收空气中的二氧化碳，并抵消碳排放。2014 年，美国环保署报告称，土地使用和林业部门抵消了 11% 的温室气体排放。可以自己种树，也可以给植树组织捐款。

6. 担任志愿者。 徒步旅行的步道无法自行维护。你可以主动加入步道维护志愿者的队伍，帮助维护自己最喜欢的路线。带上任何年龄段的朋友来帮助清理废墟、标记路线、恢复植被等。每年 6 月，你还可以参加美国徒步旅行协会组织的国家步道日活动，回馈那些你最喜欢去的探索之地。

7. 支持公园。 通过捐款或担任志愿者的方式，支持国家公园、森林、水道、自然保护区的建设，有助于保护荒野地区自然环境的安全。

8. 记住：塑料并不是那么神奇。 2018 年 5 月，美国《国家地理》杂志发起了一场持续多年的"要地球还是要塑料"（Planet or Plastic?）的活动，旨在提高人们对全球塑料危机的认识。在此简要列举几个有关塑料的问题：

- 超过 40% 的塑料制品在使用一次后即被丢弃，57 亿吨塑料被埋进垃圾填埋场，或被丢弃到景观和海洋中。
- 全球每分钟售出近 100 万个塑料瓶。
- 塑料需要近 400 年的时间才能降解；2018 年的一项研究发现，全球只有 9% 的塑料被回收利用。

因此，要注意你在日常生活中使用的塑料制品数量，并采取积极措施减少塑料制品用量。你可以在徒步旅行时随身携带可重复使用的水瓶，还可以使用多用途餐具来代替塑料餐具。噢，不要用塑料吸管。就这么简单，而且非常有效。

目的地检索
（按拼音排序）

阿根廷
托雷湖 148

埃 及
西奈小径 240

埃塞俄比亚
尔塔阿雷火山 252
瑟门山 248

爱尔兰
丁格尔路 208
格林卡查奎恩公园 206

奥地利
阿尔卑斯–亚得里亚小径 232

澳大利亚
比布蒙步道 368
鸽子湖环湖步道 360
拉勒平塔步道 362

巴布亚新几内亚
科科达小径 358

巴 西
帕蒂山谷 150

冰 岛
克里斯蒂纳廷达山 214

不 丹
雪人步道 308

德 国
莱茵步道 186
易北河砂岩山脉 192

多米尼克
瓦图库布里国家步道 86

俄罗斯
大贝加尔湖步道 236

厄瓜多尔
科托帕希火山 126
圣卢西亚云雾森林 130
谢拉·内格拉和奇科火山 134

法 国
环勃朗峰之旅 178
圣地亚哥之路 158

菲律宾
科迪勒拉水稻梯田 300

斐 济
拉维纳海岸漫步 376

哥伦比亚
科科拉山谷 144
佩尔迪达城远足 138
世界末日瀑布 142

哥斯达黎加
科尔科瓦多国家公园 82

格陵兰岛（丹麦自治领地）
北极圈步道 90

韩 国
智异山登山路线 330

吉尔吉斯斯坦
阿克苏区穿越 302

加拿大
阿格尼斯湖茶馆 20
豪湾山脊步道 16
萨格奈峡湾步道 24

加那利群岛（西班牙属自治区）
格拉西奥罗斯步道 246

克罗地亚
白石山和维霍拉斯基步道 230

肯尼亚
马赛马拉 262

卢旺达
火山国家公园 276

马达加斯加
马苏阿拉国家公园 280

马拉维
穆拉尼亚山 282

马里
多贡人居住区 274

美国
阿巴拉契亚步道 66
穿越布鲁克斯山脉 30
大峡谷哈瓦苏派 46
哈丁冰原步道 78
霍河步道 58
朗斯峰攀登 74
纳帕利海岸卡拉劳步道 62
塞拉步道 36

提顿之巅步道 70
锡安国家公园"天使降临地" 42
总统山脉穿越 52

秘鲁
萨尔坎泰路线 98
坦博帕塔国家自然保护区 104

密克罗尼西亚联邦
六瀑布之旅 374

摩洛哥
阿特拉斯山脉图布卡尔山 264

墨西哥
铜峡谷 26

纳米比亚
"老爹"沙丘 254

南非
德拉肯斯堡山脉图盖拉瀑布 288
桌山印度视窗路线 290

南极洲
麦克默多站观测山 384

南乔治亚岛地区
沙克尔顿之路 378

尼泊尔
大喜马拉雅步道（尼泊尔段） 332
珠穆朗玛峰大本营 338

挪威
罗弗敦群岛雷纳布瑞根山 200
斯卡拉山 196

葡萄牙
圣若热大道 154

日 本
富士山御殿场步道 320

瑞 典
萨勒克国家公园 202

瑞 士
阿莱奇冰川小径 182
环勃朗峰之旅 178
瑞士葡萄酒之路 184

斯洛文尼亚
阿尔卑斯 – 亚得里亚小径 232

泰 国
清道山 344

坦桑尼亚
梅鲁山 270
乞力马扎罗山 266

危地马拉
阿卡特南戈火山 80

委内瑞拉
奥扬特普伊山 124

乌干达
玛格丽塔峰 256

西巴尔干地区
迪纳里卡之路 224

西班牙
圣地亚哥之路 158

希 腊
撒马利亚峡谷 164

新西兰
路特本步道 354

希菲步道 350

以色列
以色列国家步道 294

意大利
阿尔卑斯 – 亚得里亚小径 232
多洛米蒂 1 号高山步道 172
环勃朗峰之旅 178
斯特龙博利火山 166
五渔村 170

印 度
巴巴山口路线 328

印度尼西亚
林贾尼火山 304

英 国
特瑞凡峰 216
西南海岸路径 218

约 旦
约旦步道 324

越 南
避暑小镇萨帕 346

智 利
艾拉·奥·特·摩艾小径 122
百内国家公园 W 线远足 108
卢纳山谷 118
纳瓦里诺之牙步道 114

中 国
虎跳峡 318
老寨山 312
长城 314

鸣 谢

本书中几乎所有的步道都蜿蜒穿过公有土地。它们的存在得益于无数人的开创、修建和维护。我要感谢所有敬业的公园护林员、土地管理员、生态环境保护者、步道建设者、科学家、志愿者和其他步道爱好者,他们的辛勤工作保护了这些土地和步道,不但让我们与大自然建立起了联系,也是为我们的子孙后代造福。

一本书的出版发行永远不可能只靠一个人的努力完成,《终极徒步之旅:一生中必去的徒步旅行胜地》也不例外。除了我自己在这些地区的徒步旅行经验外,还有赖于众多专家和向导的无私帮助和专业知识。从长途徒步旅行者、美国《国家地理》年度探险家安德鲁·斯库尔卡,到我通过探险旅行协会认识的热情、好客和专业的向导和旅行者,感谢你们分享自己在世界各地徒步旅行中积累的扎实的专业知识。

我还要感谢徒步旅行者、公园员工、向导和旅游工作人员,他们毫不吝啬自己的时间,愿意花费数小时来帮忙确认徒步过程中的细节,这些细节可能会随着时间的推移从我的记忆中消失。你们的知识和分享极大地提高了这本书的质量。我对美国《国家地理》杂志的团队深表钦佩和赞赏,包括艾莉森·约翰逊、克里斯塔·罗索、朱迪思·克莱因和妮可·米勒。感谢你们在《终极徒步之旅:一生中必去的徒步旅行胜地》一书的出版发行中的辛勤付出。

我在徒步旅行中也得到了很多支持。虽然我偶尔会独自旅行,但如果没有我喜欢的探险伙伴结伴同行,徒步旅行就会变得不一样了。感谢安德鲁、瑞安、安娜、艾琳、艾米、卡拉、埃伦、瑞秋、阿曼达、洛里、戴安娜,还有其他许多人,感谢你们和我一道或远或近地去自然世界探索,感谢你们的友谊。

作者简介

凯特·西贝尔（Kate Siber）是一名自由记者，也是《户外》杂志的通讯记者。她曾在《国家地理旅行者》《国家公园》《5280》《波士顿环球报》《纽约时报》《华盛顿邮报》等多家报纸和杂志上发表作品，并多次获得洛厄尔·托马斯奖，其中也包括年度旅游记者奖。2018年，她的儿童读物《美国国家公园》由 Wide Eyed Editions 出版社出版，这是一本针对6—9岁儿童的大型读物，图文并茂，带领孩子们在书中畅游美国国家公园。

在不进行写作或不阅读时，凯特·西贝尔通常会去户外远足、背包徒步旅行、跑步、滑雪、游泳、划桨、潜水、冥想、凝视云朵、采蘑菇，并在任何她能找到的荒野中漫步。她在新英格兰地区的徒步旅行中长大，但大峡谷一直是她最喜欢徒步探索的地方之一，那里的地质构造展现了无与伦比的景观。

可以在 Instagram（@sibereye）、Twitter（@katesiber）或她的个人网站 katesiber.com 上联系她。

安德鲁·斯库尔卡（序言作者）是一位出色的探险者、演说家、向导和作家。他被《户外》杂志和美国《国家地理》杂志评为年度探险家，并被《背包客》杂志评为年度风云人物。他是《终极徒步旅行装备指南》一书的作者，目前该书已出版第二版。斯库尔卡最为人所知的是他一个人的长途徒步旅行。他开创了4条越野背包徒步旅行路线，并为每条路线编写了指南，引领了密集学习型的背包徒步旅行。不进行背包徒步旅行时，他和妻子住在科罗拉多州的博尔德市。

图片来源

封面：Elliot Hawkey；封底：StevanZZ/Alamy Stock Photo；内文：1, ImpossiAble/Getty Images; 2-3, Tomas Zrna/Getty Images; 4-5, Krista Rossow; 7, Andrew Coleman/National Geographic Image Collection; 8, George Ostertag/Alamy Stock Photo; 11, Udi Goren; 14-15, Michele Falzone/Getty Images; 17, Christopher Kimmel/ Getty Images; 18-19, Rich Wheater/All Canada Photos/Alamy Stock Photo; 21, John Elk III/Getty Images; 22-23, Susan Seubert; 25, Christian Goupi/age fotostock/Alamy Stock Photo; 27, Carolyn Brown/Getty Images; 28-29, Arturo Peña Romano Med/Getty Images; 31, Noppawat Tom Charoensinphon/Getty Images; 32-33, Adria Photography/Getty Images; 34, Michael Melford/Getty Images; 35, Scott Dickerson/Design Pics Inc/National Geographic Image Collection; 37, HagePhoto/Cavan Images; 38-39, Greg Jaggears/Getty Images; 40, Corey Rich/Cavan Images; 41, HagePhoto/Cavan Images; 43, Eric Guth; 44-45, Anna Mazurek; 47, Rob Hammer/Cavan Images; 48-49, Francesco Riccardo Iacomino/AWL Images/Cavan Images; 50, Cavan Images/Getty Images; 51, Gemina Garland-Lewis; 53, Jose Azel/Getty Images; 54-55, Jose Azel/Getty Images; 56, Deemwave/Shutterstock; 57, Travel Images/UIG/Getty Images; 59, Hannah Dewey/Getty Images; 60-61, Lee Rentz/Alamy Stock Photo; 63, Kevin Boutwell/Getty Images; 64-65, Piriya Photography/Getty Images; 67, Malcolm MacGregor/Getty Images; 68-69, Michael D. Wilson/Cavan Images; 71, Ben Herndon/TandemStock.com; 72-73, Paul Tessier/Shutterstock; 75, Ralph Lee Hopkins/National Geographic Image Collection; 76-77, Bennett Barthelemy/TandemStock.com; 79, Stanley Chen Xi/Getty Images; 81, Braian mac/Shutterstock; 83, Frans Lanting/lanting.com; 84-85, Daniela Linares/Anzenberger/Redux; 87, Jad Davenport/National Geographic Image Collection; 88-89, Rachid Dahnoun; 91, Matthew Karsten; 92-93, Matthew Karsten; 94, Matthew Karsten; 95, Martin Zwick/Danita Delimont/Getty Images; 96-97, Erika Skogg; 99, Rodrigo S. Coelho/Shutterstock.com; 100-101, Creative Family/Shutterstock.com; 102, Ben Pipe/robertharding/National Geographic Image Collection; 103, flocu/Shutterstock; 105, Fabio Liverani/NPL/Minden Pictures; 106-107, Lucas Bustamante/NPL/Minden Pictures; 109, Ketkarn Sakultap/Getty Images; 110-111, Blaine Harrington III/Getty Images; 112, McPHOTO/age fotostock; 113, Tolo Balaguer/age fotostock; 115, Colin Harris/era-images/Alamy Stock Photo; 116-117, Courtesy of Cascada Expediciones; 119, Lucas Vallecillos/Alamy Stock Photo; 120-121, Ignacio Palacios/Getty Images; 123, Romulo Rejon/Getty Images; 125, Last Refuge/robertharding/Getty Images; 127, Bart Heirweg/Buiten-beeld/Minden Pictures; 128-129, Christian Kober/robertharding/Getty Images; 131, Philippe Henry/Getty Images; 132-133, Glenn Oakley/Cavan Images; 135, Mauricio Handler/National Geographic Image

Collection; 136-137, Mauricio Handler/National Geographic Image Collection; 139, Peek Creative Collective/Alamy Stock Photo; 140-141, Daniel Noll, Uncornered Market; 143, gorilonpictures/Shutterstock; 145, Max Shen/Getty Images; 146-147, Alex Treadway/National Geographic Image Collection; 149, Alex Treadway/National Geographic Image Collection; 151, Açony Santos; 152-153, Patitucci-Photo; 155, Revirado/Alamy Stock Photo; 156-157, Franck Guiziou/hemis.fr/Getty Images; 159, Lookphotos/Jürgen Richter/Cavan Images; 160-161, Jim Richardson/National Geographic Image Collection; 162, Reinhard Schmid/Huber Images/eStock Photo; 163, Juergen Richter/LOOK-foto/Getty Images; 165, Gareth McCormack/Getty Images; 167, Westend61/Martin Rietze/Getty Images; 168-169, Robbie Shone/National Geographic Image Collection; 171, StevanZZ/Alamy Stock Photo; 173, ClickAlps/mauritius images GmbH/Alamy Stock Photo; 174-175, PatitucciPhoto; 176, Achim Thomae/Getty Images; 177, Eddie Gianelloni Media/Cavan Images; 179, Alan Wilson/Alamy Stock Photo; 180-181, Menno Boermans/Cavan Images; 183, Menno Boermans/Cavan Images; 185, Raffi Maghdessian/Getty Images; 187, Kreuels/laif/Redux; 188-189, Matteo Colombo/Getty Images; 190, ollo/Getty Images; 191, Johann Scheibner/imageBROKER/Alamy Stock Photo; 193, Mario Weigt/Anzenberger/Redux; 194-195, Mario Weigt/Anzenberger/Redux; 197, Cole Rise; 198-199, visitnorwayøcom/Sverre Hjørnevik; 201, Christopher Simpson/Gallery Stock; 203, Erlend Haarberg/National Geographic Image Collection; 204-205, Orsolya Haarberg/National Geographic Image Collection; 207, Quentin Penn-Hollar; 209, Chris Hill/National Geographic Image Collection; 210-211, Chris Hill/National Geographic Image Collection; 212, Dave Yoder/National Geographic Image Collection; 213, Henglein and Steets/Cultura/Cavan Images; 215, Jing Shi; 217, christographerowens/Shutterstock; 219, James Osmond/Alamy Stock Photo; 220-221, Matthew Williams-Ellis/robertharding/National Geographic Image Collection; 222, Martin Siepmann/imageBROKER/Alamy Stock Photo; 223, Markus Kirchgessner/laif/Redux; 225, Andrea Pozzi/Getty Images; 226-227, lifght_reader/Alamy Stock Photo; 228, Adnan Bubalo; 229, Julien Garcia/Getty Images; 231, Natasa Kirin/Alamy Stock Photo; 233, Franz Gerdl/Carinthian Tourism Board; 234-235, Horst-Dieter Zinn/laif/Redux; 237, Aaron Huey/National Geographic Image Collection; 238-239, Beverly Joubert/National Geographic Image Collection; 241, Frits Meyst/MeystPhoto.com; 242-243, Frits Meyst/MeystPhoto.com; 244, David Degner; 245, Frits Meyst/MeystPhoto.com; 247, Dani Stein; 249, Markus Mauthe/laif/Redux; 250-251, Visuals Unlimited, Inc./Robert Pickett/Getty Images; 253, Michael Poliza/National Geographic Image Collection; 255, Christian Heeb/laif/Redux; 257, Jørn Eriksson/Getty Images; 258-259, Martin Zwick/DanitaDelimont/Getty Images; 260, Nobuo Matsumura/Alamy Stock Photo; 261, Ronan Donovan/National Geographic Image Collection; 263, VisionsofAmerica.com/Joe Sohm/Getty Images; 265, Herman du Plessis/Getty Images; 267, David Pluth/National Geographic Image Collection; 268-269, George Robertson/Getty Images; 271, Chantal de Bruijne/Shutterstock; 272-273, picture alliance/Getty Images; 275, Peter Langer/DanitaDelimont/Alamy Stock Photo; 277, Ronan Donovan/National Geographic Image Collection; 278-279, Ronan Donovan/National Geographic Image Collection; 281, Nick Garbutt/Barcroft Media/Getty Images; 283, Yury Birukov/Shutterstock; 284-285, Michael Runkel/robertharding/National Geographic Image Collection; 286, Jason Gallier/Alamy Stock Photo; 287, Roy Schwarz/DanitaDelimont/Alamy Stock Photo; 289, Emil von Maltitz/Getty Images; 291, Eric Nathan/

Alamy Stock Photo; 292-293, Khanthachai C/Shutterstock; 295, Nick Brundle Photography/Getty Images; 296-297, Udi Goren; 298, Udi Goren; 299, Udi Goren; 301, Aloïs Peiffer/Getty Images; 303, Stephen Lioy; 305, Fiona Li/EyeEm/Getty Images; 306-307, Thanwan Singh Pannu/Getty Images; 309, Traveller. P/Shutterstock; 310-311, Pascal Boegli/Getty Images; 313, happystock/Shutterstock; 315, Peter Stuckings/Getty Images; 316-317, Alan Copson/robertharding/National Geographic Image Collection; 319, Suttipong Sutiratanachai/Getty Images; 321, Neale Cousland/Shutterstock; 322-323, Liyao Xie/Getty Images; 325, Ethan Welty/Cavan Images; 326-327, Anastasios71/Shutterstock; 329, Dmitry Rukhlenko—Travel Photos/Alamy Stock Photo; 331, Michael Mellinger/Getty Images; 333, Martin Stolworthy/Design Pics Inc/National Geographic Image Collection; 334-335, traumlichtfabrik/Getty Images; 336-337, Jamie McGuinness—Project Himalaya/Getty Images; 339, Suphanat Wongsanuphat/Getty Images; 340-341, Manish Lakhani/Alamy Stock Photo; 342, Cavan Images/Getty Images; 343, Ben Pipe/robertharding/Alamy Stock Photo; 345, Alongkot Sumritjearapol/Getty Images; 347, Sayid Budhi/ Getty Images; 348-349, Nick Groves/Hedgehog House/Minden Pictures/National Geographic Image Collection; 351, new zealand transition/Getty Images; 352-353, Shaun Barnett/Hedgehog House/Minden Pictures/National Geographic Image Collection; 355, Krista Rossow; 356-357, Colin Monteath/Hedgehog House/Minden Pictures/National Geographic Image Collection; 359, Andrew Peacock/Getty Images; 361, Rebecca North/500px/Getty Images; 363, Ingo Oeland/Alamy Stock Photo; 364-365, Posnov/Getty Images; 366, Nolan Caldwell/Getty Images; 367, Posnov/Getty Images; 369, Kevin Schafer/Alamy Stock Photo; 370-371, Alex Courtier/Alamy Stock Photo; 372, Suzanne Long/Alamy Stock Photo; 373, Andrew Watson/Getty Images; 375, Michele Falzone/Alamy Stock Photo; 377, Don Mammoser/Shutterstock; 379, Jeff Mauritzen; 380-381, Ralph Lee Hopkins/National Geographic Image Collection; 382, Alexey Seafarer/Shutterstock.com; 383, Michael Nolan/robertharding/National Geographic Image Collection; 385, Alasdair Turner/Cavan Images.

图书在版编目（CIP）数据

终极徒步之旅：一生中必去的徒步旅行胜地 /（美）
凯特·西贝尔 (Kate Siber) 著；王小姣译. -- 北京：
中国摄影出版传媒有限责任公司, 2022.12
　书名原文：100 Hikes of a Lifetime: The
World's Ultimate Scenic Trails
　ISBN 978-7-5179-1286-6

　Ⅰ.①终… Ⅱ.①凯… ②王… Ⅲ.①旅游指南－世
界 Ⅳ.① K919

中国国家版本馆 CIP 数据核字 (2023) 第 030413 号

北京市版权局著作权合同登记章图字：01-2020-5948

Copyright © 2020 National Geographic Partners, LLC. All rights reserved.
Reproduction of the whole or any part of the contents without written permission
from the publisher is prohibited.
Simplified Chinese Edition Copyright © 2023 China Photographic Publishing & Media Co., Ltd. All rights reserved.

终极徒步之旅：一生中必去的徒步旅行胜地（影像版）

作　　者：[美] 凯特·西贝尔
译　　者：王小姣
出 品 人：高　扬
责任编辑：马　兰
策划编辑：郑丽君
版权编辑：张　韵
装帧设计：胡佳南
出　　版：中国摄影出版传媒有限责任公司（中国摄影出版社）
　　　　　地　址：北京市东城区东四十二条 48 号
　　　　　邮编：100007
　　　　　发行部：010-65136125　65280977
　　　　　网址：www.cpph.com
　　　　　邮箱：distribution@cpph.com
印　　刷：北京雅昌艺术印刷有限公司
开　　本：16
印　　张：24.75
版　　次：2023 年 11 月第 1 版
印　　次：2023 年 11 月第 1 次印刷
ISBN　978-7-5179-1286-6
定　　价：118.00 元

版权所有　侵权必究

新高考,新方案

凌宗伟 —— 主编

大夏书系·教育新思考

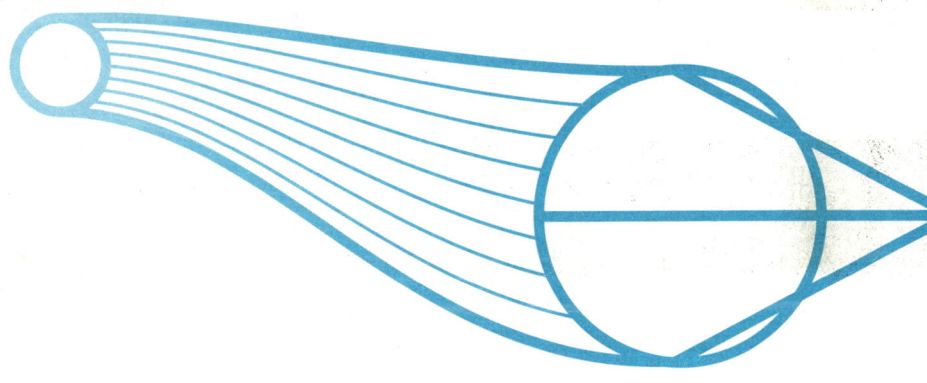

华东师范大学出版社
全国百佳图书出版单位

目 录

序：
"高考新方案"
带来的现实问题与挑战 / 1

方案 1
新高考背景下
高中教学转型的思考与实践

- 思考与准备　　　　　　　　　3
- 实践与策略　　　　　　　　　5
- 课程与教学　　　　　　　　　8
- 评价与升学　　　　　　　　　13

方案 2
新高考背景下学校实践应答

- 建构更加开放多元的学校特色课程体系　　　22
- 推进更加聚焦内涵的教学改革　　　26
- 构建更加多元合力的生涯发展支持系统　　　31
- 结语　　　38

方案 3
新高考与中学教师观念更新

- 面对高考新政的真实心态　　42
- 积极心态来应对　　43
- 结语　　56

方案 4
新高考背景下教师素养提升

- 师德素养　　60
- 思维素养　　67
- 学习素养　　70

方案 5
新高考背景下学校课程建设与实施

- 从办学和育人目标的高度明确课程理念和课程目标　　75
- 有效落实国家课程，构建具有学校特色的课程体系　　76
- 着眼于学生成长，统筹课程设置，明确课程内容　　77
- 拓宽课程开发路径，多元化多层次保障课程实施　　83
- 新高考制度下新课程的挑战和困惑——课程实施的反思　　87

目 录

方案 6
新高考背景下
高中生生涯规划教育的五个问题

- 生涯规划教育是什么　　　　　　　　　　94
- 为什么要进行生涯规划教育　　　　　　　95
- 生涯规划教育做什么　　　　　　　　　　97
- 生涯规划教育怎么做　　　　　　　　　　102
- 生涯规划教育谁来做　　　　　　　　　　108

方案 7
学生生涯规划与
职业体验活动指导的实践和探索

- 生涯规划指导的背景　　　　　　　　　　115
- 学生生涯规划指导的理论基础　　　　　　117
- 学生生涯规划指导体系与实践　　　　　　121

iii

方案 8

新高考背景下
学生选科指导与走班教学

- "不分文理"是高考新政的主要内容　　159
- 新高考选科必须熟悉专业要求　　162
- 新高考选科指导需了解学生发展的路径　　166
- 走班教学是新高考的新常态　　171
- 走班教学的关键是加强新高考的行动研究　　173

方案 9

新高考背景下
学生综合素质的培育与评价

- 共识与历程：学生综合素质发展的哲学阐释与国家意志　　183
- 新高考背景下的地方实践：学生综合素质评价的建构与实施　　187
- 检视与反思：学生综合素质培育和评价的困境及成因分析　　192
- 理想与创新：学生综合素质培育与评价的校本实践　　194

后记 / 201

序:"高考新方案"带来的现实问题与挑战

2014年上海市、浙江省启动新一轮考试招生制度改革试点,2017年其他省(区、市)也开始相应推进,计划到2020年基本建立中国特色现代教育考试招生制度。虽然舆论认为,这将开辟高考的新纪元,但我总以为这一轮改革,其实只是在江苏省"3+2模式"基础上的修补与完善。或许,这就是江苏省没有进入"第一轮"的缘故吧。但如果我们忽视了上海市、浙江省先行改革暴露出来的问题,势必会重蹈覆辙。如何应对,是一个迫在眉睫的实际问题。

一、缘起

我们在研究教育问题的时候,必须把它放在国际教育的这个大背景下。国际教育的大背景,无非就是《PISA全球素养框架》(PISA是国际学生评估项目的缩写),或者说21世纪技能。"PISA全球素养"由知识(knowledge)、认知技能(cognitive skills)、社会技能和态度(social skills and attitudes)、价值(values)四部分组成,旨在为有意培养青少年全球素养的决策者、领导者和教师提供一个工具,用以解释、发展和评估青少年的全球素养。据此,国内的林崇德先生研究了一个"核心素养框架"项目。2017年9月,中共中央办公厅、国务院办公厅印发《关于深化教育体制机制改革的意见》,提出了"要注重培养支撑终身发展、适应时代要求的关键能力"。新颁布的高中各科的课程标准，都提出了学科课程的核心素养。正如北京师范大学褚宏启教授所说："核心素养与关键能力这两个词的内涵是一致的，对应同样的英文词（Key Competencies）。"所以我始终认为，我们今天谈的课程改革，我们今天的课堂教学，不能离开"全球素养"这样一个背景。"高考新方案"主要涉及考试形式和内容、招生录取机制、监督管理机制等方面的问题，引发学校课程设置、学生生涯规划、学生综合素质评价、学校教学管理变革等一系列连锁问题，这些也应该成为我们研究的缘起。

二、具体表征

1. 高中分设两类考试

高中学业水平考试分为合格性考试和等级性考试，两次考试分开进行，合格性考试涵盖国家课程方案中设定的14个科目，由省、市分别具体组织，是学生毕业的重要依据；等级性考试是在政治、历史、地理、物理、化学、生物6个科目中，由学生自主确定选择3科参加考试，由省里统一组织考试，3科成绩要计入高考高中学业水平合格性考试。语文、数学、英语、思想政治、历史、地理、物理、化学、生物等9科实行全省统一命题、统一制卷、统一考试、统一评卷、统一公布成绩。以上科目的合格性考试中不合格学生的补考由省里统一命题，各设区的市组织实施。通用技术、信息技术、音乐、美术、体育与健康及物理、化学、生物3科的实验操作由省里制定统一要求（具体要求另行发文），各设区的市组织实施。各学科考试具体范围依据国家发布的普通高中课程方案和课程标准的规定与相关要求。其中，合格性考试范围为国家课程设置方案规定的必修内容，外语包括听力，物理、化学、生物3科包括实验操作；等级性考试范围为国家课程设置方案规定的必修和选修的内容。

> 序：
> "高考新方案"
> 带来的现实问题与挑战

2. 选考科目只有一次考试机会

  学业水平考试各科目考试时间由省教育厅根据国家高中课程设置方案统一确定合格性考试。各科目分散在高中三年中，在相应课程结束后进行，随结随考，原则上高一年级 2 个科目，高二年级 3 个科目，高三年级 9 个科目，考试时间一般安排在学期结束时。合格性考试每科目考一次，成绩不合格的考生可参加一次补考。等级性考试的 6 个科目统一安排在高三第二学期的 4 月进行。等级性考试每个科目只提供一次考试机会。

3. 录取模式调整

  "两依据一参考"（依据统一高考成绩、高中学业水平成绩，参考高中学生综合素质评价信息）是这次高考改革的核心。按照这一设计，高校录取依据语文、数学、英语 3 门全国统考科目成绩，以及高中学业水平考试 3 门选考科目成绩，将高中综合素质评价结果作为参考。这就意味着，原来由全国统一组织实施的每年一次性高考，将分化为全国统一组织的高考、地方按照教育部要求实施的学业水平选考和高中学校按要求实施的综合素质评价。

4. 增设综合素质评价报告

  江苏省 2018 年秋季入学的高一学生实施新的综合素质评价制度，普通高中学校从学生的思想品德、学业水平、身心健康、艺术素养、社会实践、自我认识与生涯规划等六个方面，按照写实记录、整理遴选、公示审核、导入平台的基本程序，为每位学生建立规范的学生综合素质档案，客观记录学生高中阶段成长过程中的突出表现，供高校在录取时参考。2018 年秋季，小学一年级、初中一年级新生也将实施义务教育阶段学生综合素质评价制度。注意，这将是我们未来必须做得很具体、很实在的一项工作，这也是以往多数学校教育所欠缺的。我们过去也有综合素质档案，也有社会实践。问题是，有学生或家长随便找个单位盖个章，学校就认可了。但是在新的高考改革方案里，将来要提供的综合素养评价报告，远不止是一个报告，还得有大量的实证性材料。就当下许多学校而言，我的建议是要梳理一下，学校有哪些活动性的课程，将这些校本活动上升到课程建设层面上来，建构相应的课程体系，设置相应的课程目标，以及确定相关课程的评价标准，并且在实施的过程当中，重视过程性资料的积累，给予及时的反馈和评价，并记录在案，到时候纳入综合素质评价报告。

5. 高职学校提前分流学生

另外一个举措，就是职业高中与职业高等院校跟普通高等院校的高考分离，在江苏省已经做了不少年，也就是说，职业院校提前考试（笔试与面试）。我个人的理解，这个面试，其实就是类似于新高考的高等院校的面试。新一轮高考改革，将构建包括高考、高职院校单独招生、五年一贯制培养等多种形式的高等学校分类考试制度，鼓励有意上高职院校的学生提前分流，为的是缓解普通高考的压力，为学生提供多样化的成长路径。加快推进职业院校分类考试，主要是要建立普通本科高校和高职院校分类考试、分类录取的考试招生模式，有步骤地实施"文化素质＋职业技能"的考试办法，面向普通高中毕业生增加职业适应性测试，文化课成绩采用高中学业水平考试成绩；面向中等职业学校毕业生增加技能考试。

三、现实问题

实现"分类考试、综合评价、多元录取"是这次改革的核心目标。打破单一录取标准，建立反映学生全面发展和个性发展水平的综合评价录取制度，同时建立新的公平秩序、解决新出现的公平问题，是这次改革面临的挑战，其关键是建立高校与学生之间的双向选择机制。过去的经验表明，如果不同学校和专业录取依据只有量的多少，没有质的区别，那么增加几个标准仍然无法打破"千军万马过独木桥"的局面；如果所有高中生都按照同样的要求和安排去学习、考试，那么"多元录取标准"也是无法建立起来的；如果没有考生和高校之间充分、多次互选的制度安排，那么就无法实现多元标准下录取过程和机会的公平。因此，发挥学校制定录取标准和实施招生的主动性、自主权，赋予考生选择学校、选择考试、选择学习的自主权，是改革成功的关键。

围绕录取标准多元化和考试改革，为学生和高校之间的相互选择提供条件和动力，是这次改革突破意义的集中体现。高校的招生选择权体现在，可以根据不同学科专业制定的学业水平考试选考科目的要求进行录取；可以在学生综合素质评价材料的基础上对考生进行甄选；可以在国家规定的基本要求下，制定更为详细的综合评价录取标准和方案。高中学生的选择权在于，可以根据自身兴趣、特长，对照不同高校专业录取要求，选择高中阶段的部分课程，进而选择学业水平考试选考科目。

简单地讲，在现实录取中，要打破单一的录取标准，除了看分数，还要看学生在高中阶段的综合实践的实证性的材料，那么这个标准，又是很难统一制定的。因为各个学校有各个学校的标准，所以我们就得研究相关学校的录取标准，以及我们努力的方向。我的担心是，能从新高考改革受益的大部分将是一线城市、二线城市的学校和其他顶尖的学校，因为这里有一个资源的占有与分配的问题。综合素质评价上升到一个很重要的位置，其实对农村学校来讲是一个巨大的挑战。这就是我们面对的第一个现实问题。

第二个现实问题是，录取多元化，可能会在学生综合素质评价材料的基础上，对考生进行甄选。当然，对学生而言，可以根据自身的兴趣与不同高校录取的要求选择课程，可以让自己对未来的发展更为聚焦。所以，对具体的学校而言，要研究自己学校过往学生的（高校录取）去向，以及相关高校相关专业录取的标准。我以为，目前而言，最简单的方法就是，统计本校近五年乃至十年录取学生的高校的大数据，就会发现，本校的学生一般是进入哪些学校、哪些专业，然后研究这些学校、这些专业所要求的选科，以及与这些学校、学科相关的综合素养的要求和内容。这或许就是我们考虑选科及开发、开设校本课程的依据。

另外，现在文理不分科，目的是提高学生的综合素养，但我们不能被文理不分科蒙蔽。去研究研究那些学校、那些专业的招生要求，就会发现有些学校与专业是必选物理或者历史的。相比之下，"3+1+2"中的那个"1"，就有可能避免对"不分文理科"的片面理解。

"高考新方案"是减轻了学生负担，还是增加了学生负担？要回答这个问题，我们不妨先来看两个例子。

首先以上海模式为例：

上海"高考新方案"

年级	考试科目	考试类别	考试时间
高一	信息科技	合格性考试	6月28日—30日
	地理、生命科学（可选择，至少1门）		
高二	地理、生命科学（高一完成合格性考试的科目除外）		
	思想政治、历史、物理、化学		
	地理、生命科学（高一已完成合格性考试，学生可选或不选）	等级性考试	5月6日、7日
高三	语文、数学、外语	合格性考试（可用高考成绩代替）	1月7日、8日
	思想政治、历史、物理、化学、地理、生命科学	合格性考试（仅限未考或补考的参加）	4月8日、9日
	思想政治、历史、物理、化学、地理、生命科学（高二已完成等级性考试的科目除外）	等级性考试	5月6日、7日
	语文、数学、外语	统一高考	6月7日、8日

高一要考什么？地理或者生命科学。高二要考什么？地理或者生命科学，或者思想政治、历史、物理、化学。到了高三，考语、数、外，然后要考思想政治、历史、物理、化学、地理、生命科学等。也就是说，每年都在考。既然每年都要考，那么到底是增加了负担，还是减轻了负担？我以为，至少是打乱了学生学习的节律、节奏和规律。

再来看浙江模式，大概如下图所示：

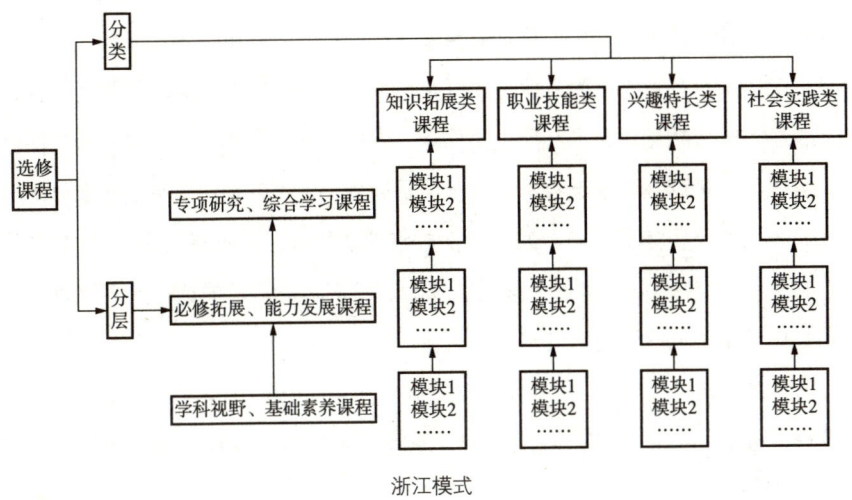

浙江模式

如上图所示，浙江模式选科包括三个层面、四个类别，每个类别下面要有相应的板块。对具体学生而言，如果要考表演系，学校至少要开设一门与表演有关的校本课程。如果没有这方面的实际体验与相关绩效，只有文化课程成绩是考不上的。

如何选科？

浙江省也好，上海市也罢，最大的问题是什么？几乎没有人选物理。于是浙江、上海的方案调整就来了个控制，必须确保选择物理学科的学生的比例。"3+1+2"模式实际上就是一种政策性或者说是选择性控制。问题是选物理还是选历史不是学校说了算的。这就有个选科指导、引导的问题。这当中又牵扯到教育伦理的问题,不好强迫。所以,学校必须有专业人士来作生涯规划指导。可问题是,目前各校基本上是没有这方面的师资的。开设生涯规划课程,这是教育部的要求,教育部要求生涯规划课程应该成为高中的必修课程。浙江方案暴露出来的问题印证了社会心理学家巴里·施瓦茨的观点,个人主义的现代文化存在"过度的自由",反而导致人们生活满意度下降和临床抑郁症的增多。过多的选择可能会导致人们无所适从,或像施瓦茨所说的"自由的专制"。从 30 种果酱或巧克力中作出选择的人们表现出的选择满意度,比那些从 6 种中作出选择的人们的反而低。更多的选择可能会带来信息超载,也带来更多后悔的机会。和那些仅仅依循课程学习的人相比,自己选择下学期学习课程的学生,更少为重要的考试而努力,且更容易被游戏和杂志吸引。另一项研究发现,可以在一系列消费清单中进行选择的学生更少购买口味寻常却健康的饮料。所以,在从星巴克 1900 款产品组合或超级市场 4000 项产品中进行选择时,我们将对自己的选择更不满意,反而更倾向回家吃冰箱里的冰淇淋。

我的意思是,校本课程的开发,要控制在一定的数量之内。以什么为基准?要在调研、分析学生志向的基础上,来测定开哪些选修课。当然,有的现在还看不出来,为什么?因为一门课程不仅要有资源,还要有师资。这也是我们面临的挑战。

小结一下,无论是"3+3"还是"3+1+2"模式,学校均面临着以下八大现实问题。

(1)学生的自主选择与生涯发展指导。

(2)学科教学如何走向学科教育。我们要让教学回归教育,怎么才叫回归教育?就是要回到帮助学生养成 21 世纪素养这条轨道上来。

(3)文化课程拓展与特色课程建设。选修课程的开发,我倾向校本选修课程的开发,我倾向致力于文化课程的拓展。

(4)选科分科的标准与依据。最难做的就是选科分科的标准和依据,它是有讲究的,如何讲究?我在后面会谈到。

（5）常规课程与选科课程的关系处理。什么叫常规课程？简单来讲，我认为就是国家课程跟校本课程，另外一个就是高考必考的三门和选修的三门。要处理好两类关系。一是高考必考的三门跟选修的三门的关系，二是高考必考的三门、选修的三门加高等院校录取时需要提供的综合素质材料和面试的相关课程之间的关系。

（6）选课规则及评价方式的建构。我的建议是，要制定选科评价标准，当然我这里讲的选科评价标准是指校本课程的选科评价标准，这个标准有两个层次：一是总体上的标准，二是开设的相关课程的具体的标准。

（7）选科后的走班的班级管理策略的考虑。

（8）综合素质培养与记录、考评。我们可以把综合素养的五个方面跟学校的校本课程的开发结合起来。

四、破局之道

1. 选科怎么选？所长、所爱、所适、所需

选科不是简单的事，需要调研与指导。无论是 12 种组合，还是 20 种组合，对具体学校而言，会有许多制约因素。没有充分地调研与评估，是会出问题的。至于学生方面，则有一个生涯规划的问题。如何帮助学生摆脱选择的焦虑？需要有人给予引导，适时帮助他们确立自己的人生理想与职业目标，进而帮助他们一步步朝着理想的目标前行。由于家庭与社区环境等原因的制约，必然会影响学生的选科，否则再好的学校或工作对他们而言都可能是不好的。美国学者加德纳的多元智能理论指出，每个人都具有语言、空间、人际、内省、逻辑－数学、音乐、身体－动觉和自然观察等八大智能。多数人只能在一两种智能上有出色表现，而这一两种便是一个人的优势智能。一个人的优势智能开发好了，其他智能有可能在其带动下越来越好。根据多元智能理论，家长与老师需联合起来，尽早

发现孩子的智能优势，让孩子增强自信，扬长避短，明确方向，并在他们的学习和生活中，有意识地引导他们充分发挥智能优势，适时确立符合自己优势的人生理想和目标。当然，成人需要面对的另一个问题是，如何避免孩子不切实际地进行生涯规划。

选科固然要考虑个人所长，但还得兼顾学生个人的意愿。比如我女儿的文科相对而言是长项，理科除了数学都不错，有的还相当不错。她的志趣是当记者，按理应该选文科，但当年她在高中选科时却选了理科。她陈述的原因很简单，上文科的同学一般而言数学都比较差，自己本身数学就不好，再跟那帮数学不如自己的人混到一起，数学就会更差，所以还是要选理科。为什么选了化学、生物组合，没有选物理？因为定位是考文科，没有必要去选物理。

除了所长、所爱，选科时还要考虑所适、所需。

所谓所适，就是要考虑学生能不能适应。选择了这个科目，如果对老师所教的不能适应，或者跟那班同学不在一个频道上，就有可能出现问题。适应不了，即便是优势学科，是他的兴趣所在，也是相当麻烦的。

所需就是个人需要与社会需求之间的平衡。学生所选的高等院校有没有这些课程，有没有这些专业，毕业以后能不能找到相关的工作等都是需要权衡的。职业生涯教育是有目的、有计划、有组织地培养学生自我规划的意识与技能，发展个体综合职业能力，促进个体职业生涯发展的活动，是以引导个体落实职业生涯规划为主线的综合性教育活动。作为课程的生涯教育，必须是有目标、系统化的，需要兼顾个体因素与社会需要，乃至对现实世界未来走向的预测等。所以，生涯规划指导师的遴选培训是一个迫在眉睫的问题。

2. 走班怎么走

就各地的情况来看，走班大体有以下几种状况：一是全走班，即指语文、数学、外语和"6选3"（或"7选3"）的高考科目全部通过走班完成教学；二是大走班，是指语文、数学、外语三门必考科目可以保持原高一行政班不变，三门选考科目所有学生均通过走班完成教学；三是小走班，是指部分学生或科目走班，即将三门或两门选科相同的学生优先组成班级，其他科目或学生走班教学。还有一种是不走班，所谓不走班，是指学校向学生提供有限数量的选科组合，然后将三门选考科目均相同的学生组成一个班，学生在固定的教室上课。网络上有组数据：小走班占68%，全走班的只占1%，大走班的占19%，不走班的占12%。

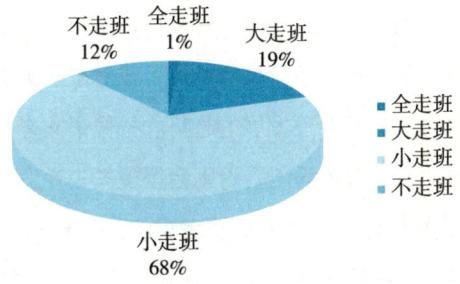

江苏的"08模式"下大多数学校采用的是不走班的形式。

我个人建议，走班可以按照以下三个原则来走：

一是采用小走班的形式，即部分学生或者科目走，将三门或者两门选科相同的学生组成新的班级，这个班级相对是固定的。也就是说，同一个学生可能有四个班级，语数外是在同一个班级，然后选择三个科目在固定的三个班级。

二是可以考虑"合并同类项"。怎么合并呢？比如语文学科中的"任务群"的学习是可以以选科的形式来进行的，某教师专注于一两个任务群的研究，人尽其才，人尽其能。每位学生学习不同的"任务群"的内容都要通过走班来实现。严格说来，它还是小走班。

三是在固定的时间内走班。不是天天走，选科的科目是固定在每周的某一天走，或者固定在某几天的半天走。当然，也可以不走班，那就是在"合并同类项"的基础上将几种选科组合固定下来，依然像江苏多数学校应对"08模式"

那样。"08模式"的弊端，主要在于将毕业会考成绩分为四个等级，并将成绩纳入了高考，实际上增加了学生的负担，故毕业会考有"小高考"之称。或许"3+1+2"模式下这种状况会有所改观。

3. 要有人人能开选修课程的意识和准备

以下所说的选修课程，不是"3+3"或"3+1+2"中的"+3""+1""+2"，而是应对综合素养提升的那些校本课程。未来每位老师可能要能开一到几门选修课程。这些选修课程可能跟自己所教科目贴近，或者是有关联的，也可能是没关联的。我以为这是未来教师专业发展的趋势。一位语文老师不能仅仅满足于只会教语文，不会教跟语文相关的学科，否则会慢慢失去专业优势。未来的优势教师是能够兼任选修课程的老师。然后就要考虑的是学校的选修课程是要有序列的，选修课程的序列，不是零碎化的，一定是一个体系，然后因人而异，这里的"人"包括老师和学生。在模式上，因人而异。学生选什么科要根据学生个人因素来，老师开什么选修课程也是要根据老师个人条件来。既然开了课程，就要评价，综合素质考评会有一个专门的平台，规定时间内让学校上传对每一个学生的综合考评的报告和相关的组织材料，过了这个时间上不去平台，也不好传资料。同时，在监测上，要做到准确可靠；在评价上，要公正透明；在反馈上，要及时、具体。

4. 课程怎么开发

理论上讲，课程开发大概有这些方法：行政方法、制度方法、经济方法、教育方法、对话方法、指导方法、激励方法、惩罚方法、范本方法。

不管用什么方法，都要从学校的愿景和实际出发，要确保每名学生能从他们自身的特点出发，能够让每名学生有得选；同时，对具体学校而言，选科课程的开发必须控制在一定的数量内。尽管从理论上讲,学校所开设的校本课程必须满足每名学生的需求,但如果一些课程只是极个别学生的需求,怎么办?一个办法是让他们转到开设这些课程的学校去,或者让他们通过"走校"的方式去完成选修课程。这就有一个建立区域学校联盟的问题。

课程开发,我还是倾向于泰勒在《课程与教学的基本原理》中提出来的课程开发有四个环节,首先要明确目标,其次要确立内容,再次要制定实施方案,最后要有考核评价的标准。在实施的过程中完善目标、内容和实施的方法与评价的依据,这样一个循环往复的过程,我想讲的是,不是编一本教材就完成任务了,这本教材在实施的过程当中需要不断修改完善。其实我认为新高考只是落实《基础教育课程改革纲要》提出的"倡导学生主动参与、乐于探究、勤于动手,培养学生收集和处理信息的能力,获取新知识的能力,分析和解决问题的能力,以及合作交流"的问题。

我认为,从学校的角度讲,课程开发要恪守的原则是社会价值和个人需求之间的平衡,也就是说,我们开设的课程要考虑能不能为社会服务,能不能满足个人的心理需求,还要考虑在课程实施的过程中通过什么方式、借助什么载体去运作。学校必须为学习者提供各种可能的机会,让他们实现自己所制定的目标,但也不能不考虑实际可能。开设校本课程至少必须考虑以下这些问题:一是要从整个学校的事业发展和定位出发通盘考虑,而不能光凭一时心血来潮。要考虑可行性,不仅要开得出,还要开得好,至少得有资源,有师资。此外,还得看得到它的前景和未来。这就要考虑学生升学与就业的出口问题。二是要考虑系统建设的问题。要避免将校本课程理解为一两个讲座,如果以讲座的形式开,它至少也得形成一个系列。三是要注意课程建设与实施考核的规范化。既然是课程,就得有课程标准,就得有课程的任务、目标、内容、考评等规范化运作的规则。当然还得有动态化的意识。所谓"一人一表""一年一表",就有动态化的意思在里面。

对学生而言,则要兼顾自身的智能因素和个人兴趣,也就是说,学生能够通过所选的课程获得满足感与成就感。如果学生能够通过自己选择的课程顺利考上了理想的院校和专业，对他个人而言就可能是一种成就与满足。以美术选科为例，在教室里听老师讲，在老师指导下学习是一种途径，出去采风、写生也是一种学习途径；对其他人作品的欣赏，以及自己创作作品也是学习的途径。这些途径都是指向他达成课程目标的途径，学习的形式是多种多样的。另外，要让学生明白，同一种学习经验也可能产生好几种效果，一件事情可能有几件事情的功能，还是以美术学习为例。假如一名学生原来是想成为画家的，但说不定机缘巧合，最后成了一名景观或者服装设计师。同一个选择可以有不同的结果，因为人生的轨道往往不是按照预设来前行的。因此，学校在给学生作生涯规划指导的时候要强调，人生有许多种可能，而不是唯一的可能。

高考对教师带来的挑战是什么？一言以蔽之，是要有跨界意识，要善于整合各种资讯与资源，要善于与他者合作。关于这些，后面有老师将进行专门的论述，这里就不赘言了。

这本书的编写者都是来自上海市、浙江省高中学校的学校管理者与教师，他们试图结合所在学校在应对新高考的过程中的实践与思考，就如何应对新的高考模式，阐述了各自的见解，希望能给即将进入新高考模式的学校管理者，尤其是教师带来启发。

凌宗伟

2019 年 5 月

方案 1

新高考背景下
高中教学转型的思考与实践

吴 坚

复旦大学附属中学校长兼党委书记,研究生学历,在复旦附中任教至今。受聘担任复旦大学高等教育研究院兼职导师。曾获区园丁奖、区新长征突击手等荣誉称号,在上海市语文教师教学竞赛中获一等奖。2009年被上海市教委、市人事局、市委组织部授予"上海市模范教师"称号。曾参加并完成了上海市教委教研室主持的"高中语文课堂教学法研究"和"中学研究型学习及课程设计教师指导说明"等科研课题,主持编写"人文与经典"校本教材。主持的课题"阅读'中国人',书写'中国人'"于2014年获得上海市教学成果特等奖、国家教育部教学成果一等奖。

方案 1
新高考背景下
高中教学转型的思考与实践

自 2014 年起,上海正式进入新一轮高考招生改革试点,在充分讨论理解的基础上,学校的实际操作变得特别关键。如何应对变化,在课程实施过程中有哪些必须及时关注和预先准备的?如何调整心态,在教学模式转型中有哪些必须适应和试验开拓的?如何转变思路,在评价体系建构中有哪些必须增加和重新定位的?复旦大学附属中学教育教学管理团队进行了大量的探索和实践。

一、思考与准备

思考和把握教育发展的方向选择,首先应该读懂时代;而读懂时代,可能首先应该关注国家经济社会的发展状态。中国进入新时代,正处于历史性的发展转型期,其典型特征与生成背景大概有几方面:人口红利时代(以劳动力密集型为特征的制造业)向知识经济时代(高科技、高附加值产业)转化;资源消耗模式(重污染、低效益的粗放型加工业)向创新科技模式(技术研发、创意产业)转化;市场依赖型(产业链低端的外贸出口业)向金融服务、外向投资型(全球合作、环境友好型)转化;政策主导、效益优先取向（透支畸形、急剧膨胀的产业模式）向制度建设、公平原则取向（机会均等、负面清单的自贸区模式）转化。社会需求决定了人才培养的思路与策略，与社会经济发展相适应的教育发展转型也将成为必然的趋势。基础教育必须改变一味追求成绩分数与政绩数字的局面，不再把统一、标准、格式、效益等工业化特征看作唯一根本原则，而是趋向实施多元评价，鼓励个性发展，创设有利于学生自主成长的教育空间，以更具特色的课程选择与教学组织来满足创新人才培养的需要。

2014年国务院颁布的新高考改革举措正是为了适应中国社会政治经济的发展，体现现代教育的基本思想，培养符合国家发展需要的创新型人才。在高中学段的文化课程中增加选择性，体现以人为本的教育理念，针对不同类型不同特长、具有强烈的自主学习需要的教学对象提供可以满足其合理发展、有序提升、专长突出、公平均衡的分类教学模式。学生拥有自主选择学习类型的愿望应得到充分的满足，而每名学生在学校中的学习经历也将呈现出多姿多彩的样貌，真正实现"考试招生改革方案"所提出的综合培养、多元评价的指导理念，打破单一低效的围绕着应试需要而展开学校课程教学的现状。

教育犹如一场交响乐，当高考这个指挥棒变化了，所有的乐章风格呈现都会变。从问题导向出发，我们可以预见的或正在经历的过程性矛盾会有这样一些：（1）高中课程格局发生变革，师资结构配置需要调整，课程表也需重新设计（一人一表），教学模式也会发生极大转变；（2）语文、数学、外语三科是否会被过分强化，理、化等科目是否会被削弱，将影响教师的教学方式及心态；（3）学生需提前选定等级考科目，实际存在盲目性和博弈意识，对自身兴趣特长甄别及大学专业咨询指导的需求将愈加迫切；（4）按照选考单科划分等级比例，高考的区分度可能下降，合理选科的意义大于强化训练的意义，教学分化有所加剧；（5）课程改革的力度加大，学生的选择权加大，教学标准设定的适应难度必定也会加大。

二、实践与策略

问题的产生与思路的开拓是同步进行、相互依托的。学校必须紧密围绕培育学生的核心素养，把握转型发展的社会大趋势，遵循教育规律办学，努力创设自由的环境、严谨的规划、深刻的体验。课程标准、课程方案及课堂实施将走向多样化，无论对学校、教师还是学生，课程选择的自主权都会大大增加。"3+3 模式"意味着原来的文理分科被打破，6 门等级考科目中任选 3 门，完全可以按照学生自己的特长与喜好进行组合，由此产生的 20 种组合方式的选择不仅对学生是前所未有的机遇和挑战，更对学校的课程设置系统是莫大的考验。我们要重点考虑以下几个方面的问题。

1. 避免学生及家长群体盲目跟风的情况发生

因为选考科目组合的复杂性较高，对学生作出合理选择的要求提高，学生自我能力与兴趣的分析和客观判断始终贯穿在高中三年的学习生活中，因此学校从 2016 年起利用专业生涯规划测评软件，识别学生在学业发展与能力表现方面的基本信息和整体特点，并以此作为学校"因材施教"地安排教育教学活动及提供相应配套的课程选择指导和课外活动指导的依据。

由于地理等级考在先，很多学生和家长就有一种先考完先完事，或者是第一门等级考科目一定会占便宜等不良的心态，于是就毫不犹豫地选择了地理。2017 级高一下学期初，我们摸底统计发现，70% 以上的学生选择了地理等级考。对此，我校多次就学业发展与成长选择问题和学生家长沟通交流，并多次开展系列讲座，系统地介绍6门可选学科各自的特点与发展类型，尤其是其与大学专业及职业规划的对接关系；在技术层面上，理性分析可能出现的各类情况。新的高考方案强调学生要学会选择，选择对自己发展有利的学科，如果选科正确，就能做到扬长避短。就地理学科而言，虽然先考，但如果草率决定也很可能把自己学科发展的劣势过早地暴露出来，而且因等级考目前只有一次机会，会直接影响下一阶段的学习状况。最后学生的实际选择达到了合理的应有比例，也获得了最佳的课程组合优势。

2. 不过早让学生选科，不刻意增加课时，避免课程出现不合理倾斜

上海新高考改革方案出台后，各大高校的一些专业便对学生的选择科目提出了具体要求，具体见下表。

2020年上海部分高校在沪招生普通高校本科专业选考科目要求

大学	物理	物理+化学	物理/化学	物理/化学/生物	化学	化学+生物	历史/地理	不限选考科目
复旦大学	8		3					13
复旦医学院		4	1	5				
上海交通大学	22		7					13
交大医学院		10	2	1				
同济大学	25		4	2		2		13
华东师范大学	8		10					35
华东理工大学	21		28		7			26

续表

大学	物理	物理+化学	物理/化学	物理/化学/生物	化学	化学+生物	历史/地理	不限选考科目
上海财经大学	10							17
东华大学	10	3	1	2				17
上海大学	1				2		1	21
上海外国语大学								33

  我们认为，所谓的特别重视恰恰是恐慌心理和不理智选择的根源。我校一直强调素质教育，尤其是特别强调学生的全面发展，所以我们特别引导学生不要急于作出选课的决定，从长远发展看，高中阶段广学、博学对以后的人生发展是大有裨益的。在博学的过程中要多尝试、多实践、多和任课老师沟通交流，客观分析自己学科发展的优势和短板，从而作出理性选择。经过多次酝酿和模拟实践，我们在高一年级采取了不急于选科走班，而是按原来的行政班级的方式上课，目的是让学生亲身体验6门学科（理、化、生、政、史、地）的学习过程，发现自己的学科兴趣；同时这种做法也是对国家学历教育的基本标准和要求的实施保障。从高二年级上学期开始，针对6门学科（理、化、生、政、史、地）开始进行全面选科走班教学，分为合格性教学和等级性教学两个层次。开学第一周内，我们还允许学生调整选科，从第二周起不再接受学生调整选科的申请。当然，事实上，学科选择权永远在学生手中，关键是选择的合理性与必要性以不影响完整的学业水平课程教学为前提。

3. 不限制学生选课的组合，尊重学生的选科组合

我校在全员生涯规划指导及学科学习体验的基础上尊重学生的选择，出现了20种组合的课程菜单。利用软件设计，同时结合人工调整，生成了每个学生的走班课表，最终每位学生一人一张课表，上面注明了走班上课的教室地址及教师姓名。合格性课程每周2课时，等级性课程每周3课时。目前，我们全部满足了学生的20种选科组合。无论学生选择20种组合中的哪一种，我们都会在课程设置中满足学生的选择，达到了每位学生都有属于自己的一张课表。由于我们教育培养的学生应该是具有综合素质且全面发展的现代高中生，所以我校既要充分满足其发展需求，又要以科学的方法给予专业的指导。目前，20种组合的课程都有学生选择，在师资和教室资源并不充裕的情况下，我们做到了100%满足学生的课程选择。从高一下学期的超过70%的学生选择地理到目前不足40%的学生选择地理，这种分流现象恰恰是学校坚持全面理解、专业指导、多元满足的结果。我们感觉学生和家长的选科理智了很多，也智慧了很多。

我们认为，引导学生和家长充分理解新高考改革方案的背景和意义，并在此基础上结合学生自身发展需求，理性作出选择是选好等级考科目的关键，也是最终取得优秀成绩的合理条件。

三、课程与教学

实施选科走班的保障措施是，必须首先考虑并模拟常态情况下可能遇到的几大关键问题。

1. 制定符合新高考方案的课程标准

选科走班教学的本质是因材施教，是让具有不同能力基础和不同潜质的学生都得到发展，是尊重学生的个性、促进所有学生发展的有效措施。课堂教学应以学生为主体，以教师为主导，充分发挥学生的主动性和能动性，把促进学生的健康成长作为出发点和落脚点；同时要关心每一位学生，使其得到充分发展，尊重学生的认知规律和学生身心发展规律，为每位学生提供适合的教育。这其中最为关键的就是，制定新高考方案下的等级性教学和合格性教学的课程标准。为此，我校组织了6门学科的全体教师结合三年一轮的教学实践对等级性课程和合格性课程的课程标准展开了大讨论，其间还邀请各学科专家作报告。目前已经形成了初步的文本，但这还不是最终的课程标准，还需要新一届的高三任课教师继续探索和思考。如果选科走班的课程标准不能确定，那么选科教学的意义就无从谈起，学生的学习潜力就无法挖掘出来，反而会增加学生的学习负担；严重的话，学生会丧失学习兴趣，这和新高考改革方案的精神是相悖的。

2. 调配教学资源，符合个性化教学的需要

在选科走班实施中，课程设置更加注重选择性，自主选择选科教学，实行走班，环境资源是极其关键的。从师资的质与量到教室的宽裕度，从专项培养方案的可行性认定到充分的创新实验室和公共教育教学场馆及设备设施，包括艺体及选修板块的教学资源安排，所有资源必然集中于可知可感的教学和培养环节，而非门面形象。基本应该比原有行政班教学模式增加配置20%~50%的教学资源，才能较好满足个性化培养需求。这需要学校因地制

宜地调整，更需要教育行政部门的支持。究其本质，除了教学空间和教学设施的保障之外，师资配置的充分合理是本次教育改革能否真正落地实施的根本性保证。在岗基本教师人数得到保证的前提下，为了科学地配置合格性教学和等级性教学的师资，结合学生调查问卷和教学指导委员会组织的课堂教学调研情况，学校会根据6门学科教师的实际情况进行每学期一次的教学评估，并充分考虑教师的教学能力、学校发展需要、学生的喜欢程度和教师的实际情况，学校对哪些教师适合担任合格性考试教学及等级性考试教学进行综合评估并作出科学合理的安排。

目前，我们遇到的总体困难是：个别学科师资不足，尤其是生物、地理和政治学科，物理教师也只是相对充裕。各门学科的师资配置都有余量预计的必要。这已不是靠学校内部挖潜力能解决的，需政策、制度、资金等多方位的综合支持才有可能得以解决。再加上不同年级选择等级性考试的学生人数不固定，是动态变化的，更导致教师配置呈动态变化，在学生人数总量相同的情况下，每届学生的等考科目选择会发生超过近50%的浮动，如果完全满足学生的自主选择，对教师预备计划挑战巨大。学生等考科目选择情况见下表：

学生等考科目选择统计

2017届毕业高中学生选课情况统计 学籍人数（365）						
选科	物理	化学	地理	生物	政治	历史
人数	205	232	130	155	62	104
2018届毕业高中学生选课情况统计 学籍人数（358）						
选科	物理	化学	地理	生物	政治	历史
人数	209	185	218	107	114	105

续表

2019 届毕业高中学生选课情况统计　学籍人数（365）						
选科	物理	化学	地理	生物	政治	历史
人数	156	210	178	209	95	142
2020 届毕业高中学生选课情况统计　学籍人数（365）						
选科	物理	化学	地理	生物	政治	历史
人数	268	245	186	216	102	84

3. 教学模式面临转型要求

高中学校的办学水平和培养质量可能就在是否实施选科走班教学这一环节有了实质性的分野，如同美国高中把能够开设 AP 课程（美国大学预修课程）的数量看作自己办学水准的标志。而在学科教学的实施中，由于有了等级考与合格考之分，教师的教学选择也将成为一个原本不是问题的问题：在基础学历的合格类教学中如何保证质量？在升学依据的等级类教学中如何达成目标？相对原来的高考模式，现在的合格考显得太基本，而等级考的评价分决定权并不主要在学生自己手上，而是在他同批次同科目其他考生的考试结果的对应关系上。

教与学的模式面临转型需求，传统的知识传授和能力培养将不再显得那么有效和可持续，跨越式学习成为普遍的存在方式。课程标准将不再是固定大纲，而仅仅是一个旅行指南，教学实施主导权应该是在真正掌握学情的教师手中，这样教育和教学必然呈现更为多样化的面貌。当选科走班全面铺开时，每个学生要在相应的学时段（大概占总学时数的 1/2），不同的教学场地，进行不同的科目组学习，原有的学科教学的封闭性被打破，所有知识信息在走班传播过程中也会进行着一定的丰富和整合。原先的行政班教学有利于整体教学目标的实现,而选科走班的教学实施中个性化增强,可以实现跨越式学习(不同学段、不同层次、不同要求),更关注到每一个学习者的类型和需求,教学的针对性和主动性得以增强,除班主任外,学业导师制将是一个重要教育模式选择,全面培养、全员德育的理念可以因此而真正得到体现。

为了保证正常的教学秩序,取得预期的教学目标,我们采取了以下措施。

(1)在固定时间段实行按照学业水平合格及等第不同要求进行分层教学,合格班代号为H,等第班代号为D,每位同学都确定有3门D类课程,2~3门H类课程。

(2)每位学生仔细阅读个人课表,确定自己的选课类别与具体上课时间、上课地点的安排,对照科目名称与教室号,提前了解并作好学习准备。

(3)选科走班教室分布在教学楼1—4层,每天涉及3~4课时;学生的个人物品必须存放到教室后橱柜中,在非上课时段课桌内外不得存放任何个人物品,相关学习用品(书籍、文具、作业等)走班时随身携带,务必提前作好上课的准备。

(4)课间10分钟(含预备铃2分钟)必须做好个人卫生及上课预备工作,不可拖拉迟到,要有充分的时间考虑,尤其是如果前面一节课不在博学楼进行的情况下。

(5)每门课程都需设有1到多位课代表(由任课老师确定),负责协助任课老师做好课内外教学工作,包括收发作业、联系课程班内的学生、课前课后的教室执勤安排等。

(6)在教师办公室前设有作业收发柜,各门课程布置的课外作业可以按照老师的时间要求,投放到相关学科课程的橱柜位置(看清柜子上的标签),

课代表按时整理并负责交送、发放。

（7）在相关课程教学中，学生按照任课老师的安排确定固定座位，不得随意变动；每节课前都由任课老师负责考勤，并做好记录，切实做好课堂教学的常规管理。必须提升与拓展教育教学环境，丰富完善资源配置，提供充足而又合理的教育教学平台，以保障有效教学和个性培养。

四、评价与升学

教育评价需呈现出更加积极的多维度、多方位的形态机制，突出人才培养所必需的核心素养内涵，认识到教育中过程性体验的意义。原有的考试评价体系侧重解题能力与单一分数形式的评价，而在选科背景下，同一学科的不同层次将用不同标准去评价，学习的过程性评价需要有非常充分的体现，也就是考试结果并不能完全取代学习过程。所谓合格考科目的学习并不特别需要为最后的通过与否担心，而体现的恰恰是学历教育的完整性与素质化，评价就应该是多维的，尤其需要掌握对学生学习过程的实录反馈。教学模式也将更重视过程性体验（阅读、运动、游览、实践、研究、交流），努力推行学程性记录和学分绩点（GPA）综合评价，确保全方位培养的质量与效果（见下表）。

复旦附中的评价方法和成绩评定的依据

平时成绩的评定	出勤情况（25分）	（1）全勤25分； （2）迟到、早退一次扣1分； （3）病假两次，事假一次扣1分（公派交流事假除外）； （4）无故旷课一次扣5分。

续表

平时成绩的评定	课堂表现（25分）	（1）认真专注与否 不够扣0.5分，扣满5分为止； （2）积极参与与否 不够扣0.5分，扣满5分为止； （3）主动发言与否 不够扣0.5分，扣满5分为止； （4）乐于合作与否 不够扣0.5分，扣满5分为止； （5）独立思考与否 不够扣0.5分，扣满5分为止。
	作业情况（25分）	（1）及时完成递交与否 欠交 次扣1分，扣满15分为止； （2）书写工整，格式规范 差别扣1分，扣满5分为止； （3）完成质量高效、优质 差别扣1分，扣满5分为止； （4）练习错题有订正 差别扣1分，扣满5分为止； （5）值日工作认真完成 差别扣0.5分，扣满3分为止。
	测验成绩（25分）（备注：按照学期内指定测试的总评分确定，缺考的当次做0分处理）	（1）前30% 加25分； （2）31%～50% 加20分； （3）51%～70% 加15分； （4）71%～90% 加10分； （5）后10% 加5分。
学期总评成绩	合格性课程	（1）学期总评成绩（100%）=平时成绩（50%）+期末考试（50%）； （2）平时成绩（100%）=考勤（25%）+作业（25%）+课堂表现（25%）+阶段测试（25%）。
	等级性课程	（1）学期总评成绩（100%）=平时成绩（30%）+期中考试（30%）+期末考试（40%）； （2）平时成绩（100%）=考勤（25%）+作业（25%）+课堂表现（25%）+阶段测试（25%）。

目前国内升学模式的多元化路径已经开始呈现，清华大学的"领军计划"、北京大学的"博雅计划"、复旦大学与上海交通大学的多元综合评价录取机制，以及香港大学的"多元卓越计划"等都如火如荼地开展着。这些国内名校的计划都各有特点，在人才的评价和选拔中各有侧重。同时，其他国内知名高校也通过自主招生计划等方式选拔符合自身培养要求的学生。个性化生涯规划与升学指导成为学校教育的必备环节。因为选择的概率大大增加，自我分析和客观判断始终贯穿在学生高中三年的学习生活中。选科走班

教学实施后，学生没有了固定班级的概念和意识，并且在行政班级班主任课堂见面的机会减少，老师找学生和学生找老师都不是很方便，有的同学还会有几节空课，要他们进行自主学习，这种情况下，学生学习的自觉性就非常关键。因此，我们为每一名有需要的学生配备了选科及升学指导导师，为学生提供相关学业发展过程中的问题解决方案，这也将成为每所高中学校的常规责任。这里所提的"导师"不同于以往的班主任，其职能更多地将从上传下达的行政事务性工作中脱离，成为学生生涯发展的引领者和学生学习生活的陪伴者与指导者。同时导师兼任学校的学科教师，在引领学生的学科发展上也有不可忽视的作用。

以我校高一年级为例，学生规模在450人左右，如果为高一年级所配备的各科老师共计30位，则每位导师需要指导15位学生。

高一学生入学后，我们首先对30位任课教师进行介绍，重点突出介绍每位教师的学科素养、专业方向、性格爱好、兴趣特长，让学生寻找共鸣，进行预报名。在人数进行配比调剂后，产生30个小组，每个小组均有自己不同的特质，例如，热爱音乐，将来有兴趣成为一名专业艺术工作者的同学，可以加入艺术教师的辅导团队，因为有了共同的爱好，并且教师也在其感兴趣的领域有较为高超的造诣，容易让学生对导师产生信任，进而无论在学习还是生活，甚至于家庭、情感等问题上，都有可能向这位导师寻求帮助，取得在导师制的制度优势下，科学地陪伴、引领学生成长的良好效果。

进入高二年级后，学生在经历了一年的导师制后，如果期待多元发展，同时也因为自我认知和能力水平的变化，对未来生涯发展有了新的变化或者追求，可以进行一次新的导师选择。在新的导师的帮助下，学生可以了解不同的学科知识。最终在不同的导师引领下，学生可以汲取更多思想的养分，启发更为多元的智慧，形成更为成熟的价值判断和理想追求。

进入高三年级后，学校可以根据学生未来大学的选择、专业的考量来设计导师团队，例如让某大学毕业的老师成为有兴趣报考该大学的学生的导师，学生在与导师的对话聊天中，形成对于心仪大学和专业的感性认识，并经过更进一步的了解和探究，形成成熟的理性认知。

另外，我校从2012年开始还专门成立了升学指导中心，对学生的升学进行专业性的指导。围绕着学生、家长及班主任三个群体在高中三年应进行的生涯规划内容，升学指导中心进行了如下升学指导活动。

第一阶段：高一年级　　　　分期：规划期学生

生涯规划内容：组织全体高一同学进行生涯规划测评，了解学生选科科目上的潜能倾向及具体专业选择倾向的分布，同时掌握学生专业潜能与该专业要求的差距及学生需要提升的能力。

班主任：组织专家讲座引导班主任熟悉本班同学生涯规划测评结果的大数据，开展生涯规划讲座主题班会课。

家长：测评学生成长的家庭环境，了解父母对孩子的期望值、父母的焦虑值及亲子沟通的有效性等。

第二阶段：高二年级　　　　分期：行动期学生

生涯规划内容：组织学生进行第二次生涯规划测评，并将两次结果进行对比分析，进一步引导学生探索在优势学科领域中的职业倾向性；组织卓越同辈系列辅导讲座，邀请优秀毕业生和学科学习榜样，以及在社会上已经有一定影响力的校友回校举办沙龙、讲座等，通过榜样力量的影响，引导学生确立生涯目标，并在实施过程中不断修正。

班主任：动态掌握班级同学学科潜能的变化情况，学生将来进行国内或国外升学道路的选择提供专业的建议。

家长：了解学生未来升学的意向，为学生国内或国外升学作好沟通及准备。

第三阶段：高三年级　　　分期：决策期学生

生涯规划内容：加强高校与高中间的沟通与交流，组织各高校开展招生宣讲会，让学生近距离了解高校的基本情况，选择心仪的学校作为目标，增加学习的动力；帮助海内外高校寻找合适的学生及帮助学生找到合适的高校，在海内外高校进高中选拔人才时，能够根据高校的选拔标准推荐适合的学生，同时也能根据学生的专业特长推荐适合的高校；开展高考后的相关升学活动，组织学生进行高考志愿填报的咨询会，针对综合批次录取举行模拟面试活动及高校招生官的政策解读会等多种形式的活动。

班主任：帮助班主任及时掌握最新的高招政策与信息，能为学生及家长提供相关招生政策解读的咨询；进行"大数据的采集、汇编和整理"，并展开研究，从学生个案出发，积少成多，运用归纳和演绎的辩证逻辑的思考方法，将前人的经验运用到后续的操作中。

家长：了解国内外升学政策，支持学生对升学作出的选择。

在三年的高中学习中，引导学生选好科目是为大学的专业学习打基础，是一种升学指导，更是生涯规划，关系一个学生的终身发展与成就。因此，非常有必要设立综合素质评价记录的信息平台，试行多元评价，实时记录，持续跟进学生成长的全过程，及时推进确立教育诚信体系建设（见下表）。

复旦附中的综合素质评价设计及操作方法

综合素质评价	社会工作	主要反映学生在校园内外参与学校管理的具体情况，了解除去学生的学业成绩外，学生还积极参与了哪些校园管理工作。包含学生在班级内、团学联、宿舍管理等方面的职务。
	志愿者活动	主要记录的是学生除去博雅网要求之外的志愿者活动，需要填写活动日期、活动地点、活动内容；学生在校期间，还参与的其他志愿者服务或是公益劳动。真实记录学生在高中三年每学期的公益劳动。
	出勤及礼仪	参考德育处下发的《复旦附中学生入校情况登记表》中的内容，出勤情况指的是学生迟到早退的情况，礼仪情况主要记录学生日常行为表现，写实地给出学生的日常成长状态。
	奖励	学生在本学期获得的荣誉称号或在其他各类赛事中的获奖纪录。
	突出表现	记录学生在拾金不昧、活动参与、志愿者服务、班级建设、小课题调研、研究性学习、社会调查、科技活动、创造发明等方面的突出表现。
	描述评价	主要指班主任老师对于学生一学期的综合评语。
	学期综合评定	主要是根据学生在本学期的表现，请班主任老师给出综合评价，评价共分A、B、C、D四个等级，A为最佳；一旦出现三次以上违规，则综合评价将是B及以下。

  师资培训及教研活动侧重强调学生中心和问题导向原则，明确教师专业化发展的方向与路径，才能真正赋予教师教学活动的主导权。新高考招生方案中，公平正义和人的培养是教育的核心问题。教育应贯通初中与高中、高中与大学（或职业教育）的培养系列，消除学段之间人为的分割壁垒，尽可能淡化升学的瞬时性压力，去除产生获取教育优先权益而进行社会博弈的一切可能性土壤。因此学校必须首先去除以单一分数效益模式评判教育教学质量的思维导向。教师的主导地位能够发挥正确的作用是问题的关键，其核心内涵就是一切教育行为的出发点和归结点都应是真正围绕"人"的培养，教师的专业化发展具备了有力的支持和拓展条件，教学观念的转变才成为可能。

方案 2

新高考背景下
学校实践应答

许晓芳

甘泉外国语中学校长、上海市政治特级教师、华师大兼职导师、全国"一师一优课"政治学科评委、《上海市初中思想品德学科教学基本要求》审查专家、《学科核心素养研究报告》审读专家、《学科单元教学指南》审读专家。曾荣获"全国思想品德、思想政治优秀教师""上海市青年五四奖章标兵""上海市园丁奖""普陀区拔尖人才"等荣誉。

方案 2
新高考背景下
学校实践应答

作为一所外国语中学，同时也是上海市特色普通高中之一，甘泉外国语中学（以下简称"甘泉中学"）面对新高考并不是完全无所适从的：甘泉中学一贯强调因材施教，聚焦培养学生的综合素养，致力于为学生提供可选择、个性化的特色课程。外语等学科方面的分层走班实践试水较早，也较为成熟。在新一轮高考改革之前，甘泉中学也已经先行开展了十年的"课程超市"，并开展"微型课程"、拓展课程走班的实践研究。良性的师资储备与循环机制、合理的课程设计与实施、动态的管理与调适能力等都为新高考改革背景下甘泉中学的课程设置、教学管理和评价系统变革打下了良好的基础。

同样，改革也给我们的教育改革带来了新挑战与新视角。历经 60 多年的办学历程，甘泉中学实现了"从日语教育走向多语教育、从多语教育走向多元文化教育，从本土教育走向国际化教育"的实践与探索，学校特色鲜明。在高考改革的进程中，我们也在不断探索和实践基于甘泉中学自身特色的改革发展之路，始终坚持"内强管理、外求开拓、优化特色、主动发展"的办学思路，坚守差异化立校之本，在传承中建构、创新和超越。调动学校内有的积淀、激发不断创新的动力，与改革接轨。如何实现三类课程在育人过程中的核心价值，进一步促进已有的课程建设、教学管理、评价体系与教育综合改革"无缝对接"，脚踏实地地落实新高考改革中的"个性选择、综合素质、多元评价"的关键特征与要素，让学生全面而有个性地优质发展、学校的多样化、特色化地持续发展，是甘泉中学在变革面前必须回答的问题。对此，学校在以下方面进行了探索和实践。

一、建构更加开放多元的学校特色课程体系

1. 优化学校课程顶层设计

学校课程的顶层设计理念是聚焦落实培养目标、利于学生选择、强化过程管理、形成特色系统。在高考综合改革的大趋势下，学校课程体系的进一步优化必须是基于学生核心素养的发展要求、结合个性特长和选择考试科目的实际需求的一次战略调整。甘泉中学依托七年完中的办学优势，对必修课程、选修课程及基础型、拓展型、研究型课程开展了统一规划和设计，立足建构优质多元、开放共享、个性选择、分类分层的课程结构，建设了层次清晰、彼此连接、相互配合、结构合理、系列化的特色课程集群。在认真实施国家课程的同时，推进校本课程精品化、精品课程集群化，使课程更能满足学生发展的需求。创新升级后的课程体系为学校特色发展提供了内生动力。

目前，甘泉中学以"立德树人"为价值导向，形成了"日语见长、多语发展、文化理解"三大系列特色课程集，十二个课程群，共计百余门课程（见下页图）。特色课程规划与设计，实现多门类课程之间的内容融通，以充分满足学生的基础性发展、个性化发展和高层次发展需求，保证特色惠及全体学生。

【民族情怀 国际视野】特色课程集群

日语见长系列
- 11门课程：日语语言学习课程群
- 5门课程：日本文化课程群
- 4门课程：日语创新实验课程群
- 6门课程：日语实践活动课程群

多语发展系列
- 14门课程：多国语言学习课程群
- 8门课程：国别文化课程群
- 10门课程：多语创新实验课程群
- 4门课程：多语实践活动课程群

文化理解系列
- 23门课程：中华传统文化课程群
- 21门课程：国际理解教育课程群
- 20门课程：对外汉语教育课程群
- 11门课程：进路指导课程群

2. 创新多语种品牌项目建设

目前甘泉中学共计开设了 5 门第一外语（简称"一外"）必修课程、9 门第二外语（简称"二外"）选修课程。多语种学习通道的相互贯通和灵活组合的选择方式，提高了外语课程的适切性和可选择性。为呼应国家的"一带一路"，满足社会对多语种人才的需求，甘泉中学于 2016 年、2017 年相继开设了"高中零起点小语种项目"，面向具有学习小语种志趣和潜力的学生，在高一年级分别开设日语、西班牙语等一外课程。"高中零起点小语种项目"的实施使得甘泉中学的外语特色惠及更多学生，为学生提供广阔的升学机会与更多元化的选择空间。甘泉中学还与西班牙教育部签订了"西班牙语双语部"的项目，成为全国第四所西班牙教育部指定的双语学校。西班牙教育部派遣专业的母语外教来甘泉中学任教，提升了教学质量。学生具备使用西班牙语参加高考的能力，同时可以通过西班牙语 DELE 考试 B1、B2 级别，也有直接推荐保送到西班牙高校的机会，为今后的升学选择拓宽了渠道。

3. 深化双外语教学实验

2000 年甘泉中学开始从预备年级同时开设两门必修或一门主修、一门辅修的双外语教学实验探索。继 2000 年首开日、英双外语教学班之后，2007 年甘泉中学开设以德语、英语为一外的双外语教学班。2014 年起，甘泉中学又新增了法语、英语为一外的双外语教学班，并设配套的初高中一体衔接课程。2018 年，甘泉中学在预备年级新增了西班牙语、英语双外语实验班。历经十多年的实践探索，甘泉中学已经形成一套较为完善的双外语实验项目实施办法，明确了班组管理、课程实施与评价等相关制度，跟踪分析双外语实验效果，提炼总结了有效的做法和经验，相关成果公开发表并获奖。双外语课程成为甘泉中学培育具有双外语学习潜力的学生的新机制。

4. 提升微型课程活力

微型课程是甘泉中学校本课程实施的一种独特形式，是基于学校资源、教师能力与学生兴趣，以主题模块组织起来的相对独立与完整的"短学程"课程。每门微型课程开设四个课时，在特色课程实施方面具有独特的校本意义与价值。甘泉中学每年都发动教师进行微型课程的申报，课程教学部逐步精选与学校特色匹配、符合学生兴趣的易学、易懂、易操作的课程入选学校微型课程超市，保障了课程的多样性与可选择性，增强了课程的含金量与灵活度。

5. 推进实践体验课程

甘泉中学积极推进实践体验类课程的开发与实施，将实践体验课程与研究性学习、社会实践及劳技信息教育等紧密结合。该类课程以活动为主要形式，让学生在活动中了解体验、团队合作、发现感悟、解决问题，提升实践与创新能力。目前，甘泉中学每一类特色课程群均涵盖了实践体验课程，例如主题实践活动、场馆体验课程、三个"一"品牌活动课程，即"一节（樱花节）、一秀（达人秀）、一社团"。该类课程助推学生展能成志，为学生搭建了展示自我、发现自我的平台。

6. 加强课程载体建设

甘泉中学积极探索"跨文化交流人才培养基地建设"的实践路径，相继建设了"一馆五中心"甘泉特色场馆并开发了配套课程。所谓"一馆五中心"，包括"读懂中国"文化体验馆、"我的甘泉"课程体验学习中心、高级翻译基础实训中心、上海市多语种考试与评价中心、学生进路指导中心、甘泉创智学习中心。这些课程载体与学生生涯规划教育、外语综合素养培育、社会实践课程、学生社团等有机融合，形成了有机、串联的课程链。例如，在新高考改革实施后，甘泉中学强化综合实践、创新实验特色课程与拓展研究型课程的广泛融合。"日语见长、多语发展"特色课程系列中二外精品课程、外语实践活动课程（樱花节等）、特色社团活动课程、"文化理解"特色课程系列中的综合实践课程、国际理解教育课程既作为学科拓展的重要组成内容，又以自主拓展的课程形式广泛分布在拓展型课程中，保证了学生的全员参与。语言创新实验系列课程（如同声传译基础训练课程等）、海外综合学习课程、"我的甘泉"体验学习课程、JA 课程（青年成就课程）、进路指导等创新课程的实施，与甘泉中学现行研究型课程进行了深度融合，以《上海市甘泉外国语中学研究性学习指南》为指导，通过专题研究、合作学习、协同创新等学习策略，聚焦学生问题解决的能力提升、主体发展的意识提升、创新精神和批判性思维提升，进一步提升了特色创新课程的育人功能。

同时,甘泉中学还结合上海市创新实验室建设项目,聚焦办学特色与育人理念,开发了一系列场馆体验互动课程,如开展与海外姐妹友好学校学生校际连线远程互动教学,引进海外中学微型拓展课程等。特色场馆体验课程为学生提供了多样化的学习平台,培育了学生的自我探究意识和自主创新素养。

二、推进更加聚焦内涵的教学改革

1. 撬动课改杠杆,优化外语教学

甘泉中学开设有英、日、德、法、西5门一外课程,9门二外课程。作为以"日语见长、多语发展、文化理解"为办学特色的公办完中,甘泉中学借助上海市唯一一家市级多语种考试与评价中心的资源优势,充分把握外语高考听说测试的积极导向,推进了新一轮基于学生"语言核心素养和关键能力培育"的外语教学改革,对学生外语综合应用能力提升和语言思维品质培育起到了积极的促进作用。

2. 呼应能力导向,优化课程结构

(1)落实"外语听说课程"进课表。为了满足学生外语听说能力的发展需求,提升学生的语言思维品质与有效沟通的关键能力,将外语听说教学切实落到实处,甘泉中学在听说教学"单课融入"的基础上,将高中外语听说课程独立嵌入基础性课表,实现了全校外语听说课程的时间固定、课时稳定、进度统一、管理协同、评价一致。

（2）增设"外语类实践活动课程"。甘泉中学关切学生核心素养在外语学习过程中的落实，优化"民族情怀、国际视野"特色课程群建设，在"日语见长""多语发展"两大特色课程群下增设了"外语类实践活动课程"，开设了"外语演讲""外语辩论""外语口译"等多门实践活动课程，通过拓展性选修、限定性选修等多种形式开展跨班级及跨年级的语言体验实践类活动，让更多的学生能够走上舞台演讲、辩论、表演，提升自己的外语听说能力。至今，甘泉中学多语种研究中心已完成了《英语初级口译》《德语初级口译》《日语初级口译》《日语中级口译》等校本教材的编写。已有18名学生获得上海市高级口译证书，40多名学生获得上海市中级口译证书。

3. 深化课堂变革，提升思维品质

（1）促进学生语言思维的品质提升。围绕外语学科核心素养的培育目标，甘泉中学的外语课程正逐步体现出强"语言知识与技能应用"、重"文化理解与思维提升"、展"个性魅力与创新素养"的结构特征。多元文化融合的课程平台为学生提供了多样化的学习机遇，让学生在英语学科的舞台上彰显个性、展能成志。作为外国语中学的学生，不仅要能用好外语（工具性），还要能用"纯正的外语"讲好"中国故事"，传递"中国声音"（文化性）。甘泉中学以创新实验室"高级翻译基础训练中心"为载体，以《民族情怀，国际视野朗诵读本》《高中生多语德育读本》等校本教材为内容，旨在引导学生以外语学习为交流媒介，体验民族情怀与国际理解教育，提升对多元文化的批判性思维品质。

（2）促进多语教学资源的开发应用。从2017年春季高考开始，上海市高考外语科目将外语口语计入总分，外语口语和运用能力越来越受到重视。

但是日语、德语、法语等小语种面临的窘境是考试人数较少、具备开发能力和资质的机构较少，还未有成熟的训练平台供学生使用。甘泉中学设立了"多语种综合运用能力实训中心建设及课程开发"的研究项目，基于现有的硬件设备和教学基础，专注软件题库的开发，先后开发"英、日、德、俄、法、西"六个语种的测试软件，口语测试模拟题库的板块，完全按照新高考外语口语水平能力测试训练的要求，力求打造适合高中学生使用的上海市多语种口语听说训练软件。甘泉中学还开设了公众微信号等网络平台，为学生提供更多体验学习的渠道。甘泉中学聘请华东师范大学、上海外国语大学、上海大学等多名外语教学界的知名教授为特邀专家，参与多语种听说训练软件及试题库的审核和评价，整体、全方位地对课程的实施进行严格把关，建立完整的课程评价体系，让本项目中所开发的课程具有较强的推广辐射性。

4. 探索组织变革，满足个性需求

面对高考新政的实施，依据学校长久以来的班级组织形态，在充分分析学情、校情的基础上，甘泉中学决定实行"行政班为基础、教学班并行"的双规制度。这样做的好处在于：在高一组建的行政班三年不变，有利于培养学生的归属感和凝聚力。学生根据自己的不同学科、不同学层、不同考层，进行选择性走班。这样的做法，极大地考验着学校的智慧和学生的自主发展能力。

甘泉中学注重统筹安排高中三年的课程，注意教学时间安排在课程之间、年级之间应达到的均衡性和学科学习的连贯性、可持续性。一方面，要按规定开足开齐课程；另一方面，做好必修课程分层教学的安排，防止出现为应对学考或选考挤压选修课程课时的现象，从而造成高一、高二课程多、

课时紧、负担重，高三只应对统一高考科目的现象。总体上来说，学校经历了"+3"走班模式"三步走"阶段。

第一步：学校面向 2017 届学生开设了 6 门共计 20 种组合的"+3"组合课程。以行政班为基本单位开展教学，实行"+3"走班制。97% 的学生在高二选考了生物或地理，38% 的学生选择了生物和地理两门学科均在高二完成考试。其他四门等级考科目的课程设置在高三开设。

第二步：在高考新政第一届学生的"+3"走班模式的探索下，我们发现，有一小批学生（近 20 人）在高三第一学期初提出了"+3"科目更改的需求。在师资有保障的情况下，2018 届高三继续保留了地理和生物学科，以满足学生的个性化需求。

第三步：经过数据比对，我们发现，受到认知水平、课时限制、学习状态等多种因素的影响，高二参加等级考科目的学生的考试成绩低于选择在高三参加同种科目等级考的相近水平的同学的考试成绩。甘泉中学又面向部分学生推出了"高二年级选考一门"的政策。这样做的好处有以下几点：一是基于甘泉中学生源质量与结构的情况，大部分学生在高二能顺利完成四门学业水平"合格性"考试，缓解了学生在高二年段的整体考试压力；二是实现生物、地理在高二年级的捆绑同步排课，充分保障了两门学科在高二年段的课时量；三是实现了绝大多数学生在高三年段时的"3+2"课程结构，有利于开展整体教学安排，避免了原有行政班级中"+1""+2""+3"门等级考科目并存时出现的班级管理较为混乱的局面。

当然，在"+3"走班的探索过程中，甘泉中学需要不断应对衍生出的新问题。例如，"+3"学科的师资配备、捆绑授课的排课困难、走班教师的职责不明、教学评价的标准模糊、学生管理的难度增加等问题，针对这些问题，甘泉中学也逐步开展了一系列的制度创新，比如推行"小先生"讲师制，利用好学生资源，加强学生指导和交流；实施"走班自主管理制度"，把学生自评、互评纳入学生评价中。

5. 结合学校特色，升级评价管理

（1）在课程评价方面，甘泉中学完善特色课程的评价管理制度，在特色课程实施前，面向全体教师发布课程指导信息，教师根据相关要求开展课程申报，教学部门与学校科研联合组织专家团队从是否符合学校特色发展需要、是否适应学校学情、是否呼应学校办学目标、是否满足学生个性发展需求、是否便于实施等维度对教师申报的课程进行论证，凸显课程育人性、实验性、选择性和创新性的设计思想。在实施过程中，课程教学部围绕学科核心素养和课程目标，采用问卷调查、自主督导、听课诊断等多样化手段监测课程实施过程与反馈课程实施信息。

（2）在教学评价方面，甘泉中学围绕"民族情怀、国际视野"的特色办学理念，以"自学提问、交流引导、体验反馈"的十二字教学模式为观察点，聚焦学科素养在学习过程中的渗透体现、倡导团队合作在教学环节中的作用发挥、关注信息技术在教学过程中的有效应用。结合各学科基于规准的课堂教学规范，引导各教研组在学校特色课堂观察量表的基础上，形成"研讨课""精品课""示范课"三类课堂的观察评价量规，量表指标注重实践办学理念、引导学生主动参与、交流合作，提升学生批判性思维与创新意识等。聚焦学生思维的养成，为学生提供了从课内走向课外、校内走向校外、线下走向线上的多元化学习途径和相应的过程性评价方式。

（3）在学习评价方面，一是学校采取过程性与终结性评价相结合的方式对学生的特色课程学习情况展开评价。甘泉中学在多语种特色课程群中率先

试点实行全员式学分制管理，设计个性化学分认定依据和分层达标标准，在鼓励全员参与课程学习的同时，给予学生更加科学的学习评价。二是结合上海市教育综合改革，完善学生综合素质评价的校本化实施。甘泉中学将"语言核心素养"与"现代公民素养"两项纳入综合素质评价特色指标，由事业发展部、学生工作部、多语研究中心联合年级组共同对学生的特色指标表现进行发展性评价，为学生在特色领域的个性发展提供参考依据。

三、构建更加多元合力的生涯发展支持系统

上海市高考新政是顺应时代发展的变革，改革试点要求学生在自身兴趣爱好、学业能力水平、未来职业理想等方面有比较清晰而充分的自我认知。高校对人才的选拔越来越注重意志品德、知识结构全面性、逻辑思维缜密性、解决问题的能力、善于合作与乐于分享的团队精神等方面的综合考评。在这一背景下，高中教育既承担着学生基础教育的功能，又要为学生面临的未来职业生涯选择作好准备，引导他们认识自我、明确目标，学会规划、学会选择、学会发展。生涯发展规划教育是支撑学生发展的重要系统，也是拓宽学生生命厚度的教育，它让每一名学生学会为自己的生涯发展而规划，找到当下最适合自己的成长路径，让学生生活始终有目标，学习始终有动力，也有助于推进深化课程改革和高校考试招生制度综合改革。对此，甘泉中学的具体做法如下。

1. 普适全员，科学构建生涯规划课程

上海市的高考新政，在评价理念上，从关注"群体性"到关注"个体

性","6选3"的选科、"综合评价"的依据,尊重了学生未来发展的选择性和可能性。在中学阶段,制定合理的生涯规划,并找到升学及就业乃至人生的方向和目标对于学生来说至关重要。为此甘泉中学从目标规划、自信自主等系列讲座开始探索,逐渐形成富有甘泉特色、适合学生主体需求的"高中生涯规划"课程,有面向全体的通识课程,也有满足个性化发展需求的选择课程,我们依据上海市三类课程进行归类,具体见下表。

甘泉中学高中生涯规划课程

学生群体	课程类型		课程名称
中国学生	基础型课程		"心理健康"
			"多元智能测评"
			"霍兰德职业兴趣测评"
			"MBTI职业性格测评"
	拓展型课程	限定性拓展	"高考政策解读"
			"理性选择加三"
			"研究性课题指导"
			"志愿填报辅导"
		自主性拓展	"我的甘泉体验学习课程"
			"公益社会实践体验"
			"职业体验课程"
			"综评面试辅导"
			"JA课程"
			"美丽成长计划"
	研究型课程		"对外交流的价值:生涯+"之海外进路指导

续表

学生群体	课程类型	课程名称
外国学生	基础型课程	"心理健康"
		"多元智能测评"
		"霍兰德职业兴趣测评"
		"MBTI 职业性格测评"
	拓展型课程	"中国大学入学指导"
		"日本大学入学指导"
		"我的甘泉体验学习课程"

2. 循序推进，分级铺设主题教育目标

上海的高考新政为学生的未来发展提供了多种选择的可能性，高考新政的亮点之一，就是实施"两依据一参考"，作为评价高中教育的机制，实现了从"只看学业分数"到"全面看学生发展"的转变。高中教育不但要关注学业水平，更要关注学生平常学习经历和体验的"综合素质评价"的过程性积累。

基于此，甘泉中学开发适合甘泉学子学情的系统性生涯规划课程；结合心理健康教育资源，将生涯规划教育渗透在学校德育、学科教学、教师专业发展和家校工作中，为学生建立了学科教师与班主任结合，学校教育与家庭教育结合，心理健康与成长教育课程结合的支持系统。根据学生心理发展的阶段性特点，挖掘甘泉中学各年段心理健康教育主题，如高一年级为"挫折与适应"，加速学生对新环境与新学习方式的适应；高二年级为"选择与沟通"，在选科方面对学生进行有针对性的个性化指导；高三年级为"生涯与

规划",针对学生自我意识的高度发展,为未来职业规划提前作好准备。同时,开设生涯系列讲座。在高一下半学期统一开设讲座,让每位同学明确自己的升学方向与目标,并为学生提供实习机会。通过心理辅导及生涯规划等途径为他们提供切实的指导。高二至高三阶段有详细的周期规划,在高三下半学期统一组织国内春考、国内秋考、自主招生考试,以及海外高校的入学考试的专项辅导。甘泉中学在有序推进生涯规划的三类课程的同时,实施分阶段、阶梯式的横向推进模式,指导学生开展更加精准、科学、全面的职业生涯规划。如下表所示:

分阶段、阶梯式推进安排表

年段	阶段目标	阶梯推进	支撑课程
高一年级	"+3"选科 职业体验	认识自我、职业导航 精准分析、理性选择("+3") 社会实践、职业体验	"多元智能测评""霍兰德职业兴趣测评""MBTI职业性格测评""高考政策解读""理性选择+3""公益社会实践体验""职业体验课程""JA课程""美丽成长计划"
高二年级	研究性学习	结合兴趣、选择课题 小组合作、开展研究 导师指导、生成报告	"研究性课题指导"
高三年级	志愿填报 综评辅导	精准分析、志愿填报 积累冲刺、备战综评	"志愿填报辅导" "综评面试辅导" "对外交流的价值:生涯+" 之海外进路指导

3. 精准定向:提供个性化定制式领航服务

为了让学生在中学阶段就能够找到自己的目标和理想,学校成立了甘泉学生进路指导中心,为学生的生涯规划导航护驾。甘泉学生进路指导中心面向全体学生开设生涯规划的基础课程，对立志报考国内高校的学生进行自主招生的辅导，对有留学意向的学生进行留学考试的辅导；它还为学生职业定向、升学考试提供信息咨询与指导，具体包括联系国外大学、召开宣讲会、接待学生及家长的咨询等；同时为有需求的学生提供"综评"针对性规划指导、留考备战指导等一系列个性化服务，为每位学子的成功助力。甘泉学生进路指导中心的成立，促进了每个学生能力及适应性的延伸和发展，拓宽了学生的视野。自甘泉学生进路指导中心开设以来，受到了国内外媒体的极大关注，曾受邀参加上海电视台外语频道的节目录制，并接受多家海外媒体的参访和报道。满足个性化需求的生涯规划指导成为甘泉中学生涯规划课程的特色。

（1）精心开发适合学生生涯发展的研究性学习项目。

2018年甘泉中学整合信息、科技、地理、化学、物理、劳技等学科的多名骨干教师，成立了"科创中心"，推出了"科创小研究员"遴选机制，以研究性学习为抓手，重点开展以跨学科为特征的理工创新类研究性学习项目的推进落实。同时，甘泉中学还集结骨干教师、跨学科教师，指导学生开展人文社科类研究性学习。目前在科创中心的组织下，形成了FTC（机器人）科技挑战赛、探索天空——高度和气压、温度、湿度关系的无人机侦测，校园办公用纸的回收与艺术再造研究等多项跨科学项目式研究性学习课程及相应模块，生成了数百份高质量的研究性学习报告。

（2）建立个性化、系统性的研究性学习指南与档案袋。

为了更加科学、系统、精准地服务和指导学生开展研究性学习，甘泉中学出台了《上海市甘泉外国语中学研究性学习指南》，主要包含了四个方面的内容：第一，开展研究性学习的目的与意义；第二，研究性学习的实施方式与组织形式；第三，研究性学习的选题依据、论证形式、研究方法、实施过程、成果收集等各阶段的操作细节；第四，学校特色研究性学习选题菜单及课题案例汇总四大板块内容，用于高中学生研究性学习指导。

在实施过程中，甘泉中学为每个研究性学习小组建立了个性化的学习档案袋，主要包括课题方案确定、研究量表制定、文献与资料收集、小组自评与互评等学习评价。使学生养成学习科学研究的方法，科学态度和科学道德的深度培育，综合运用知识和解决实际问题的能力的提升都有了实实在在的抓手。

（3）瞄准综合素质培育的升学指导与职业体验。

上海高考改革通过推行学生综合素质评价，对高中学校为学生创造各种丰富多样的社会经历提出了新要求。为优化个性化指导质量，我们研究各综合素质评价院校的要求，为咨询学生提供目录解读，帮助学生全面备战，提高成功率。近两年我们的"综评"上线率分别为34.8%和42.9%，2018年9名学生被上海交通大学、复旦大学录取。

新高考模式中所选择的科目与大学专业挂钩匹配，因此更加要求学生在中学阶段必须了解自己的未来专业与高校的选择倾向，必须明确自己未来的职业倾向。对此，我们根据学生的不同需求，提供了以下指导服务。

①国内高校合作项目。甘泉中学与上海财经大学等高校签订了优质生源基地合作协议，定期为学生了解高校及相关专业提供支持与服务。

②企业宣讲会。甘泉学生进路指导中心与上海多家跨国企业进行合作，邀请企业中的高层管理人员及人事部长等到学校进行宣讲会，介绍目前就业的环境以及大学专业选择的经验。此外，还为在校学生提供假期去企业实习的机会，让学生在实践中了解自我，明确自己的发展目标。

③VR（虚拟现实）模拟职业体验活动。在开展生涯规划教育的过程中，要进一步推进生涯发展规划教育依然受到不少限制。为了突破体验式教育的

瓶颈，甘泉中学尝试在生涯规划教育中引入VR技术，让学生能够在虚拟现实的场景中，体验和尝试各种不同的职业。通过学科知识的学习与模拟职业体验相结合，不仅能够更加明确学习目标，提升学习动力，同时也为学生生涯发展规划教育提供了切实有效的方案。

（4）基于项目合作的海外升留学指导。

①拓展海外高校合作项目。海外高校合作项目为学生拓宽了选择的机会。甘泉中学作为一所外国语中学与十余个国家40多所学校缔结姐妹校项目，具体包括德国DSDII项目、日本高校推荐项目、西班牙高校推荐项目、法国高校推荐项目等，为学生的继续深造提供了更多的选择。迄今为止，已与日本、韩国、澳大利亚等十余所学校签订了推荐保送的协议，甘泉中学毕业生有机会通过学校推荐直接进入国外大学就读。

②开发留学考试辅导课程。为了能够给学生提供多元选择空间，甘泉中学开设了一系列的海外高校的考试课程辅导。例如日本留学考试的辅导课程，同时，根据学生不同的需要开发相应的课程资料，尤其是对于目前生涯规划或升学指导中最缺乏的双语教学资源倾注了巨大的心血，编写完成了一系列双语配套教学资源，满足了外语特长学生的学习需求，填补了双语教育界的资源空缺。同时，针对各国的留考、甘泉中学的推荐留学考试的不同要求，甘泉学生进路指导中心编写了具有实战指导意义的校本教材《上海市甘泉外国语中学留考指南》。近几年日本留考文理状元均被甘泉中学学生囊括，2018届到目前已有七名学生被日本早稻田大学录取，考入东京大学、大阪大学、早稻田大学、筑波大学、九州大学等院校的有十多人。

四、结语

　　通过近几年的实践，学校、师生、家长在应对新高考改革的共同努力中变得更加从容、自信。从学生层面上来说，他们的综合学业能力、实践创新能力、自我管理与认知能力、合作交往能力等均得到了较为明显的提升。从教师层面上来说，育人理念得到了较快的更新和优化，教师的课堂教学更加具有针对性、系统性，教师们的研究意识和能力也在不断提升。从学校层面上来说，为了适应新高考的变化，大胆实行了更加扁平化、精细化的管理模式，充分做到"简政放权"，进一步释放了学校整体的文化活力和管理效能。学校在不断破解改革难题的同时，稳妥地处理好了变革与传承的关系，实现了学校发展与学生成长的双赢，得到了家长和学生的认可。

　　总之，教育综合改革的核心要义是增加了选择的机会，选择的核心价值应该是顺应并激发学生的成长天性。而对于学校而言，改革的核心便是如何推进学校从分层走向分类，从流水线式的统一运转模式走向因材施教下的人才培育模式。未来，我们还有很长的路要走。在学校空间设计、资源优化配置、师资队伍建设、学生发展路径等方面，我们还需有更高的站位、思考与实践，把新高考作为学校进行整体性改革的一次良机。唯有这样，改革才能真正落地，学生才能从教育综合改革中真正受益，获得全面而长足的发展。

方案 3

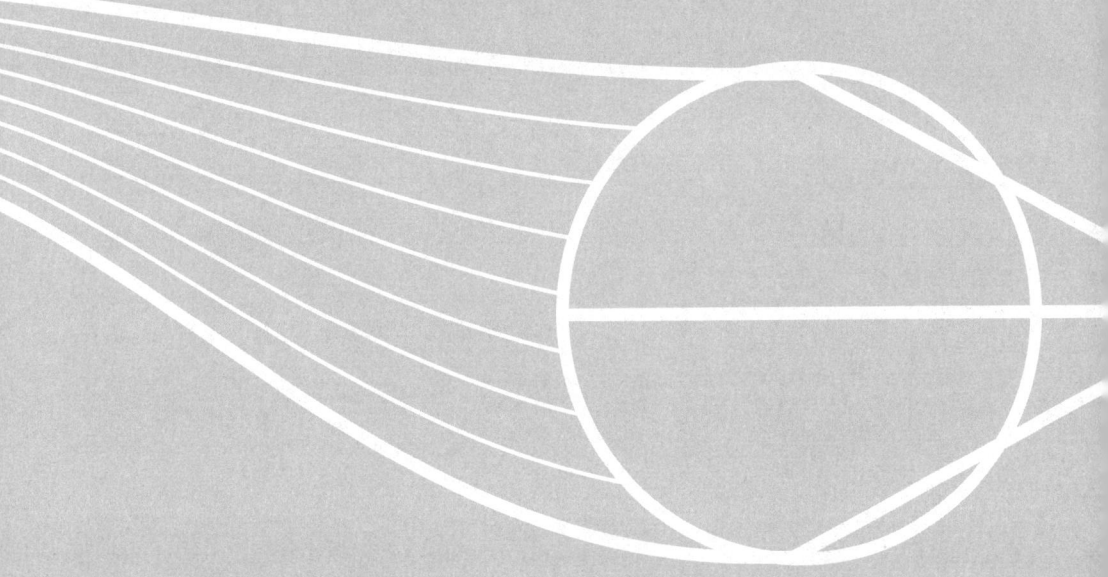

新高考与
中学教师观念更新

于冬梅

高级教师,上海市沪新中学教师。主要研究方向为生命教育课程建设,有多篇教学设计被上海市远程教育网收录,多篇论文在市区级刊物发表。曾荣获2011年度全国生命教育论坛"生命致慧优秀个人奖"。

方案 3
新高考与
中学教师观念更新

　　随着 2014 年高考新政启动，我们遇到了恢复高考近 40 年来最深刻的一次高考制度变革。处在这一时代背景下的中学教师再也不能用以往的态度去应对高考，而是应当抓住时代赋予的机遇和挑战，转变自身的教育角色，更新观念，以积极的心态应对高考新政。

　　我常年任教高三历史，还负责学校的科研和师资培训工作。巧的是我的儿子 2014 年升入高一学习，成为高考新政下的首批高中生，2017 年参加了新政下的首次高考。所以几年来我一直以高中教师和高中学生家长的双重身份在关注高考新政、研究高考新政，也和身边的同事们一起参加新高考的各类培训，一起在教学实践的起起伏伏中不断调整教学方法以应对等级考这个新鲜事物，同时还要以组织者的身份参与学校的教师系列培训，可以说忙忙碌碌的一切都是为了把高考政策搞得清清楚楚、明明白白。当然，我也和许多上海的高中教师一样，在新政实施的几年来经历了最初的迷茫、无所适从、失落、盲目单干到现在的冷静应对、主动作为。这次因凌宗伟老师的信任，让我有机会把自己和身边老师们的所思所想与大家分享，我感到非常高兴。

一、面对高考新政的真实心态

面对这几年高考新政的实施,各科教师的心态和观念不一。具体表现为以下几个方面。

(1)负担重:必考科目(语、数、外)教师感觉负担过重,因为这三科分值大,周课时数又比"+1"时多。春考和英语一年两考,使得这三科要在高三第一学期末就把所有高三新课和总复习全部完成,教师们狂赶进度,师生均不堪重负。

(2)失落感:选修等级考科目(政、史、地、理、化、生)的学生数相比"3+1"时代发生翻天覆地的变化。选地理、生物的学生暴涨,造成教师奇缺;选物理、化学的学生暴跌,造成物理、化学教师有失业的危机。历史和政治不温不火,但地位已不可同日而语。

(3)无所适从:各科考试内容均有大幅度调整,教师对教学和试题无法把握,囿于教与学的惯性。在具体的教学实践中,许多教师难以把握新高考的难度要求,教学效果差强人意。

(4)挫折与焦虑:由于许多学生为了大学选科,拿出了田忌赛马的策略,不得不选考自己并不喜欢的三门学科,所以相比以往+1学科的学生,他们对学科的热爱、认真、钻研等方面都有很大程度下降。教师感觉学生、家长都太过功利,学生难管,教学成绩上不去,不可避免地产生挫折和焦虑感。

(5)茫然应对:学生在学好语、数、外三门科目的同时,需要选科。学生面对的选择空间突然变大,如何才能作出好的选择?高考科目难度大,范围广,高一的学生一时无法判断自己擅长什么。有些学生误认为这门课考得不错就觉得是自己喜欢的科目。帮助学生作好生涯规划成为新政下高中教师面临的重任。许多学校之前就有导师制,但绝大多数是"学业指导",而不是"生涯指导"。面对"生涯指导"这一全新课题，许多教师感觉心有余而力不足。

"两依据一参考"的政策提出了建立高中学生综合素质评价制度，运用信息系统，完整、客观地记录学生在高中学习和成长过程中的各种信息，将其逐步作为高校自主招生等环节的重要参考，以此引导和促进高中生的全面发展。这些信息的输入影响着学生的前途，在缺乏上级明确的指示下，各校操作不一，造成了标准不统一。如何准确填写学业成绩和诸多信息，如何让综合素质评价成为硬标准，教师急需上级的指导，但这一块明显缺失。综合素质评价制度还包括研究性学习等内容，如何指导学生做好研究性学习，如何带领学生参加适合的社会实践项目，高中教师也急需专业的培训，但也是缺失的。

二、积极心态来应对

新高考是一次大变革，以上种种复杂心态的出现意味着教师原有的知识与经验已不能应对高考改革的新要求，也表明了部分教师对新高考政策的复杂程度认识不深，缺乏应对能力。教育的终极目标是为了学生的成长和学生的未来，作为奋战在一线的高中教师，面对新高考改革，埋怨已无济于事，最重要的是落实。所以，我们首先要沉着冷静、主动思考，更要认真学习、熟悉新政，最重要的是更新观念、主动作为。

1. 研究改革，了解变化

国家为什么进行高考改革？新高考新在哪里？考什么？怎么考？什么

时候考？考几次？教师应该要作哪些准备？这是所有高中教师关心并疑惑的问题。在未知的事物面前，人会本能地选择拒绝或者盲从。而高考新政出台以来还处在不断完善的过程中，对改革中的热点问题有埋怨、误读都属正常现象，但拒绝了解和被动接受都是不明智的做法。研究高考政策和试题走向，了解学生需求、改进教学都是一线教师目前需要做的最重要的事情。

由于高考新政的配套设施还没有那么成熟完善，教师了解新政内容的最重要的渠道是招生办和学校。各个高中学校首先就要组织干部、教师加强学习，统一思想，形成合力应对新高考改革的氛围。我校（即上海市沪新中学）就在常规校本研修的基础上，每学期增加有关高考新政的相关培训，开展全员、班主任、任课教师等各个层次的学习活动，目的是希望教师尽快了解新政，跟上高考改革的步伐，逐渐掌握操作要领。更希望教师在教学理念、教学方式、班级管理、生涯指导等方面不断改进，把新政视作挑战和机遇，拥有一番作为。

2. 及时应对，调整策略

我校的一个传统是在 6 月高考季结束后，组织高三教师回顾总结，并与下一届高三教师一起交流、研讨高三教学的得与失。和以往的总结相比，2017 届、2018 届高三教师们研讨的内容更多了。因为他们遇到的变化太显著了，内心的感受更是五味杂陈。新高考改革不仅调整了考试科目，而且在考查学生的学习能力方面也有很大变化。相比之前重点考核学生的做题速度、背诵能力，新高考的试题考核主要围绕"基础性、综合性、应用性、创新性"四方面的考查要求，重点考核学生的思维能力、逻辑能力。

（1）主科教师的应对。

我校语文学科徐丽丽老师2017届高三教学总结如下。

◎高考新政给语文学科教学带来哪些变化？

（1）适应春考面试，要加强口语交际能力。

（2）针对"理解性默写"，要加强课内古诗文的理解。

（3）在重阅读的背景下，要加强阅读的量。

（4）针对上海作文的特点，要加强思辨性。

◎你是如何应对这些变化的？

（1）增加人人表达的机会。

（2）加强自命题。

（3）以报纸为主，加强时政文章的阅读量。

（4）结合当下热点，加强论理的训练。

◎教学中有什么得与失呢？

得：开始探索有效教学，学生的课业负担长期处于低位。刷题不在多而在精，要有"类型"和"典型样例"的概念。

失：要站在学生的角度，探索学习的系统性、规律性、科学性。作业设计要加强。对试卷的归类、经典样题要多积累。

从徐丽丽老师的总结中，我们就能看出她的教学改进是基于上海高考语文试卷的变化而来的。从2017年开始，上海高考语文试卷增加了一个板块——积累应用，集中检测"分析与综合""鉴赏评价"这两个高层次的能力。阅读试题的难度肯定比过去加大了。我校是普通完中，学生基础并没有重点中学的学生好，所以进入高一，我们就加强学生学习语文的兴趣，增加学生学习语文的信心。学校有校级课题"学生阅读素养的培养"，我们的语文教师们寓教于乐，培养学生的学习兴趣。高一和高二年级，根据备课组计划和有效作业设计，安排读书交流会、练字展示会、话剧表演比赛等等，利用一切可以安排的时间，激发学生学好语文的动机，使不愿看书、不学语文等消极因素转变为积极因素。而且积极创造条件，让每个学生都有发挥的机会，从而激发其对语文的兴趣。此外，还致力于学生阅读习惯的培养，阅读能力的提升训练，加强名著阅读指导，以大量的读写实践促进学生语文核心素养的提升。

我校徐卫智老师认为数学学科的变化有以下几点：①文理不分、考点变化；②题型变化，分值重组；③评分方式关注过程：重思维，轻运算；④春考难度提升：春考难度与秋季高考相当。她仔细分析高考卷，认为思维容量大，试卷难度加大了不少，文理不分也使得教学内容增多，教学任务更紧张了。这就要求教师必须思考教学方式的改变，注重思维，讲究实效性。她总结自己的教学策略改进有以下几点。

◎关注知识短板，梳理知识体系。

（1）重视概念理解，注意挖掘概念本质。

（2）引导学生挖掘题干中隐藏的知识点。

（3）根据测试寻找知识的短板。

（4）注重知识体系和知识框架的梳理。

◎抓典型例题，促能力提高。

（1）按照高考的能力要求进行分类，形成若干专题进行复习。

（2）通过典型例题的复习，提高专题复习的效率。通过学生能够理解的典型例题，搞通一类题型的解题思路和解题方法，促进学生解题能力的提高。

（3）对各区的模拟试题进行分类练习，提高各区模拟试题资源的利用率。

◎重视解题策略指导。

（1）重视研究高考评分参考答案和评分细则。结合高考评分参考答案和评分细则，使学生学会有效书写答案。

（2）强调解题过程规范性。在课堂教学中指导学生用规范的解题过程进行解答。

（3）加强应试指导。指导学生遵循先易后难、重视过程、不留空白等原则，合理分配做题时间，较烦琐的题目放在后面做，没有思路的题目先不考虑，会做的题目要舍得用一定的时间，以确保准确率，较难的题目要重视过程等。

英语的变化有题型变化和分值变化，增加了10分的听说测试；"一年两考"造成高三英语总复习时间短，内容多，可谓任重道远。许多高中英语教师都意识到必须重新规划各个复习阶段的重点和时间安排，在开学之初即对学情进行认真分析，并在日常教学中认真落实因材施教和因人施教。

新的高考制度打破了"唯分数论"的录取机制，取消了文理分科，增加了学生的选择面。这就要求高中教师必须从应试教育模式中走出来，突破旧教学理念的经验性和局限性，从不同视角仔细解读并把握新课程标准，立体式整合教材，将原有从既定知识的展开到既定知识的总结的教学思路，变为知识的各种生成、联系及拓展，积极推进学生核心素养的培养，切实促进学生全面发展。

（2）等级考科目教师的应对。

新高考对于教师的教学能力提出了很大的挑战，由于等级考科目以"排位等级"决定"成绩等级"，再折算成分数，计入高考总分。等级考试题数量减少了三分之一，试卷分值由150分下降至100分，各科题型都加以简化，每周的课时数也减少了一半。这样的改变对教师的要求更高了，甚至某些学科教师还可能面临失业的风险。

相比教师，学生的自主选择权增多了，尤其是物理选科出现的乱象被诟病最多。中国科学技术大学、清华大学等重点大学的选科要求导致高层次的学生 80% 选物理；而中档学生为避开竞争拿高分，大多选择生物、化学再加一门文科；普通中学的学生限于基础，选择物理的意愿很低，比例才 20% 左右，所以上海等地出现了保障机制。姑且不讲合理与否，我们探讨的是学生的选科意识和能力如何培养，教师如何让学生喜欢你的课、选择你教的这门课。

高一学生刚刚经历中考的洗礼，才踏进高中的校门就要思考选科乃至大学专业的选择，一时还是挺迷茫的。他们的选择意识比较弱，虽然从以前不能自由选择到现在能自由选择了，却不知道自己该选什么科目，甚至根本就不知道自己到底对什么学科感兴趣。在普通中学，要让学生从多种学科中认识到自己感兴趣的科目，我想很大程度上依赖于教师的引导。

以本人为例，几年来我校选修历史的学生数占到全年级的三分之二，感受到学生信任的同时又发现肩上的担子特别沉重，还有对考试的无法把控而产生的焦虑。因为教与学的惯性，在具体的教学实践中，我一时还难以把握新高考的要求。这主要表现在常态教学中把握不准难度，继续以"3+1"高考的思路和模式来指导现行教学。而这种暂时的迷茫也导致在高考新政一开始时，我的教学效果差强人意。

当时王丽琴老师正组织我们共读帕尔默的《教学勇气》一书，该书给我的启发很大。其中有一句话最能打动我："其实恐惧也可以是健康的，如果我们懂得怎样去破解恐惧，许多恐惧就能帮助我们生存，甚至能帮助我们学习和成长。"熬过最初的惶恐，我不断努力学习、研究高考新政的文件和精神，认识到新高考"3+3模式"，归根结底就是要让教育由"追求分"转向"培养人"，这种变革必然会打破以往的教学模式，促使教师改变传统的教学理念和教学方式。而对一般人来说，维持现状是最轻松的，因为改变意味着辛苦和更多的付出。等级性考试还是要强调，这个孩子确实擅长这门学科，他喜欢这门学科，考孩子擅长的学科，而不是田忌赛马，去考别人不考的。凭着自己20多年的教学经验，我不断学习，逐步理清了"合格考"和"等级考"这两类考试的共同基础和不同要求，同时不断改变教学方法，聚焦核心知识，有的放矢地训练，力争提高课堂教学效率。

2017年地理等级考时，上海市教委曾使用五个标准来衡量地理等级考试卷。这五个标准如下：第一，超纲吗；第二，难度系数把握得怎么样；第三，有没有体现我们教学的导向；第四，偏题、怪题有没有；第五，题量是不是符合要求。我想我们其他等级考科目都可以学习借鉴。

有了这样的指导思想，在教学上我便指导学生重点把握教学内容。历史虽说是一门有趣的学科，但是由于内容多而细，且历史事件的前因后果较烦琐，学的东西越多，脑子就会越乱，烦躁的情绪马上就会把历史的趣味性冲得一干二净。所以，我首先运用单元教学帮助学生建立完整的知识结构，而不是七册书一册册地过（过去"+1"课时多运用这个有效策略）。其次就是在脉络、框架梳理上对学生提出严格的要求，这也为我们今后的复习指出了更明确的方向，构建完整的知识体系架构是今后等级考中的必考点，也是学生必须拿下的送分点。

等级考的考试难度低于传统高考的加试科目要求，试题难度在0.75左右，难度介于高考和合格性考试之间。学科难度降低了，学科价值不能降低；学科课时减少了，学科能力培养不能缺少，在教学中依然要关注学科的核心素养。历史学科的核心素养有时空观念、史料实证、历史理解、历史解释、历史价值观等五个方面。面对等级考，常规的练习与测试没有先例可循，过去的一模、二模卷学生"刷"的题虽多，却收效甚微。通过不断研究，我们发现几个特点：第一，一般都不以时间作为直接判断依据，而是以课本细节、原文作为关键词，考查学生对历史事件特点的把握度。第二，各题也依然与教材有着紧密的贴合度。第三，测试学生对时政、经济、文化、民族历史等相关内容的掌握。而我们受了某些误导，依然以"3+1"的13个C级水平为重点，结果发现不太对路。我认为一定要精选习题，控制好量，以不增加学生负担。因为只有提高作业效能才能提高学生的学习效率。相比过去，我更关心学生的兴趣，常常和他们聊天，用我儿子的例子和他们一起分析如何规划自己的长远发展，努力推动他们主动学习。2017年和2018年的等级考，学生们都取得了不错的成绩。

3. 推进综合素质评价

（1）生涯指导的现实意义。

高考改革带给我们的重大变化还有综合素质评价。综合素质评价包括以下几个方面。第一，课程和分数——反映学生的常规学业水平。主要包括平时成绩、教师反馈与评价、学业成绩、高考成绩。第二，活动与经历——反映课外活动的深度与广度。主要包括社区活动、志愿活动、社团经历、科研能力、创新精神、文艺创作、获奖情况等。第三，自荐信与面试，主要应用于各层次的自主招生。综合评价结果应用的目的就是要引导学生开展自我评价，并进行自我调整和自我管理，促进教师开展学生成长过程指导和生涯辅导，帮助学生确定个人发展目标，实现全面而有个性的发展。

前文提到入学的高一新生，要面对的不仅仅是新的高考模式，还有前期的选科、后期的根据专业选择大学志愿等。对于一个十六七岁的高中生来说，要做到这些谈何容易。上海市教委发布了《关于加强中小学生涯教育的指导意见》(以下简称"意见")。该"意见"提出要构建大中小幼衔接的生涯教育内容体系,分学段实施。实施路径包括学校开设专门的生涯教育课程,组织生涯教育活动,提供生涯发展辅导等。在普通高中学校率先建立和普及生涯导师制。

在新高考制度下,高考的成败除了取决于学生学习基础是否扎实外,还在一定程度上受学生选择能力和选择策略的影响。新高考方案赋予了学生前所未有的选择权,要求学生必须学会选择、规划人生。选考科目的设置让学生不得不提早思考未来职业发展规划,所以生涯教育也变得越来越重要。"意见"称,中小学生涯教育旨在指导学生增强对自我和人生发展的认识与理解,促进学生在成长过程中学会选择,主动适应变化。要求高中开设学生发展指导课,也就是高中生涯指导。要让学生通过一定的方法合理认识自我,尽快认识社会。生涯教育的内容非常丰富,诸如你了解自己吗?你的性格与气质、价值观是怎么样的?自己的兴趣在哪里?自我探索——我的能力如何?还要学习认识社会,了解当今有哪些行业,哪些职业。另外还要学习自我管理,如时间管理、目标管理等。

目前学校班主任和学校党员、中层干部是生涯辅导的主要力量,这些教师生涯辅导知识技能的培训和生涯辅导能力的提升尤为关键,2018年8月底开学前我们就组织了党员干部的生涯辅导培训,从模拟填志愿开始,大家觉得很有收获。

(2)班主任成为综合素质评价工作的领航人。

上海市普通高中学生综合素质评价信息管理系统的建立,以高中学校为记录主体,采用客观数据导入、高中学校和社会机构统一录入,学生提交实证材料相结合的方式,客观记录学生的学习成长经历。班主任承担了记录和指导学生参加综合素质评价各项活动的领航人,工作量骤增,所以现在的高中班主任特别累。高一要引导学生学会选科走班和录入综合素质评价体系信息；高二要指导学生开展研究性学习，参加社会实践和志愿者服务；高三要帮助学生了解国内外大学、认识高校专业，教会他们如何填报志愿，还要指导他们对高中之后的学习与生活有一个清晰而长远的规划。

综合评价系统中要求高一、高二年级的同学必须完成典型事例撰写，高三第一学期结束前需要学生写一份自我介绍，通过列举典型案例等方式，介绍学生的社会责任感、专业志向与才能、个性特点与个人爱好等方面的具体突出表现，字数不超过500字。春考校测、自主招生、综合评价都需要用。当初，许多班主任并不知道典型案例究竟是怎么一回事，只是让学生写一个自我介绍，包括兴趣爱好，以及第一学期参加过的活动。我们主要看看语言是否通顺，有无错字等（当然也有许多学校教师根本没有时间来关心这件事）。随着时间的推移，老师们对综合素质评价有了进一步认识，慢慢明白典型案例的撰写应该是基于自己的专业方向，在平时的学习生活中如何培养自身某方面的特长，以证明自己对希望从事的专业有兴趣、热情、理解以及拥有从事该专业应具备的品质。

我校学生参加春考比较多，面试环节中自我介绍是必不可少的。班主任们主动承担起了辅导职责，一次次指导学生撰写、修改自我介绍，直至相对满意。春考及大专面试前，我们根据上一届学生的面试情况整理了部分试题，共进行了一次全员培训和三次模拟面试。正是因为认真对待了，我校春考面试通过率100%（春考分数一般按1∶2划分，其中一半的人会在面试环节被淘汰）。这项工作也得到了家长的认可，有家长打电话来说，能像我们这样做的学校很少，感觉沪新中学对学生特别负责，所以特别感谢学校和老师。学生也觉得这项工作特别有意义，在春考结束后到大学报到时需要填写资料，他们就是按照综合素质评价上的自我介绍中老师辅导的思路填写的，感觉特别顺畅。

对班主任来说，如何把高考新政落实到位？只有用细心、耐心、爱心来陪伴学生。我校2017届高三年级组长徐老师的总结写得很到位，指出班主任的身份角色变化。

①高考新政下班主任的身份改变了，每位班主任都是学生的职业生涯导师，需要了解学生的个性特长、兴趣爱好和将来希望从事的专业方向，帮助学生确立人生目标，这是一个很艰巨、很光荣的任务。

②高考新政下班主任与家长的沟通多了，班主任是新政的宣传者、解读者，需要不断为家长答疑解惑，帮助家长了解新政，进而引导家长作出理智、正确的选择。

③高考新政下学生的选择更多了，学生和家长的心态更容易浮躁了。他们的信息来源很广，信息量很大，对老师的要求也更高了，不仅是教学方面的，还有老师对高考政策的了解，对学生的职业生涯规划指导，他们都希望老师能有问能答，而不是一问三不知。

④高考新政下学科教师间的关联度增加了，需要更多的协调与配合。尤其高一、高二时语数外科目和合格考科目间、高三语数外与等级考科目间，只有相互配合，互相合作，取长补短，才能获得多赢，使学生得到最大限度的发展。

⑤高考新政下年级组的管理更细致、烦琐了，等级考的走班制，等级考科目上课时没有选该科目的学生管理等。如何进行高效管理是我们要思考的问题。

（3）研究性学习中的教师角色转变。

综合素质评价中学习经历除基础课程学习外，还有很重要的拓展课、研究型课程的学习经历。高考新政就是要各高中学校深化课程改革，落实国家课程方案，规范课程实施。研究性学习是学生在教师的指导下，从生活中选择研究专题，主动获取知识、解决问题的研究。研究性学习报告的撰写作为毕业的必要条件，我们要求所有同学必须上传，而且还由专家组成考核团队进行真实性网上认证，发现抄袭等现象，后果自负。许多春考、自招考试都把此项课题报告视为最重要的参考依据，其质量就显得尤为重要了。

我们认为，普通高中生，特别是完中学生进行课题研究，能依靠个人兴趣开展科学研究的毕竟是少数，绝大多数需要教师指导，依托一定的载体开展研究性学习。我校的工作经验主要包括以下几个方面。

①课题研究实践化。基于学生实际，我校学生不做纯理论化的研究，主要是在实践、活动中开展研究性学习。在未开展综合素质评价前，我们也尝试指导学生开展研究性学习，但由于学生基础能力薄弱，缺乏自信，不喜欢外出调查研究或访谈，学生对研究性学习不感兴趣，经常觉得无从下手，教师普遍感觉很难带动学生做真正的研究。而推行综合素质评价以来，将研究性学习与社会实践活动、科技创新活动和比赛相结合，使得学生研究性学习的课题研究活动化、实践化，保证了研究性学习的真实有效。学生在活动中观察、调查、思考和研究，虽然看似缩小了研究范围，但实际上拓展了视野。有了做研究的载体，即与活动内容相关的课题，教师可以指导学生在活动中挖掘兴趣点，比较容易找到研究点。学生可以将课题研究与学农、志愿服务等社会实践相整合，选择自己最喜欢、擅长的活动作为研究性学习的载体，从而开展研究。同时，学生也可以在参加科技活动、比赛、馆校合作项目课程或者科技活动站时，开展基于生活中的问题的创新课题研究。近年来学生确立了"可自动充电的电动自行车""三角钉刺绳科技创意设计"等众多研究型小课题，撰写完成了研究性报告。自推行综合素质评价以来，学校

有 2 人获区科技创新大赛科学论文三等奖，2 人获生物与环境科学小论文评比三等奖，还有多人在上海市科技创新大赛中获奖。

②志愿服务研究化。随着高中学生综合素质评价改革的正式实施，我校对志愿者工作也进行了精心设计，以志愿者基地浦东图书馆为例，在弘扬志愿精神的基础上，充分研究综合素质评价平台的具体要求，制定《社会实践研究活动手册》，开展研究性学习相关活动。以课程化理念进行志愿服务活动的顶层设计，学生在浦东图书馆上岗前将完成一系列课程项目：校内志愿者要点培训—微型课题专题培训—馆内专项服务培训—上岗服务—微型课题调查研究—班内微型课题汇报—年级微型课题评比。我们发现，重视岗前培训、上岗走访及事后总结的模式，将志愿服务实践活动研究化，把服务活动与研究性学习的课题研究相结合，让学生不再是简单完成服务实践，而是在完成志愿服务之余，再花一定时间在基地实践中思考调查，完成研究，使自身能力得到了锻炼，从而实现快速成长。同时，为每位学生发放活动记录册，详细记录服务及研究的过程。主管部门在活动结束后，对同学们的服务及研究进行过程性评价，并对优秀志愿者进行表彰。

目前，我校不仅和浦东图书馆、轨交第四营运所、沪东新村街道签署了志愿基地合作协议，同时还是易班网的共建协议单位。依托易班网的资源，我校先后开展了家庭护照发放项目、爱心暑托班项目等，同学们在各种岗位上体验不同的工作角色，受益良多。结合寒暑假增设"跟着爸妈上一天班"职业体验活动。我校 2015 年爱心暑托班的成功入围比例接近 100%，成功帮助学生争取到了一次当"小老师"的锻炼机会；我校开展的春考和大专自主招生面试微课程，更是在春考、大专自主招生中发挥了极好的作用，成为我校生涯教育的亮点工作之一。2016 年以浦东图书馆读者食堂为研究对象的小课题荣获了上海市"未来杯"社会实践大赛二等奖。2018 年，在浦东图书馆主办的阅读课题大赛中，AI 智能研究课题取得团体第七名的好成绩。

在推进综合素质评价过程中，教师们在指导学生的过程中学习、反思，不断更新观念，对学校生命教育办学理念所强调的"帮助每位学生成为充满美好愿景并能坚韧前行的人"有了更深的认同。他们能主动迎接考试改革带来的教学变化，能以更加平和的心态看待学生，尝试着不再唯分数而是以多元方式评价学生，多关注学生的长处，并以此鼓励和激发学生更好地投入学习。我校的党员、干部都带头做导师，积极参与指导学生的研究性学习，较好地指导学生完成研究性报告，少数人正逐渐成长为特色课程教师。作为上海科技馆"馆校合作"项目第一批签约的学校，四名教师参与培训并成为"博老师"，其中葛晓蕾老师开发并入馆实施有特色的校本课程，荣获 2017 年上海市"校本课程实施奖"。

三、结语

继打响全国高考改革第一枪后，2018 年 3 月上海市宣布将进行中考改革。初中学生综合素质评价改革和高中阶段学校招生录取办法改革从 2018 年入学的六年级学生开始实施。中考改革其实是和高考改革一脉相承的。这一改革有望撬动上海初中教育转型。遵循学生教育规律、成长规律，坚持育人原则，是高考和中考改革的主要思路。

我们处在一个飞速变化的时代，如何跟上发展的脚步？如何顺势而上？只有不断充实自己，不断改进我们的教育教学方法，以适应变化中的时代和学生才是最好的办法。一个人学习的步子是否坚实，决定了他行走的远近。希望我们每一位高中教师都能在经验与教训中追求更好的未来，在得与失中走向成熟，相信坚持就一定会有收获。

方案 4

新高考背景下
教师素养提升

纪 勇

中学高级教师。现供职于浙江省宁波中学。中国阅读学研究会副秘书长，宁波大学兼职硕士生导师，宁波市教科所特聘科研员。长期坚持课堂教学并在教学实践中做教育研究，出版专著《语文案例教学论——课堂导入与收束》（与蔡伟教授合著）、《纪勇教写作》、《多维互动写作教学的理论与实践》《文本研习、问题探讨、活动体验：高中语文阅读课型研究》。多篇研究论文被中国人民大学报刊资料中心刊物转载。

方案 4
新高考背景下教师素养提升

  高考改革强调推进素质教育，强调给予学生充分的选择权，强调高中教育的自主办学权；强调"两依据一参考"，把学生综合素质评价作为高考录取的重要参考数据；在选择中必然地需要对学生进行生涯规划指导；学校教学需要走班上课，教学管理人员和教学人员客观地增加了工作量；高考试题内容强调体现立德树人的根本宗旨，突出核心素养、关键能力、思维品质的考查。面对这样的改革走向和现实，不少教师包括教育管理干部"惊呼"无法面对，"诧异"变化太快，"埋怨"改革失败。事实到底是怎样的呢？

  我们承认改革中会出现许多新的问题，有时也会走弯路，也可能出现预想不到的问题，但是，面对改革中出现的种种问题，我们要正视它们，是为了研究、探讨、改进，而不是作彻底否定，更不是为了就此回头。改革，探索，试点，总要打破原有的一些习惯，改变原有的一些模式，带来一些操作程序上的不适，尤其是教师工作量的明显增大，原有的教师配备计划严重不适应，学校硬件设备如教室等严重不足，一些学科选科趋于功利化而影响大学学科教学所需的基本要求等，存在事前调研不足、措施不力的情况。在看到这些因素的同时，我们感到这还不是最难解决的问题，也不是最大的问题，最难解决、最大的问题是意识问题，是教师队伍的问题。

客观地讲，一些问题的出现，并不是政策设计上出了问题，而是执行人的理解力、执行力等方面出了问题。比如，给予学生充分自主选择的问题，从学生方面说，是他们不会选择，从来没有接触过此类"选择"的选择，因为以前都是家长、老师替他们选择，他们是"被抱着生活"了十几年的人；从教师方面说，教师也不懂怎么选择，更不懂怎么指导学生选择，所以就抱怨改革。这就是思想方法出了问题，面对改革，不是想着怎么解决问题，而是抱怨外界的变化，拒绝改革。再比如，高考要考立德树人，要考核心素养，要考关键能力，只习惯于用别人编好的复习资料上课的教师，只会埋怨命题人"胡来"，"题怎么能这么出"，而不是想着怎么把立德树人、核心素养、关键能力等弄得清清楚楚，给学生讲得明明白白，以提高教学质量。

从大量调研中，我们发现，要保证高考改革顺利进行，取得比较理想的效果，就必须切实提高教师素养，解决执新高考政策的人的问题。这是新高考改革首先应该着重研究落实的大事。

当前教师最需要修炼提升的素养，有如下几个方面。

一、师德素养

说到师德，人们很可能就片面地想到"违纪""红线"之类的概念，其实师德的内涵比这宽泛得多，它不仅仅指遵纪守法，不仅仅指"师德规范某某条"，更指担负"立德树人"责任所必需的人格、人品等全方位的素养。也就是"学为人师，行为世范"的全面德性，就是一直坚持践行君子之道的人所必备的品质。其内涵，至少包括以下几个方面。

1. 政治品质

就高考而言，根据现在的高考命题特点，无论哪一学科的老师，都需要关注时事，关注国际国内形势，关注国家发展。从 2018 年高考试题来看，无论命题素材，还是设问形式，都有意识地体现国家意识、国家认同、道路自信、理论自信、制度自信、文化自信。如 2018 年全国化学 II 卷第 26 题，全国 III 卷第 35 题，都挖掘古代科技文献，以我国古代化工成果为情景命制试题。我们务必对这些内容有所涉猎，有所理解，贯穿到自己的教育教学过程之中，尤其是要给学生树立一个个正面的榜样。须知，教师的言行对学生具有重要影响。如果教师动辄对正确的执政意识形态不理解，有微词，那么对学生的消极影响是巨大的。尤其是某些学科在进行所谓"批判性思维"培养时，务必正确理解，弄通弄透"批判性思维"的实质，以及正确的培养方法，而不是用"对着干""凡事说不"的态度来进行错误的培养。

2. 理性素养

教师需要读点理论，需要弄懂各种文化的来龙去脉、利弊得失，学会运用正确的方法看待、分析、处理问题。

新高考强调培养具有理性精神、善于理性判断的学生。高考试题突出逻辑推理能力的考查，强调思维品质的体现。如 2018 年全国语文 II 卷作文，要求考生理性思考"幸存者偏差"问题，上海卷要求考生思考"被需要"的问题等，都强调考生的理性思维品质考查。这些都需要教师对学生予以很好的培养。然而，现实中的难题恰恰是，校园理性精神缺失，社会理性精神缺失。媒体上，人们的一般交际交流中，谁的嗓门大似乎就是谁有理，往往落入人云亦云的窠臼,而不是用理性方法进行分析推理。人们习惯于"创造"新概念,而不善于论证新概念,玩花样名词,缺乏逻辑精神。现在比较头疼的家校矛盾问题,往往也是起因于理性精神的缺失,家长、教师往往缺乏理性,情绪化地处理事情,以致简单的问题复杂化,甚至酿成大祸。一些人总是习惯于把自己不懂的东西解读为"假大空",拒绝理性,只是凭着感觉走,导致社会中总有些人像"吃了枪药"。这样的现象,在新高考背景下,是严重不适宜的。

长期以来,我们的学校不教形式逻辑,人们总是不假思索地人云亦云,讲什么"理论是灰色的"。在西方思想弥漫的年代,错误地教学生说"不",造就了一批批缺乏理性精神的人。即使是学科教学,也往往缺乏对学科理性的钻研,以至于现在出现拼命刷题、不堪重负的现象。高考改革,强调恢复理性精神,注重思维品质的考查,是对这种现象的反思和矫正。比如,2018年的高考数学考试,就简化解题步骤,强化思维逻辑性,强调数学思想的体现。如2018年全国数学II卷第18题,以环境设施为背景,采用真实数据,在考查考生概率统计知识的同时,重点考查概率统计思想方法。其他如物理、化学等,也都强调有理有据的逻辑分析。我们在观课中发现,有一些教师的课堂,总是一股脑地传授给学生许多知识点,而这些知识点,一是缺乏体系性,缺乏逻辑条理梳理,学生难以理解,也记不住;二是贪多求全,不懂个个击破的道理,从而导致教学效率不高。教师不理解"教了不等于学了,学了不等于学会了"这个道理。这样的现实要求我们的教师必须补上理性思维这一课,提升理性思维素养。

我们的教师有必要有计划地认真研读一些理论著作,读一点哲学基本原理,读一点形式逻辑,读一点教育哲学,读一点社会学,读一点本学科的有关基本理论的最新著作。尤其是还需要读一些有关最新研究成果的书,包括外国学者的理论研究著作。比如，对人们日常讨论到的自由、民主问题，全球化问题，我们有必要读读中外各方面的著作，对其深刻、全面地理解，不至于"只见树木，不见森林"而导致错误理解，错误传授，错误引导。要读点中国文化的著作，高考强调各科考试要体现中华优秀传统文化精神，而我们许多教师没有读过几本有关传统文化的书，何以能够承担传承传统文化教育的重任？

3. 人格精神

教师身正为范，是学生甚至社会人的行为标杆。这样的话没有过时。我们都知道一个基本事实，那就是学生的人生追求、人生志向，影响他的学习成绩，这就需要我们不断地开展励志教育。励志教育的重要路径之一，就是树立标杆。教师以身作则，本身就是非常好的标杆。以高尚的人格影响学生，是为师者必备的基本素养。

有人哗众取宠，宣扬"教师就是普通人，教师就是一个糊口的职业"，抹煞教师职业的特殊性、神圣性，深得一些人的共鸣。我们从理性的角度来思考一下，不难对此提出质疑。如果仅从哲学上的人人平等、职业没有高低贵贱之分的角度来看，这话没错。但是，教师工作不同于其他工作的地方是，他们的工作对象是人，而且是面向未来的人，他们担负"塑造心灵，塑造生命，塑造新人"的历史使命和"传播知识，传播思想，传播真理"的时代责任。面向未来和面对人这两个特点，就决定了教师这个职业是与众不同的。做教师，需要独特的知识结构，需要独特的人格魅力。真正能够担负教师之责的，远不只是有知识而已，他们更应该是高素质、专业化的人才。其中最主要的素养便是具有人格魅力。

怎样才算是具有人格魅力？怎样修炼教师的人格魅力？主要路径是学习，实践，反思，提升，即践行君子之道。教师如果能做到像孔子那样让学生感到"瞻之在前，忽焉在后"，能够做到"己欲立而立人，己欲达而达人"，难道还有学生不听老师的教诲？教学质量还能得不到提升？当然教师要做到这一点，需要社会环境的优化，需要教师队伍建设政策的调整，真正营造出能让教师"潜心教书，专心育人"的环境，不要人为地引导教师去争名夺利，不要让"争名于朝，夺利于世"扰乱教师潜心修炼的心志，真正改变"唯帽子"、唯光环的恶俗风气。

4. 责任担当

高考为推进教育改革服务，高于改革的一项重要内容是强调为社会主义建设培养建设者和接班人的责任。高考试题体现这方面的要求，如2018年生物试题就强调"体现高考积极正确的育人导向""树立生态文明观，增强社会责任感"，通过对生态内容的多方位考查，突出生态文明建设的必要性和重要性，引导学生深入思考生态问题，形成保护生态环境的社会责任。如全国Ⅰ卷第29题，全国Ⅱ卷第31题就体现了这样的考查思想。试题还与生活实际密接联系，培养学生的健康生活观，强化时代使命感。如全国Ⅱ卷第5题就有意识地引导学生养成积极向上的健康生活观。

为此，教师首先要有责任担当素养，才会更好地培养学生的责任意识。有责任担当素养，就是指要有担负为国家为民族培养优质后代的责任意识和自觉行动。有了这种责任意识和自觉行为，就不会在工作中得过且过，就不会只看见分数而看不见人，就不会只想着我教过了而忽视学生是不是学了、是不是学会了，也不会出现所谓的职业倦怠，而会自觉地学习新知识、研究新问题、追求新境界。

教师的责任担当素养，是为学生树立榜样，为培养学生的责任担当意识和本领作准备的。新高考提出考试选拔要关注学生的核心素养，责任担当是其内容之一。怎样培养学生的责任担当素养，教师需要认真研究、切实实践、努力落实。教师自身需要自我先行，要从三个层面修炼、养育和提升，即要有责任意识，要学习担负责任所需的知识，要有担当责任的技术、能力。

如此说来，教师，还真不是任何人都可以做得了的。没有这种担负责任的精神支撑着去努力学习，恐怕就不会在这三个层面很好地达标。饱食终日，怕苦怕累，拒绝学习，不愿研究，恐怕就很难养成这种责任担当素养，面对日新月异的时代和千变万化的学生，就很难把书教好，更很难把人育好。近年来愈演愈烈的家校矛盾足以说明这个问题，面对新高考，担负不起学生生涯规划指导之责，就足以说明这个问题的提出之必要性。

教师有了担当责任素养，或者说有很好的担当责任素养，那么，他思考问题就会全面，设计方案就会周密，采取行动就会具有智慧，教育教学效果就会更好。

5. 健康情怀

健康幸福的生活是社会追求，是教育的基本宗旨因素之一。如前所述，高考通过考查在引导学生的健康生活观。健康生活包含的内容也很多，如健康情绪，健康的生活习惯等。客观地说，社会变化太快，人类的生存压力越来越大，社会人的浮躁现象越来越严重，教师又不是生活在真空里，必然会感受各种压力，也必然会影响到情绪。但是，教师工作的特点又决定了他们绝不能带着情绪去工作。所以，教师既要具有坚韧不拔的毅力，又要具有顽强坚韧的情感意志。

新高考对教师的教育教学提出了新要求,完全按照过去的一套办,肯定不行了。考试内容、考试形式、教学方式等,都发生了变化,教师工作"每天都是新的",有人感叹"过去学的知识都派不上用场了",心里不免焦虑。但是,这种焦虑,既不利于自己的身心健康,也不利于有效的教育教学,更不利于学生的健康成长。在这种现实背景下,教师必须修炼自己的情绪素养,养成健康、乐观向上的情怀。

6. 友善合作

新高考越来越讲究合作学习,单兵独斗的教育模式已经过时。这与教育改革强调培养学生的合作意识,主张合作学习的思想是一致的。教师要走出争名夺利的个人成功模式的社会价值导向的怪圈。公民追求优质教育,是追求每个人都享受优质教育,是追求每门学科每节课的优质,而不是追求能享受到"万分之一的优质教师"的教育教学的"名义性"优质。无论哪位教师,若想取得教育教学的成功,都需要具备友善合作的意识和能力。

教师需要对同事友善,与同事合作,追求教育效益的最大化。同学科需要合作,大家共赢;不同学科也需要合作,既可以进行知识互补,还可以共同开发课程,实现学生的最佳选择和整体优势发挥的目的。单科冒进,甚或互相诋毁,只能损人而不利己,更不利于学生发展。现实中的学科"抢时间"是把双刃剑,一定要谨慎。如果某学科已经可以保证考 140 分以上,上升的空间已经不大了,何不考虑让点时间给其他学科呢?固然,在某个学科上,学生可能将来大有造诣,但眼前的综合素养提升,也许更有利于学生的发展,何不再放远一点眼光呢?

需要对学生友善，与学生合作学习。这里有两层含义：一是高中学生的眼界见识有一定的积累，希望老师把他们当朋友对待。师生关系越好，学生越喜欢听这位老师的课和其他教导，会迁移到对这门学科的喜爱上来，利于教学质量的提高。二是教育规律决定了教师需要对学生友善。学生的成熟并不是整齐划一的，有的快，有的慢，教师要耐心对待学生，无论进步快、进步慢，应一视同仁。这样更利于各类学生的全面成长，利于学生的高考选择，利于落实高考新政。

二、思维素养

新高考特别强调学生思维品质的考查，需要教师精心培育。如 2018 年的高考考试题中，语文强调提升思维品质，促进独立思考，注重逻辑思维、批判性思维、形象思维的全面考查；数学强调独立思考、逻辑推理、批判思维和数学思想等的考查；英语强调重视思维品质培养，倡导建立和谐人际关系；物理强调信息加工思维、逻辑推理思维能力的考查；化学明确体现数据推理、现象推理、规律推理等思维能力的考查；等等。然而，教师对思维品质为何物却有诸多不解。这种困惑的出现，至少说明教师对思维能力方面的知识需要学习、研究和掌握，教师自身的思维素养需要培育和提升。

1. 理性思维

在师训过程中，常被要求"讲实用的，讲老师们一听就能拿去用、照着做的"。从这看似合理的要求里，我们应思考其中反映的问题，是教师自身的水平和对自己的学术追求出了问题，还是主管者对教师的定位和要求出了问题。固然教师需要学习经验，但是如果不把经验提升为理性认识，即使是原原本本地给他一节课让他模仿，他也许模仿不像，或者只能模仿出形而模仿不出神，这样怎么完成新高考复习指导任务？这样的教师发展空间究竟有多大？如果这样，面对新高考的宽视野、高素质要求就很难适应。在新高考背景下，教师仅能"唯手熟耳"是很难适应变化的。

尤其在世界格局大变化、文化大交融的时代，教师要引导学生学会理性看待各种各样的变局，能够在纷繁复杂的世事面前保持清醒，教师首先自己要清醒。比如，有人讲"存在的就是合理的"，我们不能简单认为这就是说没有对错，没有好坏，任何事物只要存在就是合理的，而不作任何的变革、否定。

教师在教学中也需要具备理性思维素养。有些教师教得很认真，教了许多知识点（考点），但是，这些点都是散点，缺乏体系建构。有的教师只是讲授现象，而缺乏理性概括，学生听完课，收获的是一盆糨糊。这样缺乏理性的教学，效率必然是低下的。

2. 发散思维

新高考强调考查学生的创造性思路，如 2018 年数学试题，体现"一减一增、一多一少、一破一立、一分一合、一中一外"的新思路，减少繁杂运算，增加考试的开放性，鼓励考生从多角度结题；多一点想的，少一点算的；打破传统设问方式，确立多角度、发散性、多想象的创造性思维模式；文理合卷，分层设题；体现中华文化和外国文化，引导学生胸怀祖国、放眼世界。面对如此改革，教师如果没有发散性思维素养等多种思维能力素养，就很难培养出思维品质良好、思路开阔的学生。

3. 创新思维

2018年的高考试题无不强调创造性思维的考查。命题自身也在不断体现着创新。面对此情此景，教师的创造性思维品质培育显得特别重要。教师的创新思维，可以用来创造发明，但与科学家的创造发明还有所不同。教师的责任更多的是传承，在传承中注重创新意识、创新方法、创新能力的培养。教师的创新，不是要像过去那样热衷于创造新名词、提出新流派、生发谁也看不懂的"流程图"，而是在以下三个方面着力。

第一，树立求优意识。教学是一种永无止境的追求性工作，没有最好，只有更好。没有万能公式，只有可以灵活运用的规律。运用之妙，存乎一心。教师要做一个永不满足的人。对学科知识，对所担负的工作，要根据新的发展现实，不断追求最优方案，孜孜矻矻，乐此不疲。这是创新最基本的精神准备。

第二，提倡探索精神。疑似之迹不可不察。教师要养成不放过任何一个疑点的习惯，凡事都要探索出一个所以然，力求把事情弄个清清楚楚、明明白白。尤其在教学中，不要只求过得去，不要轻言放弃。教师要用自己的这种探索精神去感染、培养学生的探求精神。

第三，强调独立思考。客观地说，现在靠教参、靠教学资料教学的人不在少数。这样一种现象弱化了教师的独立思考能力，与新高考精神相背离。不会独立思考，只靠别人编好的教参、教案资料上课，在新高考面前往往不奏效。新高考讲究能力立意，试题灵活，考查思维能力，不善独立思考的教师很难教得出善于面对新高考的学生。

另外，教师还需要提升自己的形象思维素养、精细思维素养等。形象思维是创造性思维的重要基础。看到一句话，能想象出一张图、一幅画，这就是创造的基础。形象思维不是文学创作的专利，工科的读图能力也需要形象思维的参与。理科的物理、生物、化学，都需要很好的形象思维能力。教学也需要精细思维能力，对知识，对原理，对文章，应该能够概括，能够条分缕析。逻辑层次分得越清楚，条理划分得越细致，越容易看出事物的本质，越能发现基本规律，越利于创造发明，也越便于准确地概括与归纳。

三、学习素养

这似乎是个太小儿科的问题，教师还需要提升学习素养？他们不是知识的化身吗？但是，新高考来了，学习素养就变得非常值得关注了。高考规则变了，里面有许多需要学习的内容；高考内容变了，只依靠过去所学知识开展教学应对不了高考变化；社会变化太快，知识更新太快，社会在急剧转型，教师需要学习的东西太多了。如英语，高考用中国家风家俗来考查考生，用膳食文化来考查学生；化学用到《中华本草》等医药典籍；生物既考到现代社会生态信息，也考到古代生态观念；等等。这些都说明，教师必须学习，只有拓宽知识面，才能应对新高考变化。国家早就高瞻远瞩，规定教师每年都必须参与培训，并以学分的形式加以推进，可现实情况并不乐观，除了部分教师在真正学习以外，许多教师的学习状况令人担忧。按说，教师应该是终身学习的典范，是学生学习的榜样，可是，现实情况确实值得反思。

教师学习，目前急需以下几个方面的提升。

一是学习意识。教师急需培养和提升的是学习意识，这是由教师职业本质、职责及现实学习情况决定的。教师职业本质是教会学生学习，其实施方式不仅表现为课堂的言传，还体现在日常的身教示范。陶行知说："想要好学的学生，须有好学的先生。"如果教师缺乏学习意识，在教学生学习时就失去应有的示范性和信服力。教师肩负着知识传播与文化传承的重担，需有广博而深邃的文化知识作支撑。我们知道，文化知识具有发展性，今日的知识在明日也许会过时。因此，教师要想给学生一杯水，自己不仅要有一桶水、一缸水，还必须是活水源头。这就需要教师树立终身学习的意识，持续不断地充实自己。新高考方案带来的关于选修课程建设、选科走班、生涯规划、综合素质培育与考核等方面的要求，对每一个教师来说，都是挑战，如果没有学习意识，就难以适应新的形势和要求。

二是学习品质。学习品质包括在学习过程中善于计划、善于落实、善于质疑、善于思考、善于探究、善于创新等意识与能力。学习品质不是文化知识本身，而是如何去面对这些文化知识，即如何去学习文化知识。如果说学习的意识决定了教师学习的起点，那么学习的品质就决定了教师学习能取得的高度。教师良好的学习品质的形成，是教师学习行为的结果，只能在教师学习活动中培育。教师学习活动的一个重要方面就是教学研究，教师应依托求真、求实、求思的教学研究催生良好的学习品质，提升学习效率。譬如生涯规划指导，如何聚焦核心素养培育及关键能力的提升？从本校的学生实际出发，在生涯规划指导的指导思想、指导目标、指导原则、指导内容及实施途径等方面探寻适合新高考的方案。没有质疑与反思，没有多方面的验证，是不可能承担起指导的任务的。

三是学习态度。学习态度是对学习的主观情绪，正确的学习态度是学习成功的基石。教师的学习态度始于兴趣，久于责任。学习的兴趣能使教师在对教育教学本质规律主动求知、探索中获得一种理智上的愉悦感。当然，兴趣只是浅层次的，真正深层次的学习态度源自内心的责任感。面对新的方案，对已经适应了过去那一套考试方案与应试指导的教师来说，至少有一个观念转变的问题，能否转变，取决于态度。在新的方案面前，我们难免会出现焦虑与迷茫，失落与纠结。面对考试内容的调整，唯有端正态度，克服畏难情绪，促使自己努力思考和学习，并表现出积极的态度，用坚韧不拔的毅力和锲而不舍的精神去学习，去思考，去探索，才有可能适应新的要求，跟上改革的步伐。身为教师，我们应该时时刻刻提醒自己：更应该是一个孜孜不倦的学习者，这不仅是职业的需要，更是育人的需要。很难想象一个不喜欢学习的教师，如何能让他的学生喜欢上学习的。

四是学习方法。教师学习与日常学生学习有诸多不同，在时间、精力和外在支持上不如学生那样充裕，所学的知识、所解决的问题不再是学生所学习的简单的自然、人文知识。具体来说，教师学习更具独立性、自主性，能够自己指导自己；教师学习具有丰富的实践资源和经验；教师学习以问题为中心进行，并对可以立即应用的知识感兴趣。因此，我们可以基于这些假设及现代认知心理学知识，进行学习方法改善，更好地提升自己的专业技能。作为学习者的教师与其他学习者的差别在于，教师的学习是"根植于对学生求知欲的参与以及求知的全过程"的。作为教师，我们要明白"教员的学习并不一定发生在学生纠正他的错误时。当教员在教学中能经常谦虚而开放地反思和转换教与学位置时，他们的学习就开始了"，一个合格的教师首先要学习的是在高考新政下如何教学生学习。

方案 5

新高考背景下
学校课程建设与实施

王贤明

高级教师,浙江省宁波市鄞州中学校长。曾获浙江省人民政府基础教育教学成果一等奖。

方案 5
新高考背景下
学校课程建设与实施

　　《国家中长期教育改革和发展规划纲要（2010—2020年）》指出要创新教育教学方法，探索多种培养方式，满足不同潜质学生的发展需要。探索发现和培养创新人才的途径，鼓励普通高中办出特色。浙江省新一轮深化课程改革和高校招生与考试制度改革，对学校和师生的教育观念、教育方式、学习方法提出了新的要求。五年来，我们深入领会浙江省新一轮课改精神，通过课程的整体规划和建设，凸显学校育人特色，实现国家课程的校本化和校本课程的特色化。着力构建立足基础性、尊重差异性、体现选择性、实现成长性的多元特色课程体系。以学术课程为核心，扎实学生的学术根基，开发学生的潜能，激发、培养和发展学生的兴趣爱好，满足学生个性发展的需要，促进学生高品质、差异化发展。初步形成了有效的课程开发路径、健全的课程管理制度和平台，同时获得了课程建设和实施的经验，提升了学校课程规划和开发能力，使学校的课程体系具有较好的后续成长性。

一、从办学和育人目标的高度明确课程理念和课程目标

　　多年来我校（即宁波市鄞州中学）坚持"崇尚科学、弘扬人文、发展个

性、追求和谐"的办学理念，倡导以科学的精神理事，以人文的情怀育人；培育特长，发展个性，实现学生个体的身心和谐与学校的发展共融。我们将"具有独立品格和独特品质的、卓越的学术性高中"作为我们的办学目标，致力于逐步摆脱应试性的教育价值追求，学校的教育立足于促进学生的身体成长、精神成长和学术成长，帮助师生拥有完整的校园生活，帮助学生发现学科的意义，帮助学生发现自身的意义。"争第一，更做唯一"是我们的办学行动追求。办不可替代的学校，培养"身体健康、人格健全，学有所成、术有所长"的学生。我们的课程理念是"尊重差异，发展个性；学有所长，多元成才"的"适性教育"。我们的课程目标是以培养"合格公民、精英人才"的育人目标为核心，构建立足于高中教育基础性、指向学生成长与发展的"学术基色、兴趣本色、人格底色"的"三原色"课程框架，形成"可选择"的课程与学习体系，让课程成为与学生的"专业发展、爱好专长、生活世界"对接，在普适性基础上高水平差异化发展的成长通道。让课程成为学校的育人路线图。努力使课程价值的应试指向转变到促进学生的身体成长、精神成长和学业成长的路径上来。夯实高中阶段教育的基础性课程要求，着眼于培养学生的学术根基、兴趣特长和人格素养。

二、有效落实国家课程，构建具有学校特色的课程体系

我校根据《浙江省深化普通高中课程改革方案》，在深度契合《浙江省普通高中必修课程调整意见》和《浙江省普通高中选修课程建设的指导意见》的基础上，构建了"学术课程""兴趣课程""公民课程"三位一体的"三原色"课程结构。该课程结构涵盖八种课程形态：学科基础课程、学术拓展课程、艺体专习课程、科技活动课程、"自组织"课程、社会实践课程、生涯

规划课程和国际理解课程等。其中，学术课程包括学科基础课程、学术拓展课程，兴趣课程包括艺体专习课程、科技活动课程和"自组织"课程，公民课程包括生涯规划课程、社会实践课程和国际理解课程。具体见下表：

国家课程校本化结构示意

国家课程		校本化课程	
必修课	语、数、外、理、化生、政、史、地、技	学科基础课程	学术课程
选修课	知识拓展类	学术拓展课程	
	职业技能类	科技活动课程	兴趣课程
	兴趣特长类	艺体专习课程	
		"自组织"课程	
	社会实践类	社会实践课程	公民课程
		生涯规划课程	
		国际理解课程	

三、着眼于学生成长，统筹课程设置，明确课程内容

1. 学科基础课程

我们以学生的专业发展取向为导向，进行学科性必修课程的分类分层开发。结合我省高考改革方案和新的学业水平考试办法，将传统统修的学科课程进行分类分层二次开发，依据学生专业发展和生涯规划，改统一修习为选择性学习。目前我校必修课程语文、数学、英语实行统修，根据行政班进行

分层，基本是两层；选考科目的校本化分类分层开发为二至四层。在实际操作过程中，在不同的学段根据学生选考人数，层级会有实际变动。

2. 学术拓展课程

我们需要有效规划知识拓展类课程，增强知识拓展类课程的系统性，克服知识拓展类课程在实际开发和实施中的随意性和碎片化倾向。知识拓展类课程应成为学生学术素养提升的超车道，提高知识拓展类课程的学术含量。作为定位为学术性的知识拓展类课程，我们将它称作"学术拓展课程"，是与学科基础课程相对应的学术拓展和加深性课程。由学校根据培养目标和课程实施可行性，为满足学生不同层次的学术发展要求，开发并实施的校本课程。每个年级每门学科的学术拓展课程数量一般在2～5门。根据操作的实际情况，每学年开设的学术拓展课程的数量大约在40门左右。语文、英语学科拓展方向为写作、国文经典和时文阅读、口头表达、媒体及文化研究等；数学学科的拓展方向为数学基础、大学先修课程、竞赛教程等；物理、化学、生物和技术课程的拓展方向为大学先修课程、竞赛教程、实验基础和实验探究等；政治学科拓展方向为时政、哲学和法律等；历史学科拓展方向为重大事件研究、大学先修课程等；地理学科拓展方向为天文气象、人文地理、经济地理等。

3. 艺体专习课程

对体育与健康、音乐、美术等必修课程，实行统修内容和专项修习相结合，即普遍要求上的个性化专项技能修习。此类课程着眼于培养学生终身受益的健身习惯和艺术爱好，使其通过掌握一项最基本的运动技能和艺术技能，来增进自己的身体素质和艺术素养。对体育与健康、音乐、美术课程，要实行普修要求上的专项开发，提供给学生根据兴趣特长可选择的不同类型的运动和艺术专项休习课程。体育课程分设篮球、足球、乒乓球、网球、羽毛球、武术、跆拳道、健美操、形体训练等多个模块。在模块专修中结合健康教育、田径、体操和游泳等运动基本技能训练，达到体育符合国家标准的目标。音乐分设合唱、钢琴演奏与音乐创作、舞蹈、吉他演奏、笛子演奏、古筝演奏、箜篌演奏、传媒艺术、朗诵，美术分设国画、书法、摄影、水彩画、钢笔风景画、版画、纸编艺术、平面设计等模块。在专项修习中结合艺术欣赏教育，提升艺术欣赏水准。目前我校的艺术体育专项课程都有专用的教室和场所。

4. 科技活动课程

科技活动课程可以从科技活动和职业技能两方面进行规划。科技活动和技能课程是我校传统特色的课程。从 20 世纪 80 年代开始，勤工俭学和科普活动一直是我校办学特色之一。在新课改的形势下，我校在课程建设中关注现代科技前沿和热点，在传承学校课程传统、保持学校办学特色的同时，不断引导和培养学生的科学兴趣、动手能力、探究精神和创新意识，在信息技术、机器人、无人机、纳米技术、无线通讯、3D 设计打印和电子创客等方面开设科技专项活动课程，引领学生将科技兴趣作为自己的职业志趣，对接国家课程要求开设的职业技能课程。目前我校科技活动课程开发数量达到 12 门，已建成一些理、化、生特色创新实验室、创客中心和化学体验馆，正在筹建科教中心，届时科技活动课程将给学生提供更加丰富的选择空间。

5. "自组织"课程

"自组织"课程是指在学校一般课程体系外,学生出于自己的兴趣爱好、交流、学习等需要,自行组织,开展有计划、有指导、有载体、有组织的课程化活动,包括社团活动和阅读活动。

社团活动是由学生根据爱好自行组织的兴趣活动。社团活动由学生自行组织,成员加入需要通过申报和审核,这样有助于社团活动的规范化建设。学校创造条件落实社团活动的地点、时间和辅导员。通过每学年一次的评比,促进社团活动课程的精品化建设。社团活动需要做到有宗旨、有组织、有计划、有内容、有成果、有总结。目前我校有 20 多个各种类型的学生社团。

学校应鼓励学生进行广泛阅读,倡导不同阅读倾向的学生自发组成专题性的阅读沙龙。在这一过程中,校图书馆可发挥积极作用。第一,学校图书馆可以采用"部落式"布局,组织读书沙龙,创造条件满足学生阅读的个性化和多样性需求。第二,校图书馆可以采用全开放的管理模式,设置专题阅读空间,发布各类阅读推荐书目,以学生需求为导向实施图书采购制度,这样不仅方便学生借阅书籍,还让图书馆成为学生学术活动的起点。

6. 社会实践课程

社会实践课程是一种经历教育课程,旨在通过体验教育,帮助学生确立公民身份意识,逐步形成基本的社会责任感和参与意识,引导学生关注社会,产生投身公民活动和公益活动的自觉。社会实践课程的规划需结合课程实施的可行性和可操作性,采用校内和校外结合的方式。我校将社会实践课程分为校园义工、社会调查、经历教育和志愿者活动四类，具体做法包括以下几种。

首先，根据校园活动和管理需要设立岗位，凡是可以由学生自行管理和服务的岗位均由学生负责管理。岗位分为管理岗位和服务岗位。管理岗位包括餐饮管理、生活管理、早读管理、纪律督察、两操管理、宿舍协管等，服务岗位包括考试服务、校园宣传、礼仪服务、收发服务、图书协理、交通导引、假日护校、机动应急服务等。

其次，确定专题，要求学生在假期进行小组分工合作式的调研，撰写调研报告。至于调研专题，可以向学生征集，也可以由学校推荐。参考的调研主题，校外的如国计民生、公共安全、环境保护、节能减排、交通治理、食品安全、民间记忆、外来务工、医患矛盾、就业问题等，校内的如心理健康、家庭关系、人际相处、生活自理、零钱管理、生涯规划、校园建设、青春期问题等。

最后，结合我校"成长德育"的标准，要求学生在高中三年有相关的生活体验经历。如军训、开学典礼、成人仪式、毕业典礼等。我校还专门设立了"三成"系列讲座，即以"成长、成才、成人"为宗旨，邀请社会各界专家、学者、行业精英和志工，为学生开设学术讲座，讲述亲身经历的故事。

7. 国际理解课程

为促进学生对不同社会文化背景的不同国家和人们的文化了解与尊重，增强学生国际视野，培养学生具有全球化知识背景，我校设置了专题教育的国际理解课程。该课程分为主题教育、专题活动、友好交往、在线互动。具体见下表。

主题教育

主题	世界需要微笑	文化多样性	国际问题与世界组织	人类共同的理想
内容	出国旅行	京剧与歌剧	历史上的战争	城市的象征
	签证	中医和西医	环境问题	地球村
	外国人在中国	交响乐与民乐	贫困与饥饿	人类基因组研究
	礼仪之邦	国画与油画	人口问题	国际公约
	丝绸之路	邮票与纸币	种族歧视	科学家与科学
	人类在太空中握手	宗教与信仰	反恐	经济全球化
	在交往中走向世界	海外华人	毒品与走私	维和行动
	外国人看中国	世界文化遗产	联合国大会	国际人权组织

各类活动

	内容	形式	课程组织
专题活动	模拟联合国	社团活动	团委
	专题夏令营	专题活动	国际交流中心 英语组 信息中心
	哈佛 CTB 创新挑战赛	学生自主参赛	
	走进西澳演讲比赛	学生自主参赛	
	访学交流（日本、美国）	专题活动	
友好交往	美国科罗拉多州立大学、法国波城大学	友好结对	
	英国帕斯学院访学	学术访问	
	德国韦茨拉尔歌德一级文理中学姐妹学校	师生互派交流	
	美国纽约州立大学学分课程合作	课程合作	
	美国纽约高地中学高中课程合作	课程合作	
在线互动	纽约高地中学在线互动课堂	教学互动	
	美国新泽西州自由科技馆中美科普连线	科普讲座	

8. 生涯规划课程

生涯规划是可选择课程体系的必需部分，旨在帮助学生在了解社会、了解自己的基础上，规划人生、学会选择，由学校和导师组织实施，学校进行专题式辅导，导师进行个别式辅导。生涯规划分为学业生活指导、升学路径规划、生命教育和职业规划。生涯规划课程需要分段实施，高一主要为学业生活指导和生命教育，高二主要为升学路径规划，高三为职业规划。具体来说，学业生活指导包括始业教育、习惯养成、时间管理、兴趣管理、学习决策、自学方法、伙伴关系、领导力培养，升学路径规划包括升学路径、"C9""985"与"211"、自主招生、竞赛与升学、出国与留学，生命教育包括身体教育、健康教育、青春期教育、家庭婚姻、礼仪与修养、励志教育、感恩教育，职业规划包括大学的专业设置、专业与兴趣、职业与就业、劳动力市场调查、行业与分工。

四、拓宽课程开发路径，多元化多层次保障课程实施

1. 课程开发路径

课程开发有三大路径：校本开发，主要依靠本校教师和职工；校外资源，包括依托高校、职业学校、社区和社会组织；学生自主，以学生为课程活动主要策划、组织的主体。除此之外，现代信息技术为课程提供了不可替代的开发路径。具体见下表。

课程开发路径

课程框架			开发路径
学术课程	学科基础课程		校本开发
	学术拓展课程		
兴趣课程	体艺专习课程	体育专项	校本开发
		艺术专项	
	科技活动课程	科普活动	校本开发 校外资源
		实验探究	
	"自组织"课程	社团活动	学生自主
		阅读活动	
公民课程	社会实践课程	校园义工	学生自主 校外资源
		经历教育	
		志愿者服务	
		社会调查	校外资源
	国际理解课程		
	生涯规划课程		校本开发

2. 课程开发策略

（1）立足于本校，根据学生学业基础和专业发展取向，结合新高考改革的选考方案，做好必修课程校本化开发实施的分类分层。

课程分两类：语文、数学、英语为高考统考课程，物理、化学、生物、政治、历史、地理、技术为高考选考课程。根据高校专业现实层面实际需要和我校生源实际，将选考课程教学分二至四层。语文、英语、数学、物理、化学分四层，政治、历史、地理、生物分三层，技术分两层。分层施教依据作业、教案、讲义、教材四个层面。鉴于教师实际专业能力和课程开发水平，分阶段达成教学分层。第一阶段分作业、分教案，第二阶段在第一阶段基础上形成系统的课程分层讲义，第三阶段实现自编、选编补充教材。

（2）主要依靠本校师资，开设学术拓展课程。具体由学校主导，教研组为主体开发和实施，备课组执行。学术拓展课程从学科角度可分为理工类和人文类，从内容和要求上可分为专业发展型、兴趣拓展型和基础巩固型。根据相关学科特点和性质，学术拓展课程实行分类和分层教学。在学术拓展课程实施过程中，我校一般要求：一门课要三年贯通，体现课程的系统性；学术拓展课和学科基础的融通，体现课程的衔接性；拓展课和学生的专业发展接通，体现课程的主体性。每位专业教师都要承担一门学术拓展课程的教学工作。

（3）发掘现有教师专业特长，利用区域内教师的专业资源，开发开设体艺专习课程。体育专项课程方面，结合基础性的田径、体操和健康教育，近期开发开设普及性较高的球类项目和健身美体项目，今后将逐步开展更具有民族性、竞技性的体育专项运动。目前，我校借力市、区两级体育运动主管部门，通过体育专项课程，打造网球、乒乓球等两个区域性的体育特色运动项目，并在高水平赛事中取得了令人惊喜的成绩。目前我校拥有区域内少有的艺术和体育师资力量，确保相关课程顺利开展。我校的"蓝青民乐团""蓝青合唱团"和"蓝青交响乐团"在各类演出和赛事中表现出色。校内和校外相结合，开发开设科技活动课程。校内侧重科普活动课程，校外资源侧重职业技能课程。

3. 课程开发组织框架

课程开发组织框架的建构，由校学术委员会成立课程开发办公室，组成各项目的课程开发领导小组，然后根据八种课程形态设八个专项工作责任小组，确定责任人。具体见下表：

课程开发组织框架

	课程开发框架		开发部门	责任人
学术课程	学科基础课程	"3+7"学科	教研组、备课组	教务处
	学术拓展课程	"3+7"学科	教研组、备课组	教务处
兴趣课程	体艺专习课程	体育专项	体育教研组	教务处
		艺术专项	艺术教研组	
	科技活动课程	科普活动	现技教研组	信息中心 教务处
		实验探究	理化生教研组	
		职业技能	结对职业高中	教务处
	"自组织"课程	社团活动	学生	团委
		阅读活动	语文组、图书馆	教务处
公民课程	社会实践课程	校园义工	团委、学生会	德育处
		社会调查	团委、学生会	
		经历教育	团委、学生会	
		志愿者服务	团委、学生会	
	国际理解课程		国际交流中心	国际交流中心
	生涯规划课程	学业生活指导	学生成长指导中心	德育处
		升学路径规划	教务处、招考办	
		生命教育	学生成长指导中心	
		职业规划	学生成长指导中心	

特别需要强调的是，课程开发框架中，将课程的开发权下放，让部门、教师和学生有最广泛的参与可能，充分发挥师生作为课程实施者的主体性和自主性。如涉及"自组织"课程，鼓励学生积极组织和参加各类社团活动。社团既是学生课余活动和生活的有益形式，可锻炼学生的组织、管理和活动能力，也可以成为学生未来职场的预演。我校师生踊跃开展阅读沙龙，建设了20个左右的个性化阅读专区。再如涉及校园义工，以原先的学生班级值周制为基础，以岗位为内容，通过学生自主选择体现义工的自愿性，岗位由学校通过学生会讨论确定，以学生的组织、管理体现我校一直倡导的"学习自主、生活自理、人格自立"，培养服务意识和岗位意识。社会调查课题选择由学校推荐或学生自选。课题可以是校内课题，也可以是校外课题。鼓励校外课题。课内选题课外实施。社会调查活动的成果以调查报告的形式呈现。我校将经历教育的典礼仪式、文化节和体验活动，如开学典礼、成人仪式、毕业典礼、教师节、灯谜会、科技活动周、艺术节、体育节、家校日、生存体验、拓展训练、军训、远足等活动的策划、创意和组织尽最大可能交给学生。这是我校课程建设中校本课程的特色和亮点。

五、新高考制度下新课程的挑战和困惑——课程实施的反思

1. 新高考和新课改实施重点不同

2012年，浙江省教育厅着力推行了新课程改革方案，该方案重点在于选修课的开设。改革方案对选修课的数量、类型和比例作了具体的规定。为了推进课改方案的落实，省教育厅开始实行普通高中的特色示范学校评选，评选的方案重点也是落在选修课上，而新高考的改革方案重点是在必修课上。

尽管新课改和新高考都强调课程的选择性，但侧重点的错位使学校在具体的操作过程中重心不稳，我校和大多数学校一样产生过纠结和摇摆。在必修课的课时和选修课的课时分配上，学校、教务和教师不同层面较难统一思想，导致新课程的理念被削弱和冲淡。由于新高考方案中学生在英语和"七选三"选考科目有考两次的制度设计，教师为保证学生有考两次的机会，客观上普遍存在赶进度的现象，课时紧张势成必然。

2. 选修课开设的不规范性和反复性

深化新一轮课程改革之初，我校主要强调了选修课程开设的数量，而课程开设缺少基本的要求和规范，课程和学校的育人目标之间没有建立起必要的联系。作为课程，其内容完整性、系统性、可操作性没有建立起来，处于探索阶段。两年后，我们对学校的课程体系从顶层设计作了重新的梳理，建立起了相对完整和合理的课程框架，明确了课程和育人的关系。尤其是针对选修课的开设，我们提出系统规范的要求：每门课程都有教材，每门课程都保持一惯性选修两年以上，每门课程都要有规范化的考核评价。尤其是我们将选修课的价值放到新高考的背景下考察，如大学先修课程、竞赛课程等选修课的开设产生了较好效果，学生通过选修相关的课程，在数学、物理、化学、生物、信息学及语文、英语、地理和科技活动等各类学科的竞赛中，取得了骄人成绩，增加了学生选修课程的热情。但这些学术拓展类课程的开设还是受到总课时不足的冲击，困扰了学校、学生和老师。选修课的课时数重新被老师们提到议题上，选修课的课时问题一直难以统一思想。

3. 课程评价难度增加，科学性难以保证，评价效果弱化

在学生评价方面，我校对课程评价进行了一些尝试，但执行效果不理想。走班教学需要教师对学生的出勤情况、模块学习、上课表现、合作学习进行过程性评价。每一次上课结束后，教师在学校数字教学平台中记录学生的过程性评价。模块课程学习结束后，教师根据模块学习课时、过程性评价记录、模块学习成绩对学生进行综合考评，三个方面达到相应标准的学生给予相应学分，学分认定委员会根据数字教学平台记录的相关信息对学生的学分认定进行审核。这个方案很快夭折，主要是评价过程繁复。尽管作了一些技术上的简化处理，但持续性和正常性得不到保证。

在浙江省深化高校考试招生制度综合改革试点方案中，明确高校可对考生高中阶段综合素质评价提出要求，可作为录取参考。因此，在高中阶段，学校除了对学生的学业成绩进行评价外，还要注重学生综合素质的评价。综合素质的评价因注重过程的积累和活动的策划，从评价手段和方式来看，符合教育改革趋势和方向，但在学生高考录取的权威性和有效性上还有待观察。

在教师评价方面，我校尝试个体评价采取过程性评价和终结性评价相结合，具体主要由学术委员会负责。过程性评价主要通过听课、教学调研和调查学生对课堂教学的满意度（包括备课、上课、作业批改、个别辅导情况等）来收集相关信息。终结性评价在结合备课组学科水平的基础上，以个体所教的层级学生在同个层级中竞争力情况来评价，但争议颇多。目前我校基本上把终结性评价转变为诊断性评价，课程评价无法再简单地像传统评价一样和教师个体的绩效考核挂钩，评价主体、评价内容的不确定性增强，出于尊重学生选择权，教学班缺乏相应的固定性，传统的以考试

成绩为主要评价手段的方法已经不合适,但难以找到较为科学和有效的评价手段。

　　课程改革依然在路上,前路还需回头看。我们将不忘初心,在实践中不断完善,努力使课程成为学生高水平差异化发展的成才通道。

方案 6

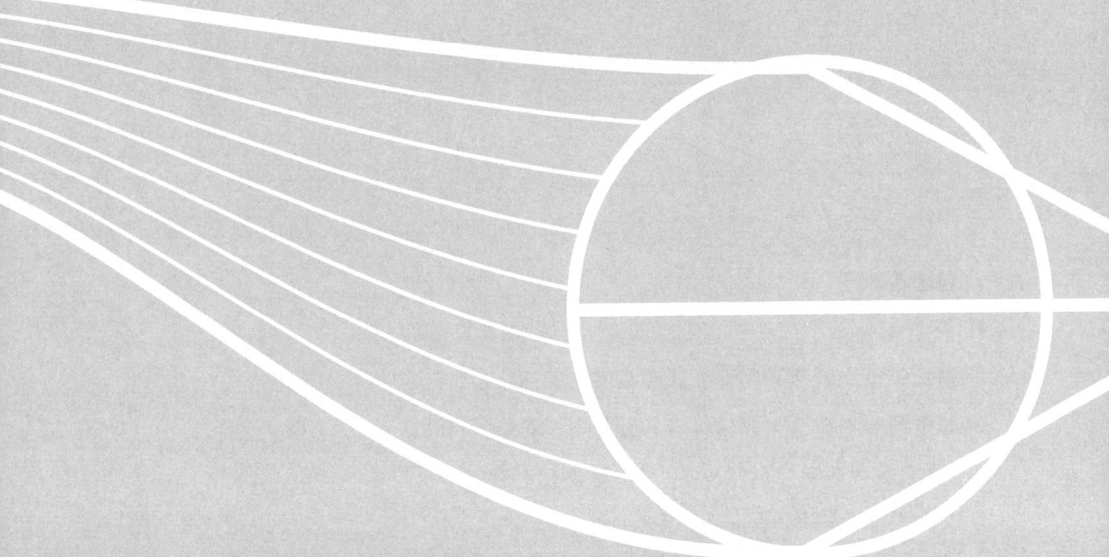

新高考背景下
高中生生涯规划教育的
五个问题

包建新

浙江省语文特级教师,浙江省临海市回浦中学教师。本真语文的倡导者和践行者。著有《语文综合性学习案例教学论》(专著)、《语文教学设计与案例分析》(编著)、《包建新与本真教育》(专著)、《写作:我们这样教》(主编)、《高中生学业规划22课》(主编)等。

方案 6

**新高考背景下
高中生生涯规划教育的五个问题**

  如果把生涯规划教育看作一种职业，那么这种职业的门槛是比较低的，起码表面上看起来如此，只要有一定的生涯经验，就可以对他人的生涯作些指导。这种感觉会导致两种结果：一种是对生涯规划教育的漠视，即使在新高考背景下，不少学校仍存在这种态度；另一种是生涯规划教育从业人员认识上有分歧，门槛越低的职业，其对应的认知越混乱。基础教育的生涯规划教育是在新高考的背景下才兴起的，那就更需要澄清一些问题，以免一些学校有关个性化的生涯规划教育做法不恰当地推及所有学校。

  在基础教育中实施生涯规划教育，有五个问题需要厘定清楚。第一，生涯规划教育是什么。这个问题放在基础教育中学校基本生态背景下讨论才有现实意义。第二，为什么要进行生涯规划教育。这个问题放在"如果没有新高考，生涯规划教育是否需要做"这样的假设下讨论才有说服力。第三，生涯规划教育做什么。人们从不同的认识背景切入中学的生涯规划教育，提出了似乎都有道理的看法，那么，中学的生涯规划教育究竟应该做什么？我们不应该找个例，而是应该寻找具有普适性的内容。第四，生涯规划教育怎么做。这既包括一些原则性的问题，也包括不同的内容在什么时候做，在哪个年级做，相同内容有哪些不同的做法，等等。第五，生涯规划教育谁来做。

如果更多地了解新高考背景下哪些学校让老师去做学生的生涯规划教育，哪些学校只是表面上的应付，就知道讨论这个问题有多重要了。

上面五个问题中的后面三个是主要的，这三个问题我们需与美国的生涯规划相对照着讨论，之所以这么做，一则因为 2018 年 10 月份，我受委派到美国进行了为期三周的生涯规划教育的学习；二则因为美国的生涯规划教育比较成熟，国内的生涯规划教育可以说相当大的部分引自美国，拿美国的生涯规划教育作比较，也许我们能更清楚地知道我们的生涯规划应该怎么做。

一、生涯规划教育是什么

给生涯规划教育下一个定义并不难，也有许多好的现成的定义。但如果把范围定在基础教育，或者缩小到高中三年的生涯规划教育，那这个定义就要斟酌一番了。我们思考一下，中学生涯规划教育为什么似乎一下子冒了出来？显而易见，是因为新高考改革。那新高考改革为什么使中学生涯规划教育冒了出来？是因为新高考改革希望实现选择性教育。"选择"是新高考改革的核心字眼，包括学科选择、课程选择、升学选择、专业选择等，选择需要指导，中学的生涯规划教育由此产生。选择使中学的生涯规划教育变得重要起来。同时，人们还发现除了新高考所要求的选择外，中学生还存在其他选择，比如学习目标、学习方法、学习态度、社团活动等。既然中学的生涯规划教育因为"选择"而存在，认识中学的生涯规划教育也应该由此出发。

根据以上论述，我们可以给生涯规划教育下一个定义，这个定义适合高中生。运用生涯规划的合适工具，结合专业和职业等方面的知识，为学生所遇到的选择提供帮助，使学生对人生有更清晰的认识，这样的教育，称为生涯规划教育。这个定义有三个要点：第一，生涯规划教育解决的是学生学习期间所遇到的选择，而非超越这个年龄段的人生选择；第二，生涯规划的种种工具，有关专业、职业的知识，只是手段，并非目的，生涯规划教师了解得越充分越好，而学生只需了解自己的那一部分；第三，生涯规划教育的目的是使学生对人生有更清晰的认识。也许，有人认为这个定义把生涯规划教育"窄化"了。其实，没有"窄化"的认识，我们反而会衡量不出宽度，生涯规划教育尤其如此。

二、为什么要进行生涯规划教育

目前，中学生的生涯规划教育被重视的标志是学校开设了生涯规划课。在高中，大家讨论如何开设生涯规划课的同时，有一个问题也被拿出来讨论，并以此推定生涯规划教育的独立价值。这个问题是：如果没有新高考，高中学校该不该进行生涯规划教育？当然，这个问题也是在质疑声中被提出和讨论的，它可以从因材施教说起。

自孔子创造了"因材施教"的教育理念以来，这个理论经历了两千多年而弥新，现代的教育理论也常单独设章节讨论。要实现因材施教，首先要解决两个问题：一是"材"究竟有什么不同，二是我们如何发现这种不同。如果我们能够科学地分析"材"的不同，因材施教才有现实意义。在《论语》里，孔子发现了学生有性格的不同和特长的不同，并据此施行不同的教育。

子路问："闻斯行诸？"子曰："有父兄在，如之何其闻斯行之？"冉有问："闻斯行诸？"子曰："闻斯行之。"公西华曰："由也问闻斯行诸，子曰，'有父兄在'；求也问闻斯行诸，子曰，'闻斯行之'。赤也惑，敢问。"子曰："求

也退，故进之；由也兼人，故退之。"（《论语·先进》）

冉求性格畏缩不前，子路性格逞强好胜，因为二人性格不同，孔子面对同样的问题给出了截然不同的建议。在孔子那里，确定"材"的不同靠的是观察。从《论语》看，孔子的观察是准确的，实施是富有成效的。现代教师在如何了解"材"这个问题上也是靠观察的。换句话说，在对因材施教的"材"的把握上，两千多年来没有什么进步。加上现在基础教育严重的功利化倾向，因材施教实际上很多时候落空了。

每种人才都能得到良好的发展，是所有从事教育者的美好愿望，"个性教育""为了每一位学生的发展"等，都可以看作因材施教的现代表达。同样的道理，如果我们不清楚个性有什么不同，不清楚有什么途径了解到这些不同，个性教育及为了每一位学生的发展，也依然会落空。

人与人有哪些区分，我们有什么手段来区分，心理学是有相关研究的。其中，有的理论在西方国家早已被普遍运用于基础教育，比如 MBTI 的性格分析，霍兰德的兴趣分析，加德纳的多元智能理论，舒伯的职业价值观分析……运用这些成果，对学生进行生涯规划教育，让学生明白自身的特点与优势，让学生把当下的学习与未来连接起来，可以强化学生的目标意识，增强学习动力。长期以来，我们的基础教育对这些知识是疏离的，绝大部分学校在面对新高考挑战的时候才意识到生涯规划教育的存在。这是十分遗憾的，我们应该加快速度补上这个空缺。

当然，也并不是说因为还没有意识到生涯规划教育的存在就没有生涯规划教育，从宽泛的意义上说，凡对学生生涯施加影响的行为都是生涯规划教育。但是，由于教育功利化倾向日益加重，关注人的教育越来越被挤压，学校缺乏生涯规划的自觉意识，教育会不断被异化。因此，生涯规划教育对于中学教育的意义便是促进人的教育的回归。

以上我们简单回答了没有新高考，学校要不要进行生涯规划教育的问题。当学校被要求进行生涯规划教育时，许多学校认为这是新增加的工作内容，这个认识表面看也没有多大问题，如果据此认为生涯规划教育是独立的，与学校其他教育无关，就大错特错了。生涯规划教育应该是学校教育的底座，做好它，是对学校各方面工作的提升，也是对学校办学品位的提升。

三、生涯规划教育做什么

生涯规划教育应该做些什么？这个问题的答案太多，很多人标榜自己找到了生涯规划教育的真谛，而他们给出的生涯规划教育内容有很大的不同，这倒使这个问题真的成了问题。于是，我们有必要跳脱开来，看看美国的生涯规划教育做些什么。下面我们以印第安纳州的生涯规划教育内容为例。

1. 美国印第安纳州生涯规划教育的内容

在印第安纳州，生涯规划教育是作为学生的成功路径来设计的，内容包括职业认知、职业信息、职业探索和准备计划四个部分。从小学到高中，学生应该体验以下活动。

（1）五年级末为止：学生已有机会参与实地考察活动，参与职业探索日活动，完成一个职业兴趣清单，参与大学课堂或职业课堂，参与类似 Reality Store 活动，完成"拓展学习调查"，报名参加大学选择"529 计划"（家长或者监护人要求参加制订大学选择"529 计划"）。

（2）八年级末为止：完成 K-5（指学前班到五年级）水平的条目，完成毕业计划，完成一个工作影子体验或者采访自己感兴趣的职业人，写一份简历，上"探索大学和职业"课程，参加高中意向活动（包括文凭、课程、路径和 CET 选择），了解金融知识单元，报名申请二十一世纪奖学金（如果有资格），选择一个文凭路径并完成四年课程计划。

（3）九年级末为止：更新毕业计划，上"大学和职业的准备"课程，参与课外活动或者服务活动，观看《支付大学学费101条》，考虑是否适合参加高水平课程，选择职业路径。

（4）十年级末为止：参加职业兴趣测试，取得职场经历，评估读大学成本，与父母或监护人共同参加有关大学费用的研讨会，复习职业要求，参加入职前预备考试；确定是否参加大学级别的数学或 ELA 硕士，如果需要可调整计划；参加 PSAT 考试。

（5）十一年级末为止：参观大学校园和与职业兴趣一致的工作场所，参加大学入学考试（ACT 或 SAT，或者 ASVAB），寻找奖学金，参加大学招募会，参加模拟面试，制作、更新简历和个人陈述，完成或参加至少一门 AP 或者双学分课程，核实是否能按时毕业，制订资助计划。

（6）十二年级末为止：提交至少两份大学／工作申请，观看《大学成功101条》，参加财政资助研讨会，提交 FAFSA 申请，上高水平课程，包括 AP、双学分课程和 IB，获得一个行业证书，参与工作和学习的体验，和咨询辅导师会面以确保按时完成大学申请过程的每个步骤，获得职业道德证书。

美国基础教育学制小学五年，初中三年（六到八年级），高中四年（九到十二年级），共12年。小学阶段的"Reality Store 活动"，是网站上的一种游戏，这个游戏教学生如何作出人生和财务的选择；"529 计划"是指美国大学储蓄计划，家长为孩子开一个"529 计划"，然后把钱存入计划内用于投资或储蓄，只要这笔钱最后用在合法的大学的开支上，其增值的部分不用交税。初中阶段的"工作影子体验",指为了进一步了解感兴趣的工作,跟在某位业内人士后面工作一天的方法;而"CET选择"指的是职业课程的选择,CET指学完后可以获得证书(比如护士证)的课程。十年级中"ELA"是语言能力的提升课程;PSAT考试是SAT考试前的考试,是决定能否拿到美国优秀学生奖学金的考试。十一年级中"ASVAB"是"军队职业倾向测验"的英文缩写,这种考试对军种职业的选择及以后军队生涯的发展和入伍奖金的多少有直接的影响。十二年级中"FAFSA"是"自愿联邦奖学金"的英文缩写,是给美国公民或者绿卡持有者的资助。

从印第安纳州生涯规划教育的内容看,美国生涯教育的基本思路是把职业选择、升学选择与中学的课程选择紧密联系起来,职业选择、升学选择的不同,中学课程的选择也随之不同,三者如何合理选择是咨询辅导师所要帮助学生的内容。美国学校与中国学校有很大的不同,把美国的生涯规划教育内容移植到国内,显而易见是不适宜的。但分析美国的生涯规划教育的内容,结合在美国与教师、学生的交流,我们可以知道,美国的生涯规划教育内容是基于学生当下需要的,尤其在高中,学生在学业生涯中会遇到什么问题,在学业发展上会遇到什么问题,学校就在这些问题上用力——这是美国学校的生态。根据这个定位,我们可以推演国内生涯规划教育的基本内容。

2. 我国高中生生涯规划教育内容的设计

做好生涯规划教育,首要任务是建设生涯规划教育的内容。这里之所以用"建设"一词,是因为到目前为止还没有成熟的适合高中的生涯规划教育,生涯规划教育是一种边缘性的存在。这也决定了高中学校加入的生涯规划教育缺乏质的规定性，高中生涯规划究竟应该怎么做，还需要一段长时间的探索。在这种情况下，我们需要参照他国经验。美国的生涯规划教育适合美国学校的生态，形成了自身的格局，那找到适应我们学校生态的生涯规划教育是"建设"的重要任务。

学校的生态会有很大的不同，不同省份也会显示出很大的差异。在这种情境下，生涯规划教育的内容我们就要考虑其普适性，不能以学校的个性作为普遍的标准。做好生涯规划教育有很多种方法，那种噱头式的包装只能吸引眼球，缺乏实际应用价值。因此，要基于学校生态，即基于一般学校的生存常态。

基于一般学校生存常态的生涯规划应该包含哪些内容呢？我们可以用下图来表示。

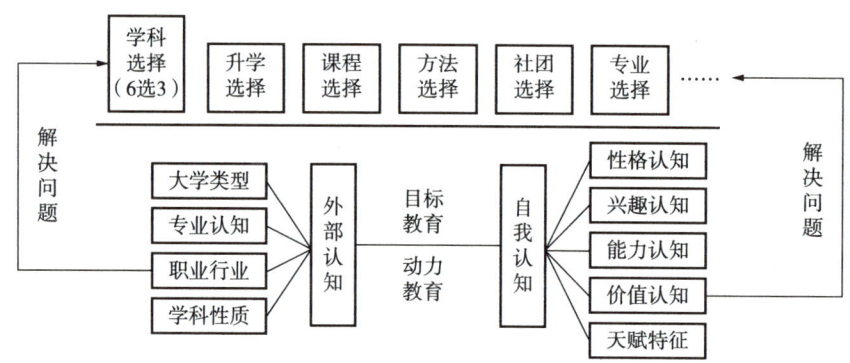

高中生涯规划教育基本内容（包建新，2018）

首先，生涯规划教育是用一些知识解决学生遇到的日常问题，当然包括新高考背景下遇到的问题和其他不在新高考背景下也存在的问题。这些知识包括两部分。

一部分称为自我认知的知识，包括性格、兴趣、潜能、价值观、天赋等。关注人类自身特征是人们永久的兴趣,因此,人们发明了很多种方式来认识性格,具有广泛性影响的自然是 MBTI 性格分析了。兴趣指的是美国科学家研究出的职业兴趣倾向。潜能一般通过加德纳的多元智能理论进行分析。价值观则较多使用舒伯的价值观理论。至于天赋测评之类,许多人感兴趣并应用于教育,但目前并未被广泛认可。自我认知的知识用来解决"我是谁"的问题,它是整个教育要关注的问题,也是生涯规划教育的出发点。

另一部分称为外部认知的知识,包括高中学科的专业性质,大学不同层次,大学里的各种专业的认识,以及关于职业和行业的认识。高中学科的专业性质指什么呢?简单地说,就是高中学科可以分别对应大学哪类专业,在高中所学与大学专业之间建立联系。如果在学生心中建立内部认知与外部认知的对接关系,无疑是把学习的中长远目标根植于学生心里,眼前的学习也被赋予新的意义,从而增强了学生学习的动力。

其次,学校的哪些问题需要运用上面的知识来解决。新高考背景下的主要问题是学科选择、升学选择、专业选择。当然,还有其他选择的问题,比如考试时间的选择等。学科选择即从 6 门(浙江省为 7 门)学科中选择 3 门,与必选的语文、数学、外语三门学科组成"3+3 模式"。怎么选?学生自然需要作一番内部探索和外部探索。新高考开辟了升学的新通道,扩大自主招生,进行三位一体招生,实施高职提前招生,把综合素质作为升学依据之一。凡此种种,都需要运用生涯规划教育的相关知识作出合宜的应对。而专业选择的问题表面看只是跟外部知识相联系,实际上与学生的性格、兴趣、价值观等密切相关。在没有新高考之前,学生社团的选择、学习方法的选择等也存在,我们也在作这方面的指导,而运用生涯规划的相关知识进行指导则更有针对性、方向性。

当然,以上生涯规划教育内容的确定未必是最理想的。随着高中生涯规划研究的深入，我们能够确定更为理想的、更切合学校教育实际的、更具有指导价值的生涯规划教育内容。

生涯规划教育要以学业为中心，这是以上设计的核心理念，这个观念与美国的生涯规划教育一致。目前，国内生涯规划教育流行各种测试，各种社会机构也竭力把各种测试移植到学校，希望学校形成各种测试便是生涯规划教育的核心内容的错误认识，以便从中获得利益，这不是一个好现象。在美国咨询辅导师眼里，测试只是辅助手段，已有明确方向的学生未必要做测试，测试是为那些规划模糊的学生提供参考。当然，由于国情不同，文化不同，以学业为中心的生涯规划做法会有不同，我们无须照搬美国的做法，但我们应该形成以学业为中心的生涯规划教育体系。

四、生涯规划教育怎么做

从上面对美国印第安纳州生涯规划教育的介绍看，生涯规划教育的方式是体验式的，辅导师推动学生参加与生涯规划教育有关的活动并针对个体提出合理建议，而自我认知（包括相关测试）方面的内容只是辅助性的手段。体验更多的是观念性质类的，至于具体怎么做，我们可以通过了解美国咨询辅导师的一些操作用表来加深认识。

1. 美国生涯规划操作用表例举

咨询辅导师是美国生涯规划教育的专职承担者，下面所列的三份操作用表是印第安纳州北中心高中咨询辅导师在使用的。咨询辅导师自然还有其他操作用表，但这三张表也基本可以窥见美国生涯规划教育的具体做法。

（1）美国高中个性化毕业计划表（美国各州未必采用相同的操作表）。

根据介绍，北中心高中咨询辅导师的工作重心就是帮助学生制订毕业计划。该计划的制订和运用会从高一持续到高四。

高中个性化毕业计划

姓名：_____ 出生日期：_____ 班级：_____
社区服务：_____ 职业路径：_____

A 社会科学（3年）
世界历史A ___ □
世界历史B ___ □
美国历史A ___ □
美国历史B ___ □
美国政府(G) ___ □
经济学(G) ___ □

B 英语（4年）
英语9A ___ □
英语9B ___ □
英语10A ___ □
英语10B ___ □
美国文学 ___ □
当代作文 ___ □
读写结合课A ___ □
读写结合课B ___ □
_____
_____
_____

C 数学（3年）
代数1A ___ □
代数1B ___ □
几何A ___ □
几何B ___ □
代数2A ___ □
代数2B ___ □

D 科学（2年）
生物科学A ___ □
生物科学B ___ □
物理科学A ___ □
物理科学B ___ □
健康（5学分） ___ □
体育（20学分）□□□□

E 外语（2年）
_____ □
_____ □
_____ □
_____ □

F 美术（1年）
_____ □

G 公共选修（10学分）
_____

其他选修课（25学分）
_____

职业路径：_____

高中毕业后计划：
大学系统 ___ 州立大学系统 ___ 私立大学 ___
社区大学 ___ 参军 ___ 工作 ___
其他 _____

PSAT/SAT/ACT 考试
分数/平均绩点
_____

	8	9	10	11
英语语言艺术				
数学				

父母/监护人签名&日期
9 _____ 11 _____
9 _____ 11 _____
10 _____ 12 _____
10 _____ 12 _____

学生签名&日期
9 _____ 11 _____
9 _____ 11 _____
10 _____ 12 _____
10 _____ 12 _____

9年级（0—49学分）
第一学期 ___ 日期：___
第二学期 ___ 日期：___
总学分：_____

10年级（50—104学分）
第一学期 ___ 日期：___
第二学期 ___ 日期：___
总学分：_____

11年级（105—159学分）
第一学期 ___ 日期：___
第二学期 ___ 日期：___
总学分：_____

12年级（160—210学分）
第一学期 ___ 日期：___
第二学期 ___ 日期：___
总学分：_____

注：O 代表 AP 课程难度，B 代表正常难度水平。

这份表格反映了美国高中学生课程选择、学分、考试成绩、毕业去向、职业路径、社区服务等方面的情况，但咨询辅导师的工作绝不是仅仅帮助学生填写这一份表格。大量的工作隐藏在这份表格的背后，每一块内容或者每一个空格，都是咨询辅导师的一条工作线索。

（2）高中生毕业咨询表。

为了学生能够选到自己心仪的大学，咨询辅导师问高中毕业学生的问题会在下表中选择。

高中毕业生咨询问题

序号	问题
1	为什么一所太大的大学是一个糟糕的选择？
2	说出你认为关于大学的三个误区。
3	你将要去读大学，你感到最兴奋的是什么？
4	你将要去读大学，你感到最不开心的是什么？
5	支付大学学费的途径有哪些？
6	选择大学时，对你来说最重要的是什么？为什么？
7	读社区大学的好处有哪些？
8	说出你认为在大学里最有用的三个技能。
9	说出你认为在大学里最有用的三个资源。
10	你想去参观哪所大学？为什么？

显而易见，这些问题是对学生所选择的大学的理性意识的考量。如果学生在某个问题的回答上存在什么问题，咨询辅导师则会积极介入。从中我们可以看到美国从基础教育起，就不希望看到学生进入大学后出现迷茫的情况，并不是把大学这一段生涯直接甩给大学。

（3）大学费用对照表。

在美国，读大学的费用很高，这是众所周知的，公立大学和私立大学费用有很大不同，在州所在地读大学还是在别的州读大学，费用也是不一样的，还有各种奖学金、助学金等，咨询辅导师要引导学生进行费用预算。

大学费用对照表

		学校1	学校2	学校3
花费	学费（全年）			
	费用（申请，毕业，项目等）			
	小计			
	住宿费			
	书费材料费			
	其他教育费用			
	旅行费用			
	小计			
	（1）总学费			
资助	州政府/联邦政府助学金			
	州政府/联邦政府奖学金			
	学院/大学助学金			
	学院/大学奖学金			
	小计			
	私人助学金			
	私人奖学金			
	一次性奖励			
	小计			
	军事福利			
	学费援助			
	小计			
	（2）总资助			

续表

		学校1	学校2	学校3
其他	计划内捐款 （大学储蓄存款等）			
	联邦工读补助			
	（3）其他总计			
贷款	帕金斯贷款			
	直接补助贷款			
	直接无补助贷款			
	PLUS贷款 （贷给父母）			
	小计			
	私人贷款			
	（4）贷款总计			
	（5）余额 （从第一项中减去第二、三、四项的费用）			
总计	实价（从第一项费用中减去第二项费用）			
	一年后债务（输入第四项总数）			

"余额"就是你需要从口袋中掏出的费用。"实价"就是你第一年大学需要支付的费用。如果还有额外的私人贷款，加入"一年后债务"。

这是一张空白表，需要学生根据左边的提示填写。在美国，小学开始（或许更早）学生就开始接触财务问题，财务问题是个体能否独立的大问题，因此，美国基础教育的生涯规划教育始终有它的身影。

这些表格也反映了美国生涯规划教育的内容。整体来看，有些在国内并不一定很有必要，比如大学的费用对比。撇开内容，在方法上，我们需要涵盖生涯规划教育内容的各种工具。

2. 关于开设生涯规划课

在美国，生涯规划教育没有专门的课程。虽然咨询辅导师会根据需要给学生上课，但总体而言，生涯规划教育以体验、探索为常态。生涯规划教育主要不以课的方式进行，这是由其内在规定性决定的。生涯规划说到底是学生个体的规划，个体与个体之间的规划是不一样的，生涯辅导是帮助学生进行自我发展的体验和探索，这就决定了很大一部分内容无法以上课的方式进行。让所有的学生听同样的内容，对于生涯规划教育而言恐怕不是很合理。

我国要求学校开设生涯规划课，这可以看作适合我国教育文化的做法，但以课的形式来开展生涯规划教育已经显露出了弊端：有的老师花一节课的时间讨论某个学科的高尖端职业，这对班级里的少数学生可能是有意义的，但对大多数学生来说，他们的规划框架里不需要这些内容；有的老师在生涯规划课上讨论各种关于大学专业的知识，其实，对学生个体而言，他所需要的只是与他的生涯发展相关的专业知识。因此，我们要从生涯规划教育的个体性这个特征出发，开发更多生涯体验、探索的活动；在以课这种方式进行的前提下，分清楚哪些内容适合团体辅导，哪些内容适合个体辅导，这是很有必要的。

3. 生涯规划教育的在线支持系统

目前，国内高中生涯规划指导过程中，对教师来说，最具挑战性的就是对大学和专业的了解不够，信息不全且不及时。即使对学生有了较为充分的个人了解，但对大学和专业信息掌握不足，教师也很难帮助学生找到最适合的大学和专业发展方向。许多学生在生涯决策阶段仍然处于自发状态，存在着较大的偶然性和随机性。要改变这种现状，就要加强生涯辅导教师的专业指导水平，建设类似于美国 navience 在线系统的信息交流平台是当务之急。在大数据时代，建立这样的信息交流渠道非常有必要。这一系统的建立将极大地提升教师对学生进行大学及专业选择指导的准确性和有效性。

借鉴美国 navience 在线系统的结构框架，结合我国高中需求及大学实际，架构生涯指导在线系统的框架如下：

一是大学基本情况介绍，内容应包括学校名称、学校标志及解读、学校追求、地址、知名校友；二是专业设置及优势、相应专业课程安排、专业未来发展方向、近三年各专业招生分数段；三是年度招生计划、招生政策等；四是招生要求，尤其是与大学和相关专业相匹配的招生要求；五是学费及奖学金政策；六是自我检测工具，包括霍兰德职业兴趣测试基础版、MBTI 性格测试、能力测试等；七是比较，访问者可以选择 2～3 所大学的同一专业进行前五项参数比较，通过直观的信息对比，帮助分析和决策。

五、生涯规划教育谁来做

讨论了生涯规划教育的内容与方法后，接下来的问题便是生涯规划教育工作由谁来承担。我们曾专门考察了美国印第安纳州几所学校的咨询辅导师的日常工作，目的是为国内如何开展生涯规划工作提供参照。在美国，因为充分考虑学生的个性发展，从初中开始，学生就是走班上课的。学生班级不固定，因此就没有"班主任"一职，学生的部分管理工作就由咨询辅导师来承担。咨询辅导师的工作内容大致包括三方面：心理辅导、课程选择指导、职业指导和升学指导。其他与咨询辅导师相关的事件也要积极介入，比如学校出现危机事件，咨询辅导师要做好相关学生的安抚等工作。一名咨询辅导师分管 250 名左右的学生，因此是十分忙碌的。咨询辅导师常感叹，时间不够做好所有的工作。

印第安纳州的北中心高中，共有学生 3600 人左右，咨询辅导师共 11 人，其中 1 人为负责人，领导全校生涯规划教育工作，1 人负责大学规划，其他 9 人为一般辅导师。咨询辅导师是专门教师，不兼任其他课程的教学工作。咨询辅导师并不是对每一位学生做工作。很大一部分学生通过自己摸索或在家长及其他相关人员帮助下，在生涯规划方面已经没什么问题，这样的情况下，咨询辅导师基本不介入。咨询辅导师主要帮助那些生涯选择有困难或选择错位的学生。

咨询辅导师一般要比其他任课教师早一个小时到学校。在北中心高中，其他任课教师早上 7:30 到学校，咨询辅导师则要在 6:30 到学校。当然，他们下午可以比其他教师提前一个小时左右离开学校。咨询辅导师到校后，先要列出事务清单。清单里会有这些日常内容：（1）哪些学生预约当天要单独面谈；（2）前一天没完成，今天要继续进行的工作；（3）根据学生情况，一一打电话（由相应的教师转）激励他们参加高水平课程，往更高的层级走；（4）到哪一所初中作讲座，回答咨询，做好初高中衔接工作。

九年级（高一），咨询辅导师会花 9 周的时间去为学生建立职业路径，让学生为未来的职业路径作好准备，知道自己的前行方向，决定自己每年的计划。在这个过程中，咨询辅导师会花费很多时间让学生了解自己，也会给学生上相关的课。十一年级（高三），咨询辅导师指导学生形成申请大学的简历，协助学生作出可能的大学选择，指导学生写推荐信，学习如何支付大学学费。十二年级（高四），会有一次学生全体集会，咨询辅导师会下到各班去上课，也会进行个体会面，晚上会召开家长会，宣传招生信息；各大学代表也会来到学校，开招生咨询会。

做一名咨询辅导师，需要相关的专业知识，更需要了解各种不断变化着的信息。咨询辅导师的信息来源主要是网站。不同大学会与高中咨询辅导师联系，提供最新信息，如招生计划、标准，发放宣传册，咨询辅导师就可以根据这些信息给学生作讲座，让学生了解。印第安纳州美国高中咨询辅导工作中经常使用的网站是 navience 在线系统，这个系统是美国大学信息交流的重要渠道。在这个平台上，咨询辅导师可以查询到大学、专业的相关信息，并及时获取大学招生信息、相关要求及就学费用等。学生和家长也可支付一定的费用以获取账号，在平台上查询信息，并在线申请自己心仪的大学和专业，提交大学申请、自我介绍信和其他相关佐证材料。

咨询辅导师开展工作除了利用学校配备的各种硬件设施外，还会得到社区的社工和学生家长的支持。社区的社工会协助咨询辅导师，帮助一些无家可归、遭受家庭暴力的人。家长也会自发地组织起来，成为一些学生活动的坚强后盾。相对而言，家长对有自己孩子参加的活动会更热心一些。但也有不少家长纯粹是为了帮助学校，帮助孩子。

相比小学生、初中生来说，美国高中生的辅导要复杂得多，因为高中生面临升学、就业等问题，学生要选择什么课，要考虑将来上大学的事，不准备上大学的还要考虑就业的问题。要作这些事关人生的重大决定时，高中生往往需要得到咨询辅导师的指导与帮助。

在国内，不少学校在探索生涯规划教育的过程中形成了具有学校全员参与特征的理论和做法，并通过各种手段进行推广。这恐怕不太妥当。在美国学习考察期间，我们常听到的一句话是"让专业的人干专业的事"，实际上，美国的生涯规划教育由专门的咨询辅导师来承担，这样做明显地更能把生涯规划教育工作做好，而全员参与的做法看起来似乎很好，但因为责任主体不明晰，反而最终会削弱生涯规划教育，甚至削弱生涯规划教育的存在。

在美国，没有班主任这样的职务，生涯规划教育由咨询辅导师承担，国内如果像美国那样设立咨询辅导师这样的职务来负责生涯规划教育，必然会造成职务重叠、责任交叉等情况。由于班主任在我国的学校教育中具有举足轻重的地位，最后生涯规划教育会被学校边缘化、淡化，为学生生涯负责的教育就成了空话。我认为，最合适的做法是，学校德育处确定一位副班主任专门抓学校的生涯规划教育，协助班主任把生涯规划教育逐步深化。当然，这需要组织专家对所有班主任进行专门化的全员培训。

方案 7

学生生涯规划与
职业体验活动指导的
实践和探索

张晓冬

国家二级心理咨询师。上海市建平中学心理高级教师，上海市学校心理咨询师，生涯规划师，区心理学科带头人。参与《家庭教育100问》《社会》《学校心理辅导通论》《怎样开展学校心理健康教育》等书的编撰工作，所讲生涯教育课程"与未来有约"曾获上海市心理辅导活动课大赛高中组一等奖。受邀在第四届中国教育创新论坛上作生涯教育主题演讲，为全国中小学校长与骨干教师作生涯教育专题讲座近百场。曾获上海市教育系统三八红旗手、上海市德育先进个人等荣誉称号。

方案 7
学生生涯规划与
职业体验活动指导的实践和探索

随着新高考改革的推进，学生发展指导，尤其是学生生涯规划指导的问题，越来越受到关注，但为什么要指导、指导什么、怎么指导，是教育界，尤其是学校和广大教师，更为关心的问题。

一、生涯规划指导的背景

1. 学生发展的需要

现代社会的竞争已经不仅仅是学业的竞争，学生需要发展更多的能力以适应未来社会对人才的要求；学生的人生目标、人生规划都在很大程度上影响着他们的学习动机、学习兴趣和学习成果；随着高考制度的不断深化改革，学生在初中时就要考虑是读高中还是中专职校，今后是考国内大学还是国外大学，在高一或者高二的时候选择哪些高考考试科目，无论是"七选三"还是"六选三"都在很大程度上要求学生能有长远的人生目标和人生规划，从生涯规划的角度进行理性选择。

但是，目前大多数家长和学生还是只注重学业发展，却忽略了树立个人发展目标，这让很多学生面临选择的时候陷入迷茫与束手无策的状态。

2. 时代发展的召唤

现代社会的发展越来越快，社会新兴的产业、行业、职业和岗位越来越分化与细化，社会的发展要求对人才的培养要多元，职业的专职化、专业化要求人才培养也要越来越专业，而不同行业、不同职业、不同岗位对人的其他素养要求差别很大，这些都要求学生尽早树立专业理想，慎重选择专业培训，提高专业技能，并加强基本素养的培养。如果学生和老师一味待在象牙塔里，不走进社会，不了解社会及职业，缺乏生涯决策能力，那么我们的学校教育培养出的人就必然与社会脱节，也不能满足现代社会行业与职业发展专业化的需要。

3. 基础教育改革的明确要求

早在1994年，国家教育部就下发了《普通中学职业指导纲要（试行）》，明确提出"职业指导是普通中学教育的一个重要组成部分"。它的任务是帮助和引导学生了解社会、了解职业和专业，了解自己的生理、心理、兴趣、才能和体质等特点。教育学生正确处理国家、社会需要和个人志愿之间的关系。增强职业意识和对未来职业的适应能力，使学生能够正确地选择符合社会需要及其身心特点的职业或专业方向。

因此，无论从外在的教育改革要求、社会的发展还是学生内在的发展需求来看，开展生涯教育是当下一项非常重要的教育工作，进行学生生涯规划指导势在必行。

二、学生生涯规划指导的理论基础

1. 生涯发展阶段理论

美国著名生涯发展专家舒伯认为，人的职业生涯发展分为五个阶段：

（1）成长阶段（14～15岁）。儿童在这个阶段发展的任务是，发展自我形象和对工作世界的正确态度，并了解工作的意义。

（2）探索阶段（15～24岁）。青少年开始通过尝试一些自己感兴趣的职业活动，对自我能力及角色、职业进行探索。

（3）建立阶段（25～44岁）。个人开始尝试选择适合自己的职业领域。

（4）维持阶段（45～64岁）。个人通过不断努力来获得职业生涯的发展和成就，并逐渐能在自己的领域中占有一席之地。

（5）衰退阶段（65岁以上）。个人职业角色的分量逐渐减少，开始考虑退休并享受自己的晚年生活。

舒伯随后还提出了职业循环发展理论。他认为，一个人一生的职业发展过程中，这五个阶段是一个循环往复的过程。舒伯后来提出了一个更为广阔的新观念——生活广度、生活空间的生涯发展观。他将生涯发展阶段与角色彼此间交互影响的状况描绘出一个多重角色生涯发展的综合图形——一生生涯彩虹图。

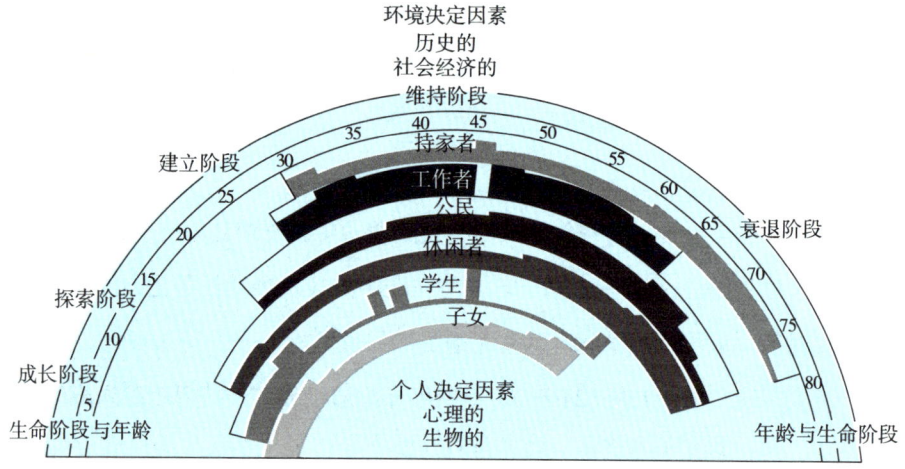

舒伯的一生生涯彩虹图

2. 金斯伯格职业生涯三阶段理论

美国著名职业指导专家金斯伯格对职业生涯的发展进行过长期研究，他把职业发展阶段分为幻想期、尝试期和现实期。

（1）幻想期：11岁之前，儿童们对大千世界，特别是对于他们所看到或接触到的各类职业工作者，充满了新奇。这一时期职业需求的特点是，单纯凭自己的兴趣爱好，不考虑自身的条件、能力水平和社会需要与机遇，完全处于幻想之中。

（2）尝试期：11～17岁，青少年的生理和心理在迅速成长发育和变化，他们开始有独立的意识，价值观念开始形成，知识和能力显著增长和增强，初步了解社会生产和生活的经验。在职业需求上呈现出的特点是，有职业兴趣，但不仅限于此，可客观地审视自身各方面的条件和能力；开始注意职业角色的社会地位、社会意义及社会对该职业的需求。

（3）现实期：17岁以后，青年人即将步入社会，能够客观地把自己的职业愿望或要求，同自己的主观条件、能力，以及社会现实的职业需要紧密联系和协调起来，寻找适合于自己的职业角色。此时期所希求的职业不再模糊不清，已有具体的、现实的职业目标。

3. 职业兴趣理论

美国著名的职业指导专家约翰·霍兰德于1959年提出了具有广泛社会影响的职业兴趣理论。他认为，人的人格类型、兴趣与职业密切相关，兴趣是人们活动的巨大动力，凡是具有职业兴趣的职业，都可以提高人们的积极性，促使人们积极地、愉快地从事该职业，职业兴趣与人格之间存在很高的相关性。他认为，人格可分为现实型、研究型、艺术型、社会型、企业型和常规型六种类型，每种类型都有对应的社会职业，每个人都可能属于其中的一种或者几种职业兴趣类型的组合。

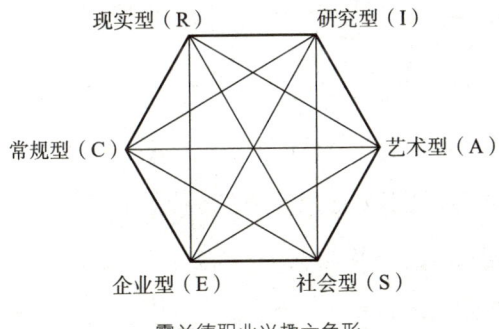

霍兰德职业兴趣六角形

4. 社会认知生涯理论

美国心理学家兰特等人提出的社会认知生涯理论，回答了"人们的兴趣是如何发展起来的，如何作出职业选择，如何获得不同程度的生涯成功和稳定性，如何在工作环境中体验满意度或幸福感"等生涯问题。对应到中小学生，则回答了"如何激发学生的自主性，如何激发学生的兴趣，如何激发学生的意义追求"等生涯问题。该理论提出了生涯发展中的三个重要变量。一是自我效能，是个人对"我是一个有能力解决自己的问题的人"的判断和信念，回答了"这件事情我能做吗"的问题。二是结果预期，回答了"这件事情我做了会怎么样"的问题。三是个人目标，通过对目标的设定，个体可以组织、指导和维持自己的行为。社会认知生涯理论基于这三个重要变量，还发展了兴趣、行动、结果等变量，这些变量也受自我效能、结果预期、个人目标的影响。

5. 生涯建构理论

2002年，美国职业辅导实践与研究的资深学者萨维柯斯教授提出了生涯建构理论，该理论探讨的是个体如何通过一系列有意义的职业行为和工作经历来构建自身职业生涯的发展过程。在职业配型理论、职业成熟度理论的基础上，生涯建构理论进一步提出，个体应综合考虑自己的过往经验、当前感受及未来抱负后作出职业发展行为选择，职业生涯发展就是个体围绕职业生涯这一重要人生主题而展开的内涵丰富的主观建构过程。生涯建构理论认为，个体职业发展的实质就是追求主观自我与外在客观事件相互适应的动态建构过程，因此不同的个体所建构的内容和结果往往是不一样的。

6. 生涯决策理论

1973年克朗伯兹在班杜拉社会学习理论基础上，将其观念运用于职业生涯发展与规划上，用以了解在个人职业决策历程中，社会及遗传与个人因素对于决策的影响。1977年，他对此前提出的八阶段模式进行了修正。修正后的职业决策模式主要分为七个步骤：

（1）界定问题：理清自己的需求和个人限制，即认识自我的过程，明确自己想要什么，自己存在哪些优势与不足，在此基础上，制定出明确的目标和实现目标的时间表；（2）拟定行动计划：在明确自己的需求目标的基础上，思考可能达到目标的各种行动方案，并规划达成目标的流程；（3）澄清价值：界定个人的选择标准，即明确自己最想要的是什么，作为评量各项方案的依据；（4）找到可能的选择：搜集资料，找出可能的方法；（5）评价各种可能的选择：依据自己的选择标准和评分标准，逐一评价各种可能的选择，找出可能的结果；（6）系统地删除：有系统地删除不合适的方案，挑选最合适的选择；（7）开始行动：开始执行行动方案，以达成选定的目标。

三、学生生涯规划指导体系与实践

虽然各级教育行政主管部门关于生涯教育的要求越来越明确，但在基础教育领域，各学校的实施落实仍存在许多问题。这些问题具体体现在以下几个方面。

第一，有些学校依旧采用较为封闭的教学模式，仅仅看重学科知识的学习，根本没有专业的师资开设相关课程。第二，有些学校虽有相关指导文件，却形同虚设，未见成效。第三，有些学校虽然也开展职业生涯教育，但流于形式，学生无法在真实的情境中进行职业体验，缺乏对职业的直观感受和体验。第四，在大多数学校的生涯教育过程中，老师、家长和社会参与明显不足，在生涯教育中缺乏过程性引导、管理制度，以及效果研究。生涯规划指导体系不完整，过程不严密，效果更是无从考证。第五，有些学校的生涯课程仅仅聚焦学生的近期发展，而没有考虑到学生长远乃至终身发展的需要。

2012 年，一项针对中、美、日、韩四国高中生毕业去向，以及职业生涯规划教育的调查研究表明，我国高中生职业生涯规划指导与美国、日本、韩国相比还比较落后，存在严重的不足。这些不足主要体现在职业生涯规划教育缺乏系统的设计、职业学习或体验活动匮乏、严重缺乏专业的师资队伍、职业准备和规划意识极度欠缺、家庭职业启蒙教育缺失等方面。

面对职业生涯教育实践过程中的种种问题，如何开发和构建体系健全、过程指导和管理严密的，能够允许学生在不同的职业情境中体验的，并切实满足学生长远职业生涯发展需求而非仅仅聚焦于高考的学生职业生涯规划指导体系，成为学校学生生涯规划指导必须面对的任务和挑战。

学校应该围绕新时代人才培养要求，特别聚焦核心素养培育，结合学校培养目标，根据学校现有基础，制定符合自己学校特点的学生生涯规划指导体系，明确学校生涯规划的指导思想、指导目标、指导原则、指导内容及实施途径和方法。

1. 生涯规划指导思想

全面贯彻落实习近平新时代中国特色社会主义思想和党的十九大精神，坚持立德树人的根本任务，培育和践行社会主义核心价值观，大力弘扬中华优秀传统文化，将生涯教育作为发展素质教育、推进教育公平的重要途径，引导学生树立正确的世界观、人生观、价值观，培养德、智、体、美全面发展的社会主义建设者和接班人。

2. 生涯规划指导目标

（1）指导和帮助学生了解生涯规划的意义，并在学习与未来的个人教育和职业生活之间建立联系。

（2）通过对自我和外部世界的探索，发现自己的特质，进而了解自我、接纳自我，找到个人生涯发展的方向。

（3）在选科目、选专业、选学校和选职业的过程中，培养选择和决策能力。

（4）学会制定生涯规划，提升践行与调适生涯规划的能力。

3. 生涯规划指导原则

（1）学生的生涯规划指导属于非职业定向教育，不在于指导学生选定未来职业，而在于指导学生站在未来的角度看待现在的发展，理性规划，主动探索，提高生涯决策能力。

（2）生涯规划指导与生涯抉择不能完全依赖各种生涯测评结果，不同的测评结果仅供参照，需要全面考量学生自身因素、职业因素和社会环境因素。

（3）每个学生都是独特的，都有自己的成长历程，生涯规划指导要根据每一个学生的实际情况，有针对性地进行指导。

（4）学校应该提供各种生涯规划工具、服务和支持，但绝不可代替学生作生涯决策。

4. 生涯规划指导内容

（1）自我认识：指导学生探索了解自身的兴趣爱好、能力特长和个性特征，发展积极的自我概念和生涯规划意识，提升自我调控、人际交往和社会适应能力，并在不断成长中形成健全的人格，树立正确的人生理想和价值信念。

（2）社会理解：指导学生增强社会意识、社会理解和社会责任感，认识个人与社会、学业与发展、当下与未来的关系，了解社会行业、社会分工的发展动态及不同职业的专业素养要求，形成对社会各行各业的尊重与理解。

（3）生涯规划：指导学生在充分的自我认识和社会理解的基础上，掌握学业规划与职业规划的主要方法，综合各类信息，平衡个人发展和社会发展的需求，制定适合个人的学业发展目标和计划，初步设计合理的职业和个人发展路径。

5. 生涯规划指导实施途径和方法

（1）开设生涯辅导课程。

在很多学校开展生涯规划指导的方案中，生涯辅导课程可以说是其中最主要的渠道。上海市教委指定心理健康教育教材中关于"生涯与展望"模块一共设置了四个课时，分别是生涯与职业、快乐冒险岛、财富人生、选择与规划。事实上，很多学校根据学生的实际发展需求，开发了本校的生涯辅导课程。如上海市建平中学在调查研究的基础上，将生涯辅导课程分为认识自我、生涯准备、生涯探索和未来人生四个模块，共 16 个课时。对大多数学校来说，可以根据自己学校的实际情况，选择有针对性的主题，开展更符合学生实际的实践探索，如自我的探索可以从了解自己的性格、兴趣、能力、价值观等方面进行，对职业的探索可以从了解社会职业、大学及专业等方面入手，培养生涯决策能力可以从生涯决策技术、面试辅导、设计简历等方面着手。具体内容见以下三张图。

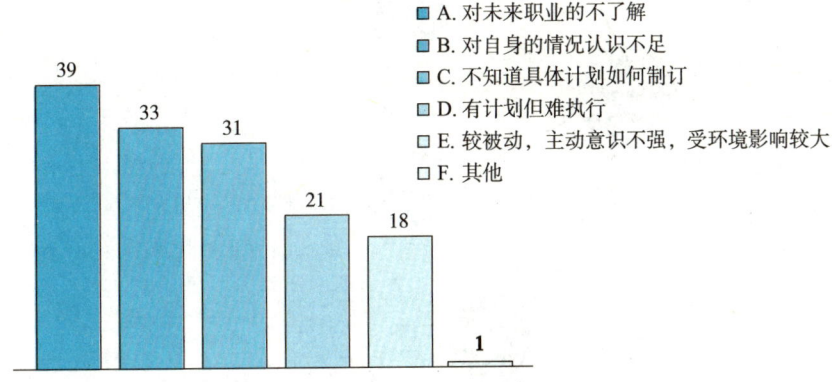

学生在进行生涯规划方面遇到的困难

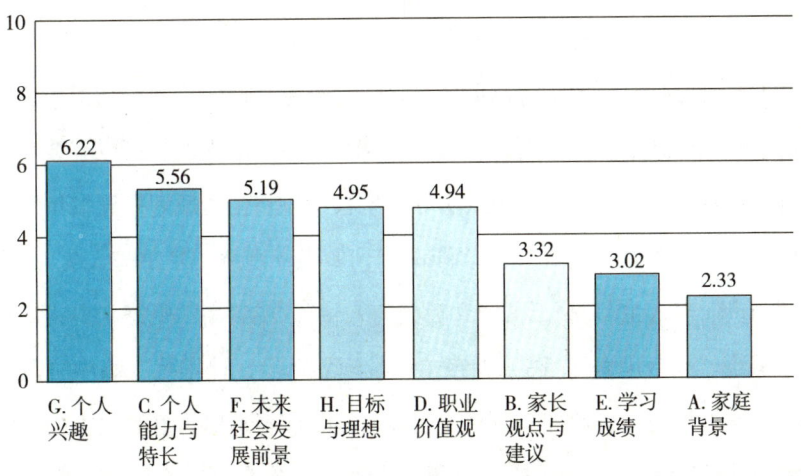

学生认为影响个人生涯规划的因素

（戴维恩、陈仁慧《建平中学学生生涯规划的实践与探讨》，2011年）

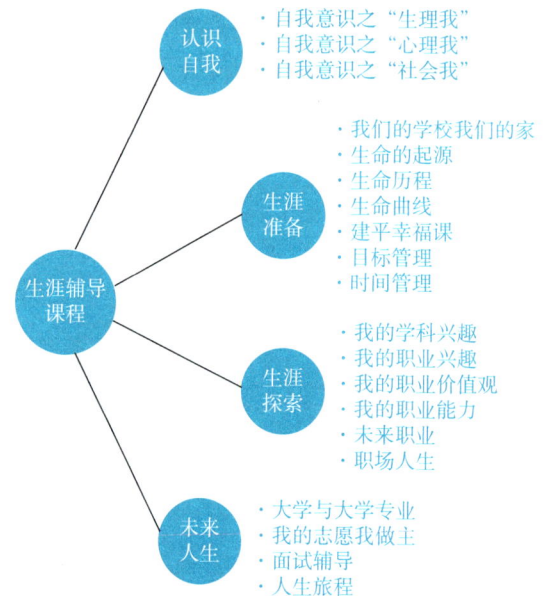

上海市建平中学的生涯辅导课程模块及内容

（2）开设生涯规划指导主题班会。

主题班会是重要的德育活动形式之一，也可以作为生涯规划指导的重要途径。班主任通过生涯主题班会形式围绕生涯规划的主题，可以有效对学生进行人生观、价值观、世界观的引导。学校可以将生涯规划指导按年级进行合理分配，有层次、有梯度地逐渐深化，如高一围绕"梦想与人生"，高二围绕"责任与人生"，高三围绕"社会与人生"，或者高一围绕"自我认识"，高二围绕"社会理解"，高三围绕"理性规划"等，让学生在高中阶段系统接受生涯规划的系列指导。对目前因课时限制或者师资力量等原因尚不能开设生涯辅导课程的学校来说，生涯规划指导主题班会更应该科学设计。

（3）开展生涯人物访谈活动。

每一位职场人对自己的职业生涯都有直观感受和深切理解，他们是最了解自己职业生涯的人,每一个人的生涯故事都是非常精彩的。学校可以设计生涯人物访谈活动,可以利用社团活动时间开展,也可以利用寒暑假社会实践时间开展,甚至可以作为日常家庭作业布置。访谈的对象可以是学生的家长,如"跟家长上一天班";可以是学长的"成长历程分享会"或者"××大学宣讲会",几乎所有的学生毕业后都很愿意为母校作点贡献,很多大学生也把回母校宣讲作为自己社会实践的内容,在校学生往往更愿意接受这些学长的经验;可以是自己感兴趣的职场人的专访,让学生更了解这些职业的特点、工作性质、人才要求、行业发展等;甚至可以是学校出面邀请的各行各业的行业精英,让学生们能站在更高的视角了解成功人士的生涯发展经历,也了解最前沿最高端的行业发展,形成对国家与社会发展的荣誉感、使命感、责任感。学生对访谈的交流分享则可以让更多的学生了解到更多行业、更多职业、更多岗位的职业现状、发展前景和人才要求。

(4)举行校园模拟招聘活动。

如果说确定长远而广泛的生涯目标并寻找生涯规划的方法是生涯规划的战略层面任务,那么明确自己的职业目标就可以说是战术层面的任务了,而学生还需要进行操作层面的尝试。校园模拟招聘就是一种非常不错的尝试,可以通过这样的方式进行:学校邀请一些企事业单位参与招聘活动;单位走进校园,宣传、发布招聘信息;学生进行角色模拟,准备并投送虚拟简历和自荐信(这些需要学校集体指导,学生充分准备);单位根据简历初选,确定面试人员;然后单位再次走进校园,集中进行面试,面试时可以允许其他学生公开旁听、感受并学习;最后单位发放模拟录取通知书并给予反馈与指导。学生在整个过程中学习虚拟简历的制作,为自己构建积极的自我意向蓝图,通过投递简历与面试,感受企业对未来职场人才的要求。模拟录用是一种积极的激励，现场观摩是一种直观的榜样学习，用人单位的面试反馈则是校外生涯导师的具体指导。

（5）开展大学和专业巡游活动。

如果说要对学生未来产生影响，有什么形式比让学生走进一所大学，亲身感受大学的校园文化与学术氛围更深刻的呢？据说北京一些名校很热门，旅行社和相关机构甚至组织了"高校一日游"项目。一个对未来大学或者高中迷茫的学生进入高一级学校校园，感受不一样的校园氛围，可以和学长学姐交流，或者试听一些课程，可以参观甚至使用高端实验室，或者接受知名教授的指导，一定会终身难忘。曾有一名初二女生参加了某高中的节庆活动后，激动地高呼："我就要考这所高中！"回去后果然奋发图强，最终如愿进入这所高中学习。也曾有一名高三女生参观了一所风景如画的大学后，非常喜欢那里的校园环境和学术氛围，把该大学的照片贴在桌前激励自己，每当复习累了或者压力大时，就看看照片，憧憬一下自己进入这所大学的喜悦，就又有了精气神，还克服了惰性和拖延症。在心理学上，这叫目标具体化、形象化，其激励作用很明显。因此，有条件的学校，如大学的附属学校，可以组织学生参观大学，和教授、大学生座谈；或者与大学签订指导协议，请大学开放部分实验室供学生研究，聘请大学教授或者研究生做学生研究性学习导师；或者允许旁听高一级学校的优秀教师的课程。这些尝试对学生的影响将是巨大的，让学生对大学、对大学专业、对大学学习方式有了更直观的了解，不仅有助于学生理性选择，也更有助于增强学习动机。要知道，很多学生其实是在完全不了解高一级学校的情况下，就仅根据分数或家长意见盲目报学校的，入校后才会出现诸多不适应现象，有的甚至出现厌学退学现象。

（6）校内主题值周和岗位体验。

学生在校内也可以进行岗位体验，如很多学校都会安排学生进行值周，如每天早上有学生排列在校门口列队欢迎师生入校、负责眼保健操、广播操和环境卫生的检查等。事实上，如果策划得好，学生可以带着主人翁的责任感参与到学校日常教育教学管理过程中，体验学校教育教学岗位、管理岗位及后勤服务岗位的工作乐趣，获得最直接的职业感悟，甚至可以通过开展主题探究活动进行更深入的思考，提出更有效的建议。

如上海市建平中学开展多年的学生主题值周项目，以班级为单位，每班轮流一周时间，每天只上前四节课，后面的课按照学生意愿和学校岗位需求将学生分配到不同的教育教学、行政管理和后勤服务岗位上。每位学生在校期间会轮两到三次。学校安排德育助理专人负责值周主题选择和指导。每位学生在各个岗位上又有相关岗位老师负责指导，学生可以观摩、体验该指导老师的常规工作，也可以开展相关主题的课题研究，通过观察提出问题，进行质疑思考并找到解决方案。主题可以是给学校教育教学管理提出建议或批评，为学校活动出谋划策，监督学校管理与发展；也可以是讨论热点话题，达到自我教育的效果。学生围绕选定的值周主题进行调查研究、宣传、方案落实和创新等，一周的值周体验结束后，形成书面报告，由班长和团支部书记在周五行政会议上向学校中层以上干部汇报，下一个班级派代表旁听学习，既是值周管理的学习过程，又是值周主题的延续、交接。通过主题值周活动，学生的观察力、敏锐度、决策能力、项目设计能力、应变能力及总结归纳展示能力得到有效的提高。另外，领导力、执行力的提高也凝聚了班级向心力，促进学生学会换位思考、尊重他人劳动并体验和感悟到了不同岗位的职责与人才要求，提升主人翁责任感和内在能力发展动力。

（7）择需进行生涯测评，建立学生成长档案。

学生的成长是一个过程，能记录下整个成长过程是非常有意义的，如设计《学生个人生涯发展规划之成长记录》。这本手册学生在校学习期间不断记录、不断充实直至毕业,其主要内容包括以下几方面。

①生涯发展规划与成长记录:认识自我、我最喜欢的职业及选择理由、我向往的大学及选择理由、我打算就读的专业及选择理由等。

②高中三年发展规划与成长记录:三年成长规划、长期目标和短期阶段性目标、学期计划(能力提高、兴趣激发、价值观保持等)的填写,计划完成情况(成长大事记、师生交流、目标调整情况等)的记录。

③个性、兴趣、职业能力测评。

学生可以从兴趣爱好、日常实践中加深对自己的了解,生涯测评则是更客观更快速地促进自我认识的途径。很多学校寄希望于通过心理测试协助学生进行生涯选择,但到目前为止,很多心理测试都是采用国外编制的常模,可能还没有经过本土化的改编,不一定适合国内学生。有些心理测验非常专业,需要经过培训的生涯规划师或者心理咨询师根据经验才能解读,而大多数学校缺少这样的专业人才。因此,在生涯测评量表选择上要特别慎重,不能因为选用测评量表不当而造成学生的误解或者困惑。如可能,学校可以选用网络测评软件。软件测评操作简单,界面简洁,建议合理,学生可以自行测试,也可以在老师组织下集中测试。学生有权限看到大多数的测评结果,有些需要在老师指导下查看测评结果。学校在决定购买或者使用一套生涯测评软件之前,最好经过一段时间的试用或者其他同行的试用和推荐。

在生涯测评量表的选择上,最好能选择那些促进学生自我认知、职业理解和社会认识的量表,如学科兴趣测试、职业兴趣测试、霍兰德职业倾向性测试、职业能力测试、自我效能感测试、MBTI职业性格测试、威廉斯创造力倾向测试、成就动机测试、卡特尔十六种人格因素测验(16PF)、人职匹配测试、马氏职业倦怠通用量表、职业锚测试等。在使用生涯测评时,一定要注意个人生涯选择受到内在与外在条件的影响,测评结果的应用也因人而异,一定要根据更多信息,诸如家庭、观念、社会发展等信息,综合考量才能最终作出理性决策,换句话说,生涯测评的结果仅供参照。另外,参照生涯测评的结果,学生最终缩小生涯选择的范围,还是扩展生涯探索的领域,都必须对相关的职业或个人因素作更深入的探索。一个好的生涯决策,必须以"知己"与"知彼"为基础,而测评的结果为这个"知己""知彼"提供了更多的信息,能协助学生增进对自己、对职业、对社会的了解。有些生涯测评软件在学生进行选科、选专业、选高校时会给出具体的建议,有些则不能,但不管哪一种,生涯测评只是协助学生了解自己的一种途径。总之,生涯测评只是生涯探索的手段之一,协助学生理性进行生涯决策才是生涯规划的最终目的。

(8)职业体验活动。

体验式学习是指通过实践来认识周围事物,或者学习者完完全全地参与学习过程,真正成为学习的主角。真实的学习情境让学生产生一种渴望学习的冲动,自愿地全身心投入学习。生活中任何有刺激性的体验都是终身难忘的,同理,体验式学习也会给学习者带来新的感觉、新的刺激,从而加深学习者的记忆与理解。

2017年教育部发布的《中小学综合实践活动课程指导纲要》中将职业体验也作为重要的综合实践活动课程之一,该纲要认为"职业体验的关键要素是设计或选择职业情境;实际演练;总结、反思和交流体验经历过程;概括提炼经验,行动运用"。

根据上海市建平中学2017年10月对2014届至2017届毕业生的跟踪研究,经历过三年五次深度职业体验的毕业生在专业与兴趣匹配度方面都明显高于没有参与过职业体验的大学生,大学专业的第一志愿录取率高(66.94%)于没有参加过职业体验的大学生(53.85%),调剂专业(10.3% < 15.38%)

和转专业比例低（5.69% < 12.82%），专业兴趣更浓（77.24% > 64.2%），生涯目标更明确（78.51% > 69.23%）（括号中前面的数据为参加职业体验的建平中学 2014 届至 2017 届毕业生，后面的数据为与参加调查对象相同专业和年级的且在高中阶段没有参与过任何职业体验的非建平毕业大学生），经历过职业体验的建平中学毕业生和没有经历过职业体验的非建平毕业生相比，在专业匹配度、专业兴趣、专业受益程度等方面均存在显著性差异，见以下两张表。

建平中学毕业生与非建平中学没有经历过职业体验的大学生专业匹配度对比

专业匹配度	研究对象	N	Mean	F	P
心仪专业	建平毕业生	370	1.32	11.477	0.001**
	非建平毕业生	81	1.48		
调剂专业	建平毕业生	370	1.90	9.067	0.003**
	非建平毕业生	81	1.84		
转专业	建平毕业生	370	1.95	36.608	0.001**
	非建平毕业生	81	1.85		

［数据来源：张晓冬《建平中学职业体验（毕业生版）调查报告》，2017 年 10 月］

建平中学毕业生与非建平中学没有经历过职业体验的大学生专业兴趣及发展情况对比

专业发展	F	P
专业兴趣	8.338321146	0.004**
受益程度	5.099041343	0.024*

［数据来源：张晓冬《建平中学职业体验（毕业生版）调查报告》，2017 年 10 月］

根据免试直升进入清华大学的博士生任浙豪同学（上海市建平中学首届职业体验受益者）的研究，经历职业生涯体验的人通常对于未来的规划更明确，他认为建平中学的职业体验对择业的正向作用往往可以通过两种方式实现：第一，体验后加深了对该领域的热情，促进自己向这个领域靠拢；第二，体验后降低了对该领域的热情，起到排除法的试错作用。他本人通过试错的方式成功缩小了生涯发展范围，因此更坚定地选择了地理科学的科研道路。他研究发现，经历过有组织的多次职业体验的学生相对于经历过短期职业体验的学生，在未来生涯规划方面更明确。所有经历过职业体验的学生相对于从未经历过职业体验的学生，在未来生涯规划方面更明确。两者具有显著性差异，具体见下表。

各类学生未来规划明确程度

人群类别	Ⅰ	Ⅱ [Δ%]	Ⅱ(Ⅰ) [Δ%]	Ⅱ(Ⅱ) [Δ%]
平均得分	0.52273	0.63636 [+21.74%]	0.57692 [+10.37%]	0.72222 [+38.16%]
总体方差	0.16994	0.14050 [-17.33%]	0.18639 [+9.68%]	0.06173 [-63.68%]

注：（1）Δ%表示某列数值相对于第一列数值变化的百分比；
（2）Ⅰ和Ⅱ分别代表未经历过和经历过职业生涯体验的调查对象类；
（3）Ⅱ(Ⅰ)和Ⅱ(Ⅱ)分别代表经历非建平组织和建平组织的调查对象类。

（数据来源：任浙豪《建平中学职业体验的"试错"效果》，2017年10月26日）

以上研究用数据证明了职业体验是一种有效的生涯探索活动，如果能给每一名学生都提供真实的职业岗位体验，让学生在其中亲历、体验、感悟、交流、实践，对学生的人生影响巨大。

那么，该如何提供职业情境，如何组织学生进行职业体验呢？以上海市建平中学为例，该校在"合格+特长、规范+选择""促进人的社会化与个性化的和谐发展"办学理念的指引下，从管理系统、干预系统、课程系统、资源系统等方面构建了完备的学校生涯教育系统运行常态化，通过生涯辅导课程、主题执周、模拟面试、项目设计、生涯人物访谈、行业专家讲座、生涯主题班会、深度职业体验等形式引导学生进行生涯探索。为了培养学生具备初步的人生规划能力和一定的职业发展意识，对未来有更清晰的规划，为人生之旅打下坚实的基础，建平中学2011年起全面实施的以"职业体验"为载体的生涯实践探索，经过展开实验、积累经验、推广成果三阶段，形成面向全体学生、贯穿高中三年共五次的"深度职业体验"生涯教育特色经验，并固化为一门社会实践综合课程。该课程的特点包括以下几点。

①整体设计：全学程职业认知，浸润式职场体验，双元式导师指导，过程性综合评价。

②循序递进：高一初涉职场认识自我，利用寒暑假进行"职场初体验"；高二浸润职场认识社会，全体学生前往各职业体验基地"全职上班"两周时间，进行浸润式、体验式深度学习；高三明晰价值、作好决策、理性思考、慎重选择大学专业与未来职业。

③形成合力：构建了"家—校—社"育人生态，所有的职业体验岗位都由家长和社会提供，拓展了生涯教育的深度、资源和空间，提升了合力育人的效果。具体见下表和下图。

学生三年期间五次职业体验安排

次数	职业体验时间	职业体验时长	职业体验重点要求
第一次职业体验	高一寒假	3天	初步了解职业概况（岗位工作职责、人才要求、职员构成情况）；初步了解行业（行业内最有影响力的企业与专家，行业人才能力要求、行业现状与发展）。

续表

次数	职业体验时间	职业体验时长	职业体验重点要求
第二次职业体验	高一暑假	3天	某一具体职业的日常观察、人物采访与职业发展评价。
第三次职业体验	高二上学期期中考试后	两周	职业概况、职业发展、工作体验、人物访谈等职业体验任务； 小组合作开展生涯课题研究。
第四次职业体验	高二寒假	3天	感受职场人才要求。
第五次职业体验	高二暑假	5天	锻炼提升职业能力。

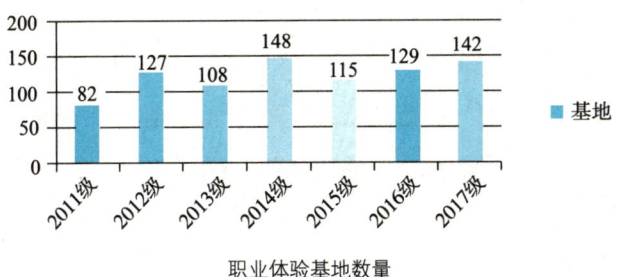

职业体验基地数量

如果说职业体验是一项能促进学生生涯探索的综合实践活动，如何遵循学习与认知规律，进行科学设计与过程性管理也是非常重要的，可以在很大程度上避免活动流于形式，让学生受益更多。如上海市建平中学把"职业生涯体验"作为一门社会实践综合课程，规定每位学生在校三年期间必须参与五次职业体验课程，四次在寒暑假期间进行，一次在高二上学期期中考试后停课两周集中进行。这次职业体验可以说是最重要的一次，时间最长、体验最深刻、收获也最大。下面仅以这一次职业体验活动为例，介绍课程的组织和实施过程。

活动前期准备

- 思想共识：学生、教师、家长高度认同；
- 资源保障：签约职业体验基地，并保证这些体验基地具有多行业特征；
- 安全保障：进行安全教育并为每一位参与学生和教师购买保险；
- 队伍保障：高二年级所有教师经培训后作为生涯指导导师，体验基地专人负责设计指导方案并作为生涯指导基地导师，家长经培训后作为生涯指导家长导师；
- 时间保障：调整学校课时安排，空出两周时间，通常为高二年级第一学期期中考试后。

活动实施步骤

（1）宣传与指导。

体验活动前一个月，通过生涯课程、专家讲座、年级大会、主题班会、学长职业体验成果展示等形式开展。

（2）活动准备。

①设计与发放《学生个人生涯发展规划之成长记录》。

②学生在充分认识自我、正确分析学业现状、职业理想的前提下，确立可操作性的学期目标、报考大学专业，自主规划每学期学习目标，自主管理。

③各班组织学生分类梳理感兴趣的各类职业；通过学生自己寻找、家长介绍、学校介绍等途径联系职业体验单位，完成《职业体验单位资源统计表》。

④学生以小组形式收集自己感兴趣的职业的相关资料，确定本小组为期两周的职业体验单位及单位的简介、选择理由、具体体验任务等内容；班主任汇总，由年级组上报到课程教学中心。

⑤学校制定职业体验相关管理制度。

⑥邀请职业体验单位负责人、家委会代表共同协商确定学生的食宿与交通安全、体验任务、具体实施方案及注意事项等。

⑦任务明确。指导教师明确自己指导任务、熟悉指导小组成员及基地、联络基地指导负责人；学生层面报名体验单位、组成体验小组、讨论体验期间课题方案、熟悉体验单位；体验基地与学校协商后制定职业体验指导方案。

（3）活动落实：两周时间。

学生体验实践：组长负责小组签到与协调；学生按照任务书完成职业体验任务，以及需要合作进行的课题研究任务；学生每天通过网络上传体验日记。

职业体验单位：按照指导方案专人负责带教指导，包含对单位整体情况、岗位设置、人才要求等介绍，也包括具体体验岗位职责和工作的指导；体验结束后给学生评价并填写职业体验评语。

学校指导老师：与单位进行沟通协调；每天去体验基地单位巡视；指导学生适应环境、熟悉工作、发展个性、有效沟通、加强合作；每日批阅学生体验日记。

学校管理者：协调指导老师的工作并巡视各体验基地；抽查学生的职业体验日记及教师的指导批阅情况；及时通过网络进行职业体验通讯报道，便于学生互相借鉴学习。

（4）交流与评估。

学生反思总结：每个学生递交个人职业体验小结；职业体验小组递交小组总结、PPT、视频。

班级主题班会分享：班级选定分享主题；设计职业体验主题班会方案；学生以小组为单位汇报分享；邀请体验基地单位代表参与并点评；邀请家长代表参与并点评。

学校总结、展示、宣传：年级优秀体验小组汇报分享及评比；全校范围内 KT 板和橱窗宣传职业体验过程及成果；评选优秀职业体验基地并对新基地进行挂牌；将成果汇编成册。

相关衍生活动：如各企业来校举行校园模拟招聘活动；如学生在职业体验期间的课题研究。

既然作为一门所有人都必须参加的课程，学生职业体验过程和结果也就纳入学校学分制管理系统。根据评估细则，既注重过程性评估，也注重效果评估。而学校的这项特色课程还作为学生重要学习经历之一，纳入上海市学生综合素质测评特色指标。具体内容见下表。

"职业生涯体验"课程评价方法

内容	基础学分	绩效学分	
分值	3	2	
说明	参加活动者即可获得基础学分	获优秀组织奖的班级每个成员计 0.4，组织奖计 0.2	学生个人表现（最高 1.6 分）
评价者	班主任	课程教学中心	班主任、指导老师

参加活动的表现以下列评价表评价（最高1.6分）

评价项目	评价标准				教师评价
	优（5分）	良（4分）	中（3分）	差（2分）	
出勤情况	两周全勤	迟到或早退1次	迟到或早退3次	迟到或早退3次以上	
职业体验资料记录情况	提交活动中的辅助材料：照片、视频、音频，清晰反映职业体验过程并有优秀创新成果的资料	提交活动中的辅助材料：照片、视频、音频，清晰反映职业体验过程但无创新成果	提交活动中的部分辅助材料	没有提交活动中的辅助材料	
职业生涯体验展示情况	担任组长	上台汇报	课题汇报PPT制作者	汇报材料提供者，如文字稿、照片等	
职业体验汇报总结奖项	所在小组荣获"优秀课题奖"一等奖	所在小组荣获"优秀课题奖"二等奖	所在小组荣获"优秀课题奖"三等奖	所在小组只在班级汇报	
总和					

（备注：满分20分，以班级为单位，由班主任评价后按分值高低排序，依次是1.6分的占30%，1分的占40%，0.5分的占30%。）

职业体检活动后，学校还需要对活动效果进行评估。据上海市建平中学跟踪研究表明，体验过的岗位数与学生对自己未来生涯目标的明确程度呈正相关，他们对自己的职业兴趣和职业价值观高度了解，也对高校的专业高度了解，职业体验是对他们高考填报志愿最有帮助的实践活动，这使得他们能更理性地对自己未来的人生发展进行定位。有65%的学生认为职业体验促进了自己的学习，有超过70%的学生在职业体验后开始注重各种能力的培养，学生意识到社会职业中不仅需要相关学历与专业背景，也注重个性、人际关系、组织协调能力、沟通表达能力。人才需要具备综合素养，而不同的行业、职业、岗位需要的能力是有差别的，这时他们开始利用学校创建的各种舞台自发、自愿、自觉地培养自己的多种能力。看来职业体验活动确实可有效协助学生提高生涯规划能力，有效促进学生的终身全面发展。

附录 1
生涯规划课程教学设计案例

了解自己的性格
上海市建平中学　张晓冬

/// 学情分析 ///

对于身处初高中衔接阶段的中学生来说，正处于自我同一性迅速发展的关键时期，个性发展是人生重要的发展任务；这一时期，学生又正处于初高中适应发展关键阶段，性格是环境适应、人际和谐的重要影响因素；此外，处于该阶段的中学生处于生涯探索期，如何根据自身性格、兴趣等实际情况规划未来人生，并从未来人生发展角度开发自身潜能，也是他们目前急需考虑的重要问题。

/// 教学目标 ///

（1）能明白人的性格是有差异的。

（2）能通过性格类型与性格特征词语描述探索自己的性格。

（3）能知道性格与未来生涯发展的关联性。

（4）初步形成在社会生活中优化自己的性格的意识。

教学重点难点

重点：了解自己的性格特征，分析其优势和不足。

难点：建立不同的性格与未来职业生涯的关联。

教学准备

课堂作业单；

视频。

教学方法

观看视频、讨论、分享。

课时

1课时。

教学流程

具体教学流程

教学环节	学生活动	教师引导	备注说明
（1）引入	（1）自我介绍。 （2）回想并分享自己日常生活中挤牙膏的习惯。	（1）教师自我介绍：我叫张晓冬，我是一个热情、开朗、积极向上的人。你们一般会怎么介绍自己呢？ （2）人的性格无微不现，即使用牙膏这样最平常、最简单的举止也不例外，你们平时是怎么挤牙膏的呢？	轻松的话题容易活跃气氛
（2）性格探索	（1）分享对性格的了解。 （2）学习了解什么是性格及其分类。 （3）产生探索意识。	（1）提问：你曾听说过"性格决定命运"这句话吗？ （2）性格概念与分类。 （3）升入高中，了解自己的性格，可以增进我们在人际交往以及社会生活中的自我觉察，有助于我们适应新环境，更好地发展自己。	
（3）睁开慧眼，识别他们的性格	（1）观看视频。 （2）小组讨论视频中人物性格类型。	（1）播放视频。 （2）引导学生开展小组讨论：视频中的主人公分别属于哪种性格类型，分别有些什么性格特征，请用词语进行描述。	学生熟悉的人物能引发讨论
（4）打开心窗，了解自己的性格	（1）圈出符合自己性格特征的描述的词语。 （2）完成自身性格优势和不足分析。 （3）组内分享。	引导提问： 你属于什么性格类型？你的性格可以怎么描述？他人眼中的你是什么性格？（学生熟悉后可以组织课堂讨论） 引导思考： （1）你对自己性格中满意的地方有哪些？ （2）你想改变自己性格的哪些方面？你认为这对你未来会有怎样的影响？	课堂作业单引导反思与探讨

续表

教学环节	学生活动	教师引导	备注说明
（5）展望未来，探索职业性格	（1）小组讨论常见职业的职业性格。 （2）分享讨论结果。 （3）思考前面视频中主人公适合做什么。 （4）思考自己可能适合的职业。	（1）介绍职业性格概念。 （2）提问： 是人主动去选择符合自己性格的职业还是长期从事某一职业后也会慢慢具有该职业性格？ （3）常见职业的职业性格是什么样的？ （4）视频中的他们适合做什么工作（职业／岗位）？ （5）你又可能适合做什么工作（职业／岗位）？	建立职业与性格发展的关联
（6）总结与课后探索	（1）回顾本节课所学。 （2）课后根据教师提供的补充材料，自主进行课后探索。	性格决定命运，让我们一起将命运把握在自己手中。	在实践中加强对自我性格的探索，并有意识地主动探索社会职业。

课后拓展活动：

（1）职场人物性格访谈。

（2）星座与性格大调查。

（3）性格测试：MBTI性格测试。

翼生涯高中生性格评估问卷：http://www.yishengya.cn/pages/topic?id=26。

（4）拓展阅读。

保罗·D·蒂戈尔，巴巴拉·巴伦－蒂戈尔：《就业宝典——根据性格选择职业》，中信出版社，2002年版。

李百珍，张漪，傅中：《驾起命运之舟：优良性格的塑造》，科学普及出版社，2006年版。

裴宇晶，邹家峰：《为自己的性格找份工作：九型人格与职业生涯规划》，民主与建设出版社，2017年版。

作业单：认识自己的性格。

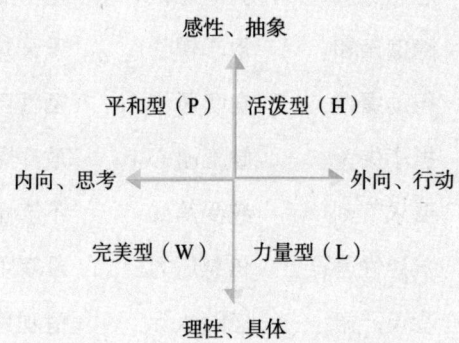

主人公	性格类型	适合的职业/岗位
唐三藏		
孙悟空		
猪八戒		
沙和尚		

常见描述性格特征的词语：

| 善于交际 | 高度敏感 | 目标导向 | 人际导向 |
| 积极乐观 | 善于分析 | 领导力强 | 宽容处事 |

信任他人	品质至上	追求效率	善于外交
创造快乐	原则性强	坚持到底	适应性强
富有色彩	思想深沉	独立意识	擅对压力
表达力强	稳健谦和	敢于冒险	乐天知命
情绪波动	行动缓慢	自负骄傲	牺牲目标
缺少秩序	抓小失大	缺乏耐心	放弃原则
难以兑现	要求苛刻	感受第二	不够快速
半途而废	灵活性差	倍感压力	没有主见
没有计划	冷漠严肃	忽略人际	旁观免参
言过其实	过于小心	行为冲动	避难求易

我的性格

观察者	性格类型	满意的性格特征	希望改变的性格特征	可能适合的职业/岗位
自己				
同学				
父母				

方案 7
学生生涯规划与
职业体验活动指导的实践和探索

职业性格

职业名称	职业性格
医生	

职业名称	职业性格
警察	

职业名称	职业性格
教师	

职业名称	职业性格
导游	

职业名称	职业性格
主持人	

职业名称	职业性格
暖床员	

附录 2

生涯主题班会设计案例

敬业 精业

上海市建平中学 李菁

/// 设计背景 ///

学生背景：进入高二以来，不少学生出现了懈怠，部分学生失去了奋斗的方向，在学习上出现了对自己学习不负责任、得过且过的现象。甚至个别学生出现不交作业等没有责任心的情况。许多学生不知道如何规划自己的人生，更不知道如何实现对人生的规划。

学校背景：我校从2011年起在高二的第一学期组织学生进行为期两周的职业生涯体验活动。该活动旨在培养学生在完成基础学业的同时，通过体验不同的职业形态，不断认识自己的发展方向，明确自我发展所需的能力，在学习生活中少走弯路，迅速成长，赢得今后愉快充实的职业生涯和幸福人生。

思考：敬业，作为社会主义核心价值观之一，是从事职业的立身之本。而敬业体现在学生的日常生活中就是责任心，包括对自身、对工作、对他人，对社会的责任意识。如何通过学生职业生涯体验活动，让学生明确敬业的含义和具体表现，帮助学生增强责任感，明确今后职业所需的态度和能力，是我设计这个班级主题活动的初衷。

活动目标

（1）明确敬业的含义和敬业的具体表现。理解敬业对于自身发展的重要意义。

（2）树立责任意识，增强对自身、对他人、对社会的责任感。找到自身和期望目标的差距。在日常学习生活中严格要求自己。

（3）分析敬业的三个维度：兴趣、坚持、成就感。并联系学习，意识到学习也具备同样的三个维度，把敬业和目前的学习联系起来。

（4）明确自我发展所需的能力和知识要求，激发努力学习的斗志，树立从现在起行动起来，为将来作好准备的意识。

活动准备

（1）学生职业生涯体验活动，观察作为一个职业人所需具备的能力和品质。

（2）请学生采访家长和老师对敬业的看法。思考身边敬业的人和事。

（3）班主任走访学生职业生涯体验单位，了解学生体验情况，发现优秀的体验个人。

（4）和学生建立QQ群，交流对这一内容的想法，分享看法。

活动形式

班主任作为主持人贯穿整个班级主题活动，启发、引导、激励学生。

/// 活动过程 ///

第一板块　导入主题

一、视频播放

观看感动中国人物视频——一生奉献给核事业的科学家——林俊德。

林俊德，中国工程院院士、总装备部某基地研究员，入伍52年，参加了我国全部核试验任务，为国防科技和武器装备发展倾尽心血，在癌症晚期，仍以超常的意志工作到生命的最后一刻。

林俊德在40多年的科研旅途中，先后获得30多项科技成果。

2012年5月4日，他被确诊为胆管癌晚期。为了不影响工作，他拒绝手术和化疗。5月26日，因病情突然恶化，他被送进重症监护室。醒来后，他强烈要求转回普通病房，他说："我是搞核试验的，一不怕苦，二不怕死，现在最需要的是时间。"

林俊德住院期间，整理移交了一生积累的全部科研试验技术资料；多次打电话到实验室指导科研工作。5月31日上午，已极度虚弱的林俊德先后9次向家人和医护人员提出要下床工作。于是，病房中便出现了震撼人心的一幕：病危的林俊德，在众人的搀扶下，向数步之外的办公桌，开始了一生最艰难也是最后的冲锋……

设计意图：
用感人的真实故事，引出主题：敬业。

二、请学生谈谈对敬业的理解

提问：什么是敬业？你是如何理解敬业的？怎样的行为可以称得上敬业？

设计意图：
了解学生对于敬业含义的理解程度，引发他们的思考，为之后的访谈内容作下铺垫。学生在这一环节并不能很充分地理解敬业的含义和表现形式，之后的访谈内容可以引发他们进一步思考。

第二板块　深入主题

一、分享学生在职业生涯体验过程中观察到的敬业的人和事，引出敬业的三个维度（兴趣、坚持、成就感）

请三组学生代表介绍在实习期间令他们印象深刻的人和事，以具体事例和照片来说明。学生举了三个典型人物的例子。班主任引导学生从三个典型人物中归纳出敬业的三个维度，即为什么会敬业（兴趣），敬业的表现形式是什么（坚持），敬业能给你带来什么（成就感），成就感又会产生什么（兴趣）。

提问：
- 请分别介绍下你们在哪家单位进行的体验。
- 在两周体验过程中，你觉得周边的同事的工作态度怎么样？
- 有没有令你印象深刻的非常敬业的同事？
- 除了兴趣，你觉得她/他为什么这么敬业？

- 很多人虽然有兴趣，但往往是三分钟热度，遇到困难或挫折就开始退缩了，那么什么是敬业的表现形式呢？
- 敬业会给人带来什么？

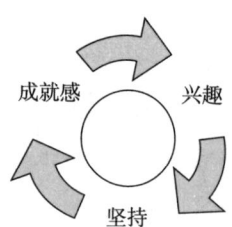

敬业的三个维度

> 设计意图：
> 让学生认识到无论从事任何职业都应该具备爱岗敬业、踏实肯干的精神。用体验式教育使学生认识到勤奋敬业的重要性。以学生观察到的人物感染他们。

二、引出精业的话题，分享学生在职业生涯体验过程中认识到需具备的专业知识和技能

请另外三组学生代表来介绍其实习行业的从业者所需的能力和知识储备。学生突出介绍了某些学生向往的行业的从业者必须具备高学历、高知识和高能力。班主任针对其谈话内容及时提问，强调了敬业的重要性。

提问：
- 请介绍下你们体验的单位和所属的行业。

- 请问你们所体验的职业需要怎样的专业知识和技能呢？
- 要从事证券行业，需要怎样的专业知识？有没有在业务上特别牛的人？你这次为什么选择去证券公司体验？这次体验后，你有什么感想？

> 设计意图：
> 让学生认识到从事职业所需的知识和技能，激发学生学习的动力。

三、活动：30岁的我

请学生制定30岁的具体目标，并以倒推的方式，制定分阶段的目标，并引出学习的三个维度（兴趣、坚持、成就感），呼应敬业的三个维度，并引发学生思考。

30岁的我
30岁
29—28岁
27—26岁

学习的三个维度

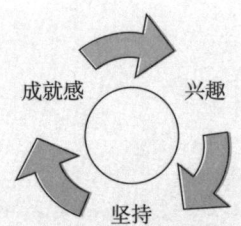

设计意图：

使学生认识到当前完善自身的紧迫性，要达成 30 岁的目标要从当下开始行动。并使学生发现学习的三个维度和敬业的三个维度是相同的。所以现在认真对待学习的人以后踏上工作岗位也会是敬业的员工或老板，会实现事业的成功。

第三板块　总结提升

请一位体验单位的领导（《金桥画报》的李主编）来谈谈公司或单位需要怎样的人才。然后班主任加以总结。

提问：

- 请问您对建平中学学生的印象如何？
- 根据您的经验，当今社会需要怎样的人才？
- 在我和您的接触中，我感到您是个对工作非常有热情的人，您也说过别人认为您是工作狂，请问您对工作的热情源自哪里？
- 作为过来人，您对我们青年学生的建议是什么？

设计意图：

使学生明确社会对人才的要求，使教育更适合社会的需要、学生的发展，使学生找到努力的方向和动力。

附录 3

生涯人物访谈与职业体验案例
——跟家长上一天班

跟家长上一天班

班级：　　　　　　学号：　　　　　　姓名：

工作岗位 / 职位	所属单位与部门	所属行业

工作内容与职责：

岗位要求：

受教育程度（含专业要求）：

经验：

基本技能：

基本素质：

特殊要求：

职业见习日记及小结（可附页）：

见习评语：

见习指导者签字
见习单位盖章

方案 8

新高考背景下
学生选科指导与走班教学

董智武

湖北天门人，1991年毕业于湖北师范学院。1991—2001年在湖北省襄樊（襄阳）市第五中学工作，曾任分管学生工作的年级组长、数学教研组副组长。2001年加盟上海市进才中学，现任教务处主任，长期协助校长分管高三年级的教育教学工作。2012年起担任华东师范大学师范生兼职导师。新高考启动之日，全程参与学校应对高考改革各方面的设计与实施。文章《迎高考新政 促学校教学管理改革》发表在《现代教学》2018年6A期上。

在 2014 年以前，高中学生有文、理选科之说。其中，学生选择文科就是要选学思想政治、历史、地理三门，同时数学是文科数学的要求；选择理科就是选学物理、化学、生命科学三门，同时数学是理科数学的要求。从 2014 学年入学的学生开始，上海市与浙江省实行了新高考政策。结合高考改革的进程设计来看，全国各省、市、自治区基本都要实行新高考方案，2020 年入学的高中学生基本要面对新高考，而新高考与新的选科制度息息相关。

一、"不分文理"是高考新政的主要内容

1. 要正确理解"不分文理"的内涵

对于"不分文理"，对其内涵的理解主要有两点：一是数学学科不分文理，二是选考科目不分文理。

高中教育是基础教育，对全体学生有公共基础性的要求。在高考方案的设计中必须体现语文、数学、外语（英语）科目的基础性要求。对数学学科而言，以往的高考分文科数学与理科数学，让一部分学生有机会回避数学素

养的较高要求，对这部分学生的综合发展是不利的。这种设计也不利于数学学科基础性的统一要求的落实。

以往的文理分科，较早地让学生放弃部分学科的学习，不利于学生的全面发展。其主要表现为大部分理科生只懂得题海战术，重视"逻辑思维训练"，然而却忽略了日常情操和对于文史知识的了解，以至于到了大学之后缺乏文化底蕴；而文科生平常注重史政文化知识的积累，缺少思维能力的训练，一到考试就使劲儿背，完全成为"应试性人才"。显然，这种选科方式是有重大缺陷的。

"不分文理"之后，打破了文理界限，学生能自由选择考试科目组合，有利于高中学生知识基础扎实和全面、可持续的发展。这是对学生的未来负责，便于学生在中学阶段掌握综合的文化素质，在大学能够继续发挥综合优势，也为学生在大学阶段提供了丰富的选择渠道，更为以后的就业提供了更多的方向。

以往的高校招生，通常是按文科专业、理科专业招生，学生的人文素养或者科学素养总有欠缺。"不分文理"之后，按"院校专业组"（选考科目相同的专业）进行招生。这种改变让高校和学生相互选择的匹配度与多样化向优化的方向发展，同时也促进了高中教育的多样化，有利于高中学校的特色发展。

当然，以往只有两种组合（文或理），现在有 20 种组合（甚至 35 种组合），从一个极端走向另一个极端，是否有优化的方案，值得思考。

2. 高考科目设置与赋分方式的变化

以上海方案为例，语文、数学、外语（英语）科目作为高中学生的基础性要求，设定为 3 门高考科目，春考 1 月考试，高考 6 月考试。

方案 8
新高考背景下
学生选科指导与走班教学

高考除语文、数学、外语之外，再从物理、化学、生命科学（生物学）、思想政治、历史、地理 6 门中选考 3 门，选考 5 月考试。

春考成绩就是按 1 月 3 门高考科目总分计算。

3 门高考科目的原始分（其中外语算较高的一次）与 3 门选考科目的等级分的总分作为考生的高考总分。

从当前了解的信息来看，全国各省份参考上海方案的较多，即 3 门高考科目加上 3 门选考科目，作为高考总分计算的基本方案。

从 2017 年开始，上海高考成绩由语文、数学、外语 3 门统一高考成绩和学生自主选择的 3 门等级考科目（即选考科目）成绩构成。高考成绩总分 660 分，其中，语文、数学、外语每门满分 150 分，3 门普通高中学业水平等级性考试科目总分 210 分，每门满分 70 分。

将选考科目的赋分方式进行重新设计，改革的初衷是想改变以往分分计较的局面。如上海方案将选考科目的原始分设计成 100 分，然后按最高的 5%，中间 9 个 10%，最低的 5%，共划分成 11 档，对应 11 个等级，然后折算成等级分，等级分从最高对应 70 分，最低对应 40 分，级差为 3 分。等级考就是我们所谓的 +3 学科，最后要算进高考成绩的，是按照所有考生排名来划分等级分数的。具体对应关系见下表。

等级分数对应表

等级	A$^+$	A	B$^+$	B	B$^-$	C$^+$	C	C$^-$	D$^+$	D	E
计入高考的分值	70	67	64	61	58	55	52	49	46	43	40
占比	5%	10%	10%	10%	10%	10%	10%	10%	10%	15%	

3. "不分文理"面临的挑战与困惑

3门高考科目语文、数学、外语每门150分，而选考科目重新设计分值，将成为全国各省份的首选方案。由选科科目重新设计分值而引出的话题，特别是物理等自然科学学科选考人数偏少的问题，正是优化高考改革方案的重要组成部分，正在引起各省份高考改革主持者的重视，希望能得到完善。目前浙江、上海完善方案至少包含三个方面的呈现：基数保障机制、科目引导机制、赋分优化机制。

基数保障机制要解决某些学科选考人数偏少的问题，浙江、上海都是物理学科的选考人数按高考需求量设计了最低保障人数6.3万和1.5万。

科目引导机制主体设计应由高校完成，改变高校专业招生对应选考科目最初比较宽泛的问题。这一问题，上海对从2017年进入高中的学生已经开始进行细致地引导。具体内容将在后面的话题中涉及，在此不展开。

赋分优化机制，可以理解成将以往的刚性比例划分，结合同分原则，借鉴以往上海高考加试科目调整分的办法，执行动态比例划分，进一步优化评价机制。

二、新高考选科必须熟悉专业要求

1. 要了解"211工程""985工程""双一流"大学等提法

"211工程"是国家在20世纪90年代开始策划和实行的、针对国家高等教育的一项战略性政策。"211工程"的含义是"21世纪的100所重点大学"。截至2009年1月，国家级"211工程"名单共有各类高校112所，其中普通院校 109 所，军事院校 3 所。

"985 工程"是国家为建设若干所世界一流大学和一批国际知名的高水平研究型大学而实施的建设工程，也称"世界一流大学"工程。名称源自 1998 年 5 月 4 日，江泽民总书记在北京大学百年校庆上建设世界一流大学的讲话。截至 2013 年年末，"985 工程"共有 39 所高校。

"双一流"大学建设即建设世界一流大学和世界一流学科，一流大学建设高校重在一流学科基础上的学校整体建设、重点建设，全面提升人才培养水平和创新能力；一流学科建设高校重在优化学科建设，促进特色发展。名称源自 2017 年 9 月 21 日，教育部、财政部、国家发展改革委联合发布《关于公布世界一流大学和一流学科建设高校及建设学科名单的通知》。首批双一流大学建设高校共计 140 所，其中世界一流大学建设高校 42 所（A 类 36 所，B 类 6 所），世界一流学科建设高校 98 所。

截至 2018 年 5 月，全国高等学校共计 2914 所，其中普通高等学校 2631 所（含独立学院 265 所），成人高等学校 283 所。

在教育部 2018 年 6 月公布的《全国普通高等学校名单》中，全国本科院校一共有 1243 所，其中公办本科大学有 817 所，民办本科学校有 417 所，中外合作办学学校有 7 所，中国大陆（内地）与港澳台地区合作办学学校有 2 所。

2. 充分了解高校的专业设置，为科学选考提供服务

我国大学的本科专业设置可按科别—学科门类—本科专业类—内设专业四级来说明。其中，科别就是我们常说的人文社会科学和自然科学。人文社会科学包括 8 个学科门类，即哲学、经济学、法学、教育学、文学、历史学、

管理学、艺术学。自然科学包括 4 个学科门类，即理学、工学、农学、医学。除此之外，还需了解大学的本科专业类和内设专业对应简表，限于篇幅，此处从略。

3. 新高考选科指导需准确把握高校招生的专业要求

2018 年 5 月，《2020 年拟在沪招生普通高校本科专业选考科目要求》已经发布。此版本与 2017 年版本大有不同。鉴于教育部要求各高校在各试点省份的科目要求应一致，一经公布，高考招生录取时不得变更。以此为新蓝本，会对各省份的高中学生有重要的指引作用。

把握高校招生的专业要求，高一时就确定自己的专业志向，以便为高考填志愿时的择校选专业作好准备。原因很简单，选择的加三科目与以后的大学专业密切相关！

当然，高一学生在确立了自己以后大致的学习方向后，还需注意细分具体方向，比如同样都是工学，如果是材料类的专业要求必选化学，如果是计算机类的专业则要求必选物理。很多院校对经济学类、金融学类专业没有科目要求，却对统计学类有必选物理的限制。各位要早早地对专业有所认识，选择相应的选考科目，切勿草草选定选考科目，等到高三填志愿时才发现这也不能报那也不能报。

下面略举三例。

（1）对于一些物理基础要求较高的专业，例如机械、计算机大类等专业，原本选择化学或者生物也可以报考这些专业（2017 版），而现在高校限制了同学们必须选考物理才可以报考（2020 版）。

（2）此次改革原二本院校的变化较大，比如上海电机学院、上海应用技术大等院校的工科专业从原本的物理、化学、生命科学（生物学）三门中任选一门即可（2017版），变成了必选物理或化学（2020版）。

（3）一心想要从事医学方向的同学，高校已经明确了选考科目的更高要求：复旦大学医学院、上海交通大学医学院的部分医学专业要求物理、化学均须选考，同济大学、上海健康医学院则要求化学、生物均须选考。

故而，我们必须清晰把握高校招生的专业对选考科目的具体要求，在对高中学生选科指导的实践过程中要充分运用《2020年拟在沪招生普通高校本科专业选考科目要求》（略）。

2020年在沪招生高校专业选考科目要求的正式公布，给2020年高考带来重大变化。40所上海本地院校中，29所公布了必选物理科目的专业，而且专业数量大增，特别是上海9所一流院校（原985, 211，含医学院）全部出现了物理必选专业。特别值得关注的是，复旦医学院和上海交通大学医学院的14个专业同时要求选考物理和化学。由此可见：

第一，"不选物理，名校难进"将成为新的风尚。如复旦大学的必选物理专业占总专业的31%，但是这31%的专业却招收了全校70%的学生。上海9所211大学有45%的招生计划必须选择物理。这也意味着不选择物理，在211大学里已经损失了将近一半机会。

第二，选考物理的学生必将适当回归理性。大学许多专业学习需要物理学基础。因此，教育部出台规定，限定了19个大类专业必须选考物理。这轮改革（从2017学年入学的高一新生开始），上海的重点大学、普通大学都大量增加了对物理有明确要求的专业。因为各类学生都有大量选择物理的需求，物理的吸引力将会较理性地恢复到合理水平。

第三，回应社会关切，符合国家对人才培养的实际需求。高校对学生高中学业水平考试提出选考科目报考要求，是高考综合改革的关键环节，是体现高校招生自主权的重要内容，是高中学生选科选考的重要依据，是促进学段间人才培养有机衔接的必然要求。基于这一认识，科目引导机制在2020年开始执行的高校专业选考科目要求中得到了清晰的回应。

由此，我们有理由相信，新高考方案必将在各个方面呼应社会关切，引导今后的教育教学综合改革。高中学校有责任切实做好学生选考科目的指导工作。高中学校要适应改革后学生基础知识多样化的特点，为学生搭建通识教育、基础课程平台，为全面提高人才培养质量服务。

三、新高考选科指导需了解学生发展的路径

分析高中生发展的路径，主要有两个方面：高中生的自我探索与升学探索。职业探索作为今后发展的重要方面，限于篇幅，此处从略。高中学生只有回答"我是谁""我做的怎么样"，才能初步了解自己，才能尊重自己，才能选择适合自己的道路和方向。

1. 高中生的自我探索，实质就是要回答"我是谁"

发展的主角是学生自己，因此必定由认识自我开始。对自我的认识与将来的生涯抉择（高中毕业后的升学、职业选择及人生目标）息息相关。高中三年的学习和不同的经历，会令每个学生都有所改变。所以，我建议每个学生可在高中不同的阶段重复探索这一主题，了解自己的转变历程。能对自己诚实，不偏不倚地评估，才会更有自信地计划将来要走的每一步。

（1）我们了解自己的方法。

了解自己的方法主要有这样几种：心理测验、自我反省、自我察觉、日

记、别人的反馈、团体活动、社会实践活动、参加自我成长或生涯规划团体等等。

（2）我们必须清楚如何帮助学生分析。

帮助学生分析的主要角度有我的特质、我的能力、我的兴趣、我的梦想……

事实上，为了了解"我的特质"，我们可以梳理展示特质的形容词。

高中生应具备什么样的能力与素质？不同的升学模式，对应不同的能力与素质要求。虽然高考升学不是中学学习的唯一目的，但如果绕开高考升学来谈中学生的能力与素质完善，那绝对是罔顾事实。传统高考模式下以分数为单一评价标准；自主招生与综合评价模式下，在分数之外，还要考察学生的其他能力和素质。围绕不同的能力类别（通常包括三种：物理技能、思考能力、处理人际关系的能力），分析"我"的能力，以及个人的成长经历是有难度的。但是，细心思考和反省后获得的结果往往具有极高的参考价值。

做自己喜欢的事情，可以拥有较为愉悦的感受，让自己更有动力，也会创造更多成功的机会，获得更多的成就感；也因此会更肯定自己的能力表现，对自己更具信心，更能充分发挥自己的潜能，完成自我实现的人生目标。这一连串可以让你感受到愉悦、成就、满意、肯定、自我实现的良性循环的起点，就是你的兴趣，值得你多花一些时间去深入探索。从"愉快的生活经验"与"喜欢的日常活动"去分析，并将这两者的特性综合起来，形成"人生兴趣坐标"，进而了解你的兴趣。

你的成长历程中，曾经考虑过或梦想过哪些职业？你还记得为什么你会选择这些职业吗？是因为一个你敬佩的人——重要他人，还是因为一次深刻难忘的活动？例如，你看到中国航天员成功登月，于是你梦想成为"太空人"，探索宇宙……两年之后，你的梦想是运动员，因为你爱上了篮球运动……梦想不断改变是正常的。当然,也有人从小就坚持某个梦想,从未放弃。

2. 高中生的升学探索,实质就是要回答"我如何?"

如果高中阶段开始了解自己擅长做什么,适合做什么,那么未来的道路就会顺风顺水。为了回答"我如何"这个问题,我们还必须清楚"我"这个高中生做得怎样。

(1)"我"的学习如何。

首先,必须清楚自己的学科学习如何。

第一,"我"如何有效地学习本科目,包括每周所花的时间,上课听讲、课后复习的效率,"独门秘笈"是什么。

第二,"我"的进度如何,包括"我"的分数,别人如何评价"我"这方面的能力或成就,"我"有信心在未来两年取得进步吗。

第三,学习目标如何,包括"我"会在将来继续学习这门课程吗,如果会,"我"期望取得什么成绩。

其次,必须明了自己的学习模式如何。

如最有用的学习材料是什么,"我"在什么地方学习效率最高,"我"最期望得到谁的帮助,什么方法能帮助"我"记忆,"我"属于哪种学习类型。

(2)"我"的目标如何。

每个人心中都有一个大学梦。"我"心仪的大学是哪一所?"我"理想的专业是什么?"我"的大学生活是什么样子?

但是,所有的梦想都不可能凭空成真。要实现梦想,就要作最佳的准备,愿意付出代价。"作最佳的准备"是指"我"不但要注重个人的主观想象和意愿，还要积极搜集、了解、分析，甚至主动参与个人目标相关的学科或工作体验计划，掌握越多便越能作出抉择。"愿意付出代价"是指我们为达成目标和理想作出的努力，包括提升个人能力、获得成就等。

（3）"我"的兴趣如何。

请选择两到三个"我"感兴趣的专业，重点探讨以下问题。

- 有哪些大学有这个专业？其中哪所大学在这个专业上优势特别突出？
- 就读这个专业需要选读哪些高中科目？
- 目前这个专业的学生在学习上通常会碰到哪些困难？
- 毕业后，获得的学位全称是什么？
- 这个专业的毕业生最常选择的职业是＿＿＿＿＿＿＿＿＿＿。（请填写二至三个选择）
- 你喜欢其中哪些职业？你不喜欢其中哪些职业？为什么？

请选择两到三个你感兴趣的学群，重点探讨以下问题。

通常可以将大学相关专业分成十八个学群：信息学群、医药卫生学群、地球与环境学群、生物资源学群、文史哲学群、生命科学学群、艺术学群、教育学群、法政学群、建筑与设计学群、休闲与运动学群、外语学群、管理学群、工程学群、财经学群、大众传播学群、数理化学群、社会与心理学群等。

根据我的兴趣，我较适合选择哪些学群？＿＿＿＿＿＿＿＿＿＿＿＿＿。
根据我的能力，我较适合选择哪些学群？＿＿＿＿＿＿＿＿＿＿＿＿＿。
根据我的特质，我较适合选择哪些学群？＿＿＿＿＿＿＿＿＿＿＿＿＿。
考虑未来的出路，我较适合选择哪些学群？＿＿＿＿＿＿＿＿＿＿＿＿。
就整体而言，我较适合选择哪些学群？＿＿＿＿＿＿＿＿＿＿＿＿＿。

（4）"我"的选科如何。

选科是每个高中生必须面对的一个抉择。人生的道路上有无数个十字路口。面对选科，你的选择在一定程度上决定了你将来可能修读的学科和未来所从事的工作。

当然，选科离不开对各学科学习特点及发展前景的基本了解。

物理是一门非常重视概念的学科。学习物理需要较强的数学能力与逻辑思维能力。所以在选择物理的时候，一定要作好充足的心理准备。相对而言，六选三最难，专业可选择面很宽泛。关联度高的专业有计算机、电子、建筑设计、土木工程、管理信息系统等。

在化学、生物的学习中，记忆、理解、灵活运用知识的能力特别重要。要牢记化学反应方程式，记住化学、生物实验的过程、步骤、现象、结论。从记忆到理解，再到真正牢记各种实验中各种物质的组织、结构、作用，然后触类旁通，难题也就迎刃而解了。难易程度、专业可选择面均居第二层次。关联度高的专业有生物工程、医学、制药、应用化学、农业等。

政治、历史这些科目是绝对需要"背"的，但"死背不如活记"，要整理笔记，做好知识体系表。更要学会理论联系实际，掌握各种处理问题、分析问题、解决问题的技巧。难易程度、专业可选择面均居第二层次。关联度高的专业有法律、审计、新闻、中文、哲学、国际金融等。

很多人说地理是文科中的理科，因为地理在地球物理、时区计算等方面的确很需要数学、物理等方面的知识。地理的很多知识点与各个学科都有关联，所以需要阅读广泛，知识广博。难易程度、专业可选择面均居第三层次。关联度高的专业有地质、地球物理、考古等。

每个人都能通过自我探索、升学探索、职业探索，或顺利或曲折地到达憧憬的彼岸。我相信，只要尊重自己，就会有不错的选择。

四、走班教学是新高考的新常态

在"不分文理"的高考新政背景下,走班教学将成为高中教学的常态,提升对动态走班管理的基本认识将是一个绕不开的重要话题。

1. 动态走班是落实"立德树人"的一条有效路径

教育改革的核心是坚持立德树人。以"立德树人"为出发点,正是教育综合改革所引导的高中教育独立价值的回归——培养不一样的全人。动态走班正是完成这一任务的有效路径。

(1)高中教育价值追求更加注重全面性和选择性。

高中教育价值追求体现在社会对人才需要(全面、能力)和高中生个体成长(选择、特长)。高中教育要兼顾全面性和选择性,唯有动态走班可以满足相应的需求。

(2)高中教育实施方式更加注重综合性和过程性。

高中教育实施方式体现在全科学业水平达标(综合性)和过程评价(过程性)。学校可以从构建多样特色课程("立德树人"载体)、落实综合素质评价(引导学生手段)入手,合理地体现课程的综合性与评价的综合性;还可以从变革教学组织方式(提高质量)、做好个体发展指导(保障成长措施)入手,适当地体现教学的过程性与指导的过程性。

(3)完成高中教育的学校要有明确的培养目标。

完成高中教育的学校必须培养学生有思想、有内涵,也就是要有情怀;必须培养学生有文化、有素养,也就是要有优秀的成绩;必须培养学生有实践、有经历,也就是要有丰富的成长故事。这三个方面都有赖于动态走班的科学设计与有效落实。

2. 动态走班是落实"高考新政"的一次重要转型

（1）学生面对课程增加了选择性。

由于学生参与走班课程的学习，会造成某个阶段的学生学时不均，有些学科就会或被动或主动地参与走班教学，如劳动技术、艺术、体育与体育活动、思想政治、心理等，因此固定班级转向选择班级进行学习成为常态。

（2）教师面对课程出现了多样性。

由于合格考、等级考的要求不同，学生的学科素养及基础不同，"六选三"科目必将由统一课程转向多样课程。只有教师的合理搭配、课程的合理规划、课程实施的团队合作，才能适应课程的多样性。

（3）学校课程必须具有特色性。

学校必须有自己的办学特色，才能适应当今时代对学校的要求。学校办学特色的核心应该是课程特色。从分层（重点与一般）办学转向分类（特色）办学，也是高考新政策对学校提出的具体要求。

3. 动态走班是落实"综合评价"的一种崭新方式

学业综合评价引导教师注重过程性。以成绩评定为例，平时成绩的认定，必须按学科特点设计，对评定的项目要有统一、客观、可操作的办法。期中考试与期末考试必须有平均分和难度系数的制度设计。学期总评成绩、学年总评成绩，对各项成绩的权重，必须有规范的、科学的过程性设计。

五、走班教学的关键是加强新高考的行动研究

高中走班教学作为新高考的新常态，科学设计走班教学需要广大高中教师进行细致的行动研究。唯有如此，才能满足学校、教师、学生的实际需求。

1. 高中学校要开展对学生职业趋向差异的调研

（1）对学生学习基因差异的认识。

学生的学习客观上存在学习能力、学业基础、兴趣爱好和实际需求的差异，不同学生对知识的领悟能力与掌握能力差距很大。如果按照整齐划一的要求来实施教学，结果只能是以牺牲一部分人的发展为代价来求得另一部分人的发展，必然不能面向全体学生，既不利于充分照顾学生的个性差异，也不利于学生的充分发展。

（2）对学生学科表现差异的分析。

通过对各科考试分数区域的分析，不论试卷难度大小，个体之间的差异还是比较明显的。选择合适的时机，精心策划准备，就学生差异较大的学科进行分层教学或分类教学，是学校"让每位学生获得发展"理念的具体实践要求，也是承认学生客观差异的行动选择。

（3）对学生职业趋向差异的调研。

根据新高考的选择性要求，为了能够帮助学生逐步明确发展方向，学校可以开展有关学生"兴趣与职业趋向"的调研。学生结合自我探索、升学探索、职业探索，试着从以下方向中选择1个或2个，从而了解学生选科的大致意向：①数学物理方向；②工程与技术方向；③工程与生化方向；

④工程与经济方向；⑤人文与社会方向；⑥语言、历史、哲学方向等。基于这个调研，部分学科在合适时机进行适应性学习或实施个别学科的走班教学。

2. 高中学校要细化对学生选科实际需求的反馈

作为还没有启动新高考方案省市的高中学校，要通过与已经开展走班教学的省市高中学校进行交流，及时了解与走班和选科相关的信息，做好信息整理和反馈工作，有利于新高考方案启动后工作的顺利开展。

（1）要及时了解高中三学年走班课程人数的对比。

①要素一：学科——选考科目学科人数对比。

以上海市一所市实验性示范高中近四年来的选科人数变化为例进行分析，我们发现，该校地理、生命科学（生物学）选考人数在合适的时候达到高位，主要是因为这两门学科相对容易学习。选择物理学科的人数越来越少，主要是因为这门学科难学，且竞争激烈。这也是引入人数保障机制、科目引导机制、赋分优化机制的主因。

另外，以往学生选科往往会受到学校优势科目的影响。而高考新政策下，选考科目人数的变化不太受学科优势的影响。

选考科目人数的变化，会造成学校相关学科师资配置的被动。有些科目选考人数太多，出现了该学科师资严重短缺的问题。反之，也会出现某些学科师资临时超编的问题。

②要素二：组合——选考科目组合人数对比。

高考新政策启动以来，组合人数的变化基本没有明显的规律，呈振荡状态。如果所有组合都有，将造成排课困难，甚至无法排出课表。适当减少组合数量，是学校管理者要认真对待和思考的话题。学校要结合各地的实际，特别是选考科目考试时间的安排，进行细致地梳理。

③要素三、四、五：学科课时与总课时；教师；时段与动态。

学校要基于以上要素编制高中三学年走班课程方案设计。

以上海方案为例。高二学年与等级考试有关科目的走班课程，按常规班级规模进行组合，在18课时内可以完成相关学科的教学任务，适当渗透其他学科或安排少量自习。不同学科、不同阶段，面对不同的教学任务，设计不同的周课时数，需要学校教师和管理者的共同智慧。教师需求数易出现非整数的情形，必将出现跨年级任教的情形。

不同区域所采用的学业水平考试方案不同，可按不同年级、不同时段进行动态设计。

④要素六、七、八：教室；学生；搭配。

高中学校要依据上述要素才能科学编制三学年走班课表。

在走班课表中，每个班级名称下要写明本教室上课最多的学生数，原则上尽量按标准班额设计。但是，动态走班会出现班额过大的问题，有时很难调整。课表中要标明课程名称及等级、人数、教师姓名等。可以用一个大写英文字母代表一个组合，必要时，会出现S1、S2等代码。同一课时，同一学科层次，可以尝试同时上课，适当解决临时代课问题。合班上课需要学校有适量的可以容纳两个教学班同时上课的大教室。

同时，课表必须对表中的信息进行详细的说明，以利于教学的顺利进行。

注意，编码对应关系、课时分配要详细说明。同一时段，每个学生学科学习的总课时数不一致会成为常态。

（2）要结合实际对高中三学年走班课程模式进行研究。

第一，不走班模式：有限数量的选科组合，三门选考科目均相同成班。

优点：学生无须走班，无须来回搬动学习用品；教师可迅速熟悉学生，方便收发学生的作业，容易进行教学、辅导；便于学校对教师的教学效果及班级管理效果进行评价，有利于调动教师的教学积极性。

缺点：开设的选科组合类别少，所以无法有效满足学生的差异化选择需求，对于小规模学校尤其如此。（如能设计成只有6～8种组合，也许能变成优势。）

第二，小走班模式：三门或两门选科相同的优先组成班级，其他科目走班教学。

①优先三科成班，即优先将三科相同的学生组成行政班，然后将两科相同的学生组成行政班，最后组成一科或零科相同的班级。

优点：可优先满足选科最多的学生的需求，固定部分完全不需要走班的班级，便于这些班级的管理；同时对两科和一科相同的学生，采取走班或拼班的方式完成教学。

缺点：可能需要调整部分人数较少选科组合的学生的志愿。分班不够公平，排课有一定难度。

②定两科走一科，即两门选考科目相同的学生组成行政班，剩下一门选考科目在教学班上课。

优点：可以满足大多数学生的选择；只有一门选考学科需要走班教学，避免因走班过多导致教学秩序混乱，利于在行政班中实施对五门学科的评价。

缺点：高一时成立的行政班需要重新组合，会增加走班的难度；按教学班教学的选考科目的学生作业收发较困难，该科目教师组织和开展班级辅导较难。

第三，大走班模式：三门选考科目的所有学生均通过走班完成教学。

优点：可以全部满足学生的选择进行走班，由于语文、数学、外语三门必考科目可以保持原高一行政班不变，教师从高一开始任教至毕业的学生不变，有利于学校对这三门学科教师进行评价，利于调动他们的工作积极性。

缺点：每个学生需要在一个行政班教室和多个教学班教室上课，每次上课都需要携带不同的学习资料及用品，不便于班级管理；选考学科的作业收发较难；教师进行班级辅导的机会减少；学校课程安排比较繁杂；对选考学科教师的教学质量较难评价。

第四，全走班模式：所有科目全部通过走班完成教学。

优点：可以满足全部学生的选择进行走班，给学生提供最大自由的选择权，让学生选择老师，符合学生个性化、分层次的选课需求。

缺点：教学管理难度最大，对学科教师的教学质量较难评价；学校课程安排最繁杂，需要较完善的软硬件系统支持。

事实上，不论是哪种走班模式，首先要想明白一个问题：以语、数、英为主，还是以选考科目为主？

3. 高中学校要加强对学生走班学习过程的设计

发挥走班教学的优势、克服走班教学的劣势，需要研究并明确如何指导和如何管理这两个基本问题。

（1）加强教师课程设计的指导。

要广泛征求教研组的意见，在教研组内充分讨论走班教学所具备的优势，特别要讨论其会带来的各种风险并提出相应的预案。在实施走班教学前要把每个层次水平的目标、教学内容、教学方式、对学生的要求等告知学生，让他们结合自己的情况作自我评判、自我选择。

（2）加强学生课程选择的指导。

根据目前高考改革的总体方案及高校录取时对选择学科组的要求，组织学生学习有关文件，分析自身情况，开展相应的选择指导，主要帮助学生判断所选科目是否合适。学校要对学生选科实际需求的反馈进行理性分析，特别是要结合学生的自我探索、升学探索、职业探索。经过两三年的摸索与实践，学校要形成《关于学生"六选三"选科的暂行办法》，明确政策解读、高校专业介绍、选科时间节点、模拟运行、变更选科、落实走班教学等内容。

（3）行政班与教学班并存的管理。

为了能够充分发挥集体班级教育和走班学科针对性教学的双重优势，行政班和教学班管理并存也许是最佳方案。在行政班内，设立班级的自主管理组织，主要由班主任负责；教学班由任课教师建立相应的学生自主管理组织，负责教学班的班务、纪律、卫生、学习监督与反馈等工作，任课教师是相应的责任人，做好相应的管理工作。每个教学班设立多个学科代表与行政班班主任联系并反馈有关信息，教学班教师与班主任加强联系，可设立年级沟通交流例会。

师生结对：为了弥补可能带来的管理空隙，每个学生需要选择一位教师作为自己的导师，主要帮助解决有关学业、思想、人生规划等方面的问题。

座位安排：走班的学生要在指定班级的指定位置听课，由任课教师安排座次，注明姓名、学号和行政班所在的班级，以便管理。在走班期间，学生不得翻动其他同学的物品。

动态管理：根据学生的实际情况，结合班主任和任课教师意见及学生意愿，实行微调，成绩进步的学生升层，成绩退步的学生降层，对个别学生调整层次。同时，对教师的个人教学业绩的评价将向团队评价转变。对教师个人平时的发展型评价以及师生的口口相传，必将出现学生在选科时由选教研组向选教师转变，一旦出现这种局面，学校要有相应的对策。

学业辅导：学生自习在行政班或另行指定的教室进行。由于每位任课教师都承担多个班的教学工作，所以每位教师的学生来自年级多个班，这给课后辅导和作业收发带来了较大困难，合理安排自学，任课教师进班辅导答疑，备课组通力合作，共同承担起辅导任务。

（4）适应走班制教学组织形式的质量管理。

教研组、备课组根据所能开设的不同层级数、所能接纳的学生人数，以及对教室、场地设施的要求，讨论并提出本学科的课程方案，确定各层次班级教学、课程目标、教学评价方式，制定不同层次（类别）的评价标准，报学校教务处备案。

根据各学科的课程建设方案，由学校统一进行整合、协调，并考虑教室、时间、科目分布等因素，统筹安排，编排课表（课表至少应包含课程名称、课程层级或类型、上课时间、上课地点等四个部分），探索课程目录及学生代码编制方式。

4. 高中学校要清醒面对动态走班管理的多重挑战

（1）要面对课时分配的挑战。

由于动态选科，每个学科的课时总量、某些学科的班级规模都会有不确定的情况出现。以上海方案为例，每学年5月、6月，相关学科教师的工作安排是一大挑战。有些科目走班教学，而其他科目没有实行走班或分层教学等各种因素会造成学科之间课时的重新分配与对绩效工资设计方案的冲击。为了解决这些问题，学校要思考课时计算方法及相应的标准。

（2）要面对操作过程中的挑战。

对教师而言，走班课表如果没有设计好，将会出现个别教师课程连排的情况；学生人数众多，不易认识学生；上课教室没有相对固定，教学设施跟不上。

对学生而言，教室卫生、两操管理、上课自习、作业辅导等项目管理的难度有所提升。

在走班教学的过程中，教师在认识学生、指导学生、评价学生及教学管理方面都会面临新的难题。特别是在评价学生方面，学校要制定《基础型课程学科平时成绩认定办法》《学生成绩评定办法》等。

（3）要面对传统观念的挑战。

基础教育改革本身也面临着供给侧结构改革，必将会面对很多传统观念和行为方式的挑战，比如"题海"、补课的高能耗与教师、家长、学生、社会等认知之间的矛盾；学生投入精力、教师投入时间、家长投入成本与绿色生产率之间的矛盾；优质教育资源稀缺，优质教育资源不均衡；实践型、研究型、个性化学习的时间和空间远远不够；课程内容结构的调整、课程实施过程的创新、课程评价内容的变革等。

基于以上分析，即将面对或已经面对高考新政策的各位同人，要进行相应的策略分析，努力实践，稳健实施，为提升基础教育的质量而共同努力。

方案 9

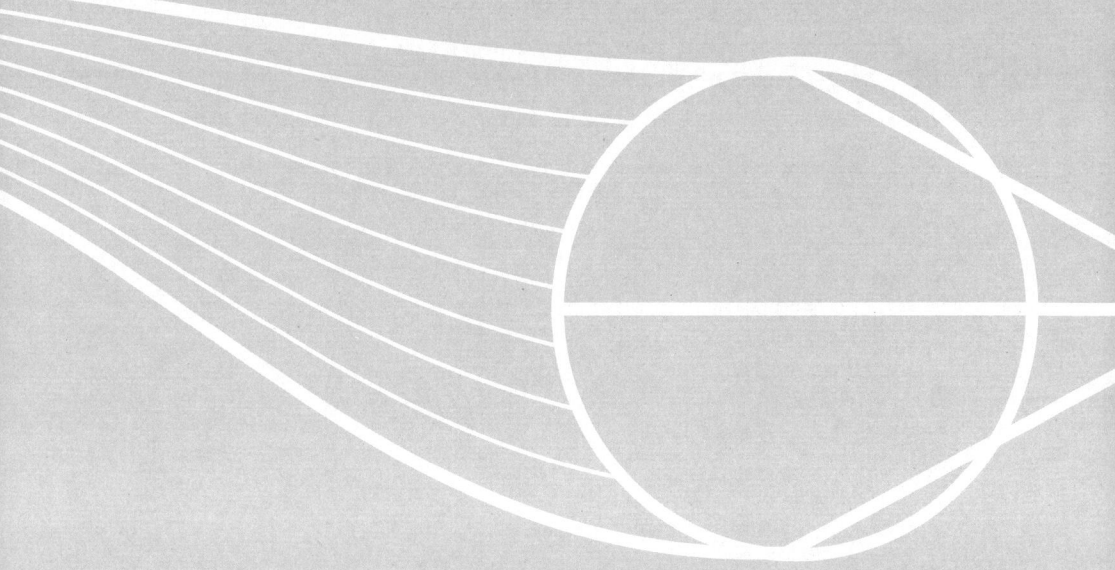

新高考背景下
学生综合素质的培育与评价

张全民

浙江省语文特级教师，2010年国家教育部普通高中新课改远程培训专家组成员，宁波大学硕士研究生兼职导师。浙江省语文课堂教学大赛评比一等奖获得者，第九届"语文报杯"全国中青年语文教师课堂教学大赛一等奖获得者。致力于课程教学、教育管理、乡村教育、乡村文化及乡村建设的实践与研究，著有乡土建筑文化随笔集《看不见的乡愁》，人文地理作品《钱湖烟雨》，乡土文化思想随笔集《我们还能回到故乡吗》。

方案 9
新高考背景下
学生综合素质的培育与评价

　　立德树人是教育的根本任务，学生综合素质的发展是教育的永恒主题。多年来，教育在功利主义的追逐中越来越趋于工具化，人的意义不断被挤压和消解。因此，立德树人及学生综合素质的发展，既是一种对教育价值追求的确认和培育方向的明晰，又是一种时代的不断拨正和召唤，让教育重新回到育人的轨道上来。

一、共识与历程：学生综合素质发展的哲学阐释与国家意志

　　"学生综合素质"作为概念，最开始出现时没有明确的界定，但它的意义生成与社会共识，更多来自教育现实的反思及实践。特别是 20 世纪 70 年代高考制度恢复以来，随着"知识改变命运"向"考试改变命运"的异化，应试教育的功利主义倾向在 20 世纪 80 年代中后期开始越来越明显，高考升学率渐渐成为各个学校追逐和攀比的目标，随着国家"素质教育"的提出，"素质"及"综合素质"作为对教育培育人的价值思考而渐渐嵌入教育的实践理念中来。

1. 基于人的成长：来自教育哲学阐释

尽管学生综合素质的发展是教育实践中产生的一个命题，但它的内涵却深深扎根于思想史上那些思想家对于生命终极价值深刻的人学及教育学的思考中。

无论是东方还是西方，无论是古代还是近现代，对于教育的终极价值思考都不约而同地达成了共识。孔子说："君子不器。"也就是说，君子不应该局限于形而下的技艺追求，还要通才达识，实现自身的理想人格。德国思想家康德对人的意义的论述也非常明确。他说："你的行动，要把你自己人身中的人性，和其他人身中的人性，在任何时候都同样看作是目的，永远不能只看作是手段。""不论是谁在任何时候都不应该把自己和他人仅仅当作工具，而应该永远看作自身就是目的。"德国思想家马克思则从社会学层面上高度肯定了人的价值及全面自由发展的意义，他认为未来理想社会的构建应"以每个人的全面而自由的发展为基本原则"。

也正是基于对人的最本质的理解，具体到教育实践中来，就形成了人不应该片面发展而应该追求自身素质的和谐发展、综合发展和全面发展的教育价值观。英国教育家约翰·洛克说过："健康之精神寓于健康之身体，这是对于人世幸福的一种简短而充分的描绘。"法国教育家卢梭也在《爱弥儿》里表达了类似的看法，认为与传统的知识训练相比，身体训练也是教育里最重要的部分。英国教育家斯宾塞对教育现实中片面发展的倾向作了批判，他指出："教育的理想乃是为生活的各个方面做一种完满的准备。……不要在任何一个方面竭力栽培，尽管那个方面可能极端重要；也不要过分关注其中某两个、三个或者四个最重要的方面，而要关注各个方面的均衡发展。"捷克教育家夸美纽斯也深刻地指出不完整的教育就不称其为教育，他说："人人应该受到一种周全的教育,并且应该在学校里面受到。""没有德行,文学技巧算得什么呢?凡是在知识上有进展而在道德上没有进展的人,那便不是进步而是退步。"我国教育家陶行知在一次演讲中呼吁学生"要做一个整个的人,别做一个不完全、命分式的人"。

2. 作为国家意志:国家政策的话语分析

尽管一路有思想家和教育家的护航,但教育并没有那么容易从此走上符合自身目的的康庄大道。作为社会网络的一部分,教育并不能脱离它的社会性质,尤其是近现代以来,随着工业文明中衍化出来的现代性和全球化的推进,技术及其工具主义逐渐成为世界性图景,技术及工具主义给世界带来进步和繁荣的同时,也带来单向度的精神荒芜的弊端。德国社会学家马克斯·韦伯曾经在《新教伦理与资本主义精神》中引述过这种图景的现状:"专家没有灵魂,纵欲者没有心肝;那种虚空之物幻想着它已经达到了前所未有的人类文明程度。"

中国自改革开放以来,也开始融入世界的现代性和全球化进程,打开了自己的视野,开始走向经济繁荣和民族振兴。高考制度重新激活了人才发展的春天,为国家的经济建设输送了大量的人才。"知识就是力量""知识改变命运"重新成为一种民众信念和国家号召。但是不久,现代性自身携带的工具主义基因所滋生的功利应试观慢慢沾染教育,再加上传统科举思想的影响,以及"千军万马过独木桥"的考试现状,教育慢慢走向唯"分数"和"升学率"的狭窄路途。

基于此,国家从20世纪80年代中后期开始,从宏观层面上进行教育价值反思并进行国家政策干预。1985年《中共中央关于教育体制改革的决定》

指出，"教育体制改革的根本目的是提高民族素质，多出人才、出好人才"，"所有这些人才，都应该有理想、有道德、有文化、有纪律，热爱社会主义祖国和社会主义事业，具有为国家富强和人民富裕而艰苦奋斗的献身精神，都应该不断追求新知，具有实事求是、独立思考、勇于创造的科学精神"，认为不仅仅要"多出人才"，更要"出好人才"。这个"出好人才"就是人才的培养要促进其综合素质的发展。1993年中共中央、国务院印发的《中国教育改革和发展纲要》指出："中小学要由'应试教育'转向全面提高国民素质的轨道，面向全体学生，全面提高学生的思想道德、文化科学、劳动技能和身体心理素质，促进学生生动活泼地发展。办出各自的特色。普通高中的办学体制和办学模式要多样化。"这时，针对应试教育的弊端，国家提出了"素质"这个概念。1999年《中共中央国务院关于深化教育改革全面推进素质教育的决定》明确提出"实施素质教育"的战略，"实施素质教育，就是全面贯彻党的教育方针，以提高国民素质为根本宗旨，以培养学生的创新精神和实践能力为重点，造就'有理想、有道德、有文化、有纪律'的、德智体美等全面发展的社会主义事业建设者和接班人"，"学校教育不仅要抓好智育，更要重视德育，还要加强体育、美育、劳动技术教育和社会实践，使诸方面教育相互渗透、协调发展，促进学生的全面发展和健康成长"，"高考科目设置和内容的改革应进一步突出对能力和综合素质的考查"，"综合素质的考查"首次被提到国家教育战略高度。2004年《国家基础教育课程改革实验区2004年初中毕业考试与普通高中招生制度改革的指导意见》的颁布，则第一次提出"综合素质评价"这个概念。在随后的十年时间里，各省市就学生发展"综合素质评价"陆续进行了地方性的探索。

2014年年底，教育部根据《国务院关于深化考试招生制度改革的实施意见》的文件精神，出台了《关于加强和改进普通高中学生综合素质评价的意见》，在总结各地实践探索经验的基础上，正式提出加强和改进并全面实施普通高中学生综合素质评价的要求，认为"综合素质评价是对学生全面发展状况的观察、记录、分析，是发现和培育学生良好个性的重要手段，是深入推进素质教育的一项重要制度。全面实施综合素质评价，有利于促进学生认识自我、规划人生，积极主动地发展；有利于促进学校把握学生成长规律，切实转变人才培养模式；有利于促进评价方式改革，改变以考试成绩为唯一标准评价学生的做法，为高校招生录取提供重要参考"。

二、新高考背景下的地方实践：学生综合素质评价的建构与实施

对于普通高中而言，如果说 2014 年以前普通高中的学生综合素质评价工作更多地还停留在国家政策指导下各省市地区自行摸索和实践的层面，那么，到了 2014 年，随着《国务院关于深化考试招生制度改革的实施意见》的颁布，以及教育部《关于加强和改进普通高中学生综合素质评价的意见》的出台，学生综合素质评价的建构与实施真正上升到国家意志的高度，并随着深化考试招生制度改革的推进，也就是新高考的开启正式登场。

1. 理解新高考及综合素质评价：基于政策的解读

2014 年 9 月 3 日国务院颁布的《关于深化考试招生制度改革的实施意见》是理解新高考的重要政策文本，也是理解学生综合素质培育及其评价的重要起点。

此次深化考试招生制度改革的总体目标是"2014 年启动考试招生制度改革试点，2017 年全面推进，到 2020 年基本建立中国特色现代教育考试招

生制度，形成分类考试、综合评价、多元录取的考试招生模式，健全促进公平、科学选才、监督有力的体制机制，构建衔接沟通各级各类教育、认可多种学习成果的终身学习'立交桥'"，其中"分类考试""综合评价""多元录取"构成了新高考考试招生模式的三个维度。

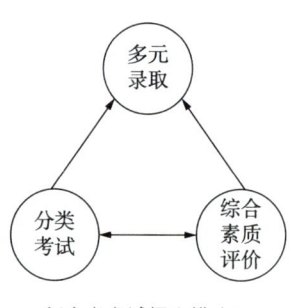

新高考考试招生模式图

随着考试招生制度改革的深化，2014 年浙江和上海首先建立改革试点，并着手改革考试科目设置，增强高考与高中学习的关联度，考生总成绩由统一高考的语文、数学、外语 3 个科目成绩和高中学业水平考试 3 个科目成绩组成。其中，保持统一高考的语文、数学、外语科目不变，分值不变，不分文理科，外语科目提供两次考试机会。而计入总成绩的高中学业水平考试科目，由考生根据报考高校要求和自身特长，在思想政治、历史、地理、物理、化学、生物等科目中自主选择。新高考改革考试科目的设计意图体现在两方面：一是满足学生基于个体学业爱好和特长的选择；二是减轻学生的学业压力，给学生的综合素质培育提供时间和空间。

新高考同时改革招生录取机制，探索基于统一高考和高中学业水平考试成绩、参考综合素质评价的多元录取机制，要求高校根据自身办学定位和专业培养目标，研究提出对考生高中学业水平考试科目报考要求和综合素质评价办法，提前向社会公布，实现高校和普通高中的联动，避免综合素质评价流于形式或落空。

2. 地方实践：以上海和浙江为例

新高考打破了传统"一考定终身"的狭隘格局，满足了科学选才、综合评价、多元录取的需要。2014年，浙江省、上海市作为改革试点，分别出台高考综合改革试点方案，从2014年秋季新入学的高一学生开始实施。

作为对高考综合改革试点方案新考试招生模式的响应，2015年，浙江省出台了《浙江省教育厅关于完善浙江省普通高中学生成长记录与综合素质评价的意见》，上海市出台了《上海市普通高中学生综合素质评价实施办法（试行）》，以下是两地方案的一个简明比较。

浙江省与上海市普通高中学生综合素质评价方案比较表

方案 内容	浙江省普通高中学生成长记录与综合素质评价意见	上海市普通高中学生综合素质评价实施办法
指导思想	全面贯彻落实党的教育方针，客观反映学生综合素质和个性特长发展状况，构建多元综合素质评价体系，形成实施素质教育长效机制，满足高校选拔人才参照需要，促进学校切实转变育人模式，努力培养学生全面有个性的发展。	坚持立德树人，践行社会主义核心价值观，传承和弘扬中华优秀传统文化，反映学生全面发展情况和个性特长，着力促进每一个学生的终身发展，促进高中人才培养模式转变，为高校科学选拔人才提供参考。

续表

方案 内容	浙江省普通高中学生成长记录与综合素质评价意见	上海市普通高中学生综合素质评价实施办法
基本原则	（1）坚持全面评价。 （2）坚持客观记录。 （3）坚持民主评定。 （4）坚持公开公正。 （5）坚持简便实用。	（1）客观记录，真实反映。 （2）内容全面，体现特色。 （3）注重过程，指导发展。 （4）公开公平，强化监督。
评价内容	（1）品德表现。 （2）学业水平。 （3）运动健康。 （4）艺术素养。 （5）创新实践。	（1）品德发展与公民素养。 （2）修习课程与学业成绩。 （3）身心健康与艺术素养。 （4）创新精神与实践能力。
评价程序与方法	（1）客观记述。 （2）民主评议。 （3）公示确认。 （4）形成档案。	（1）写实记录。 （2）整理遴选。 （3）公示审核。 （4）导入系统。 （5）形成档案。
录入要求/评价结果应用	各普通高中学校要严格按照评价程序做好我省普通高中学生的成长记录与综合素质评价工作，学校必须在规定时间内完成学生成长记录与综合素质评价信息的录入、核实与报送工作。报送后原则上不得更改，如确需更改，学校须书面提出申请，逐级报批。	（1）引导学生积极主动发展。 （2）促进普通高中学校积极开展素质教育。 （3）作为高校人才选拔的参考。
制度保障	（1）加强组织领导。 （2）加强科学实施。 （3）加强学习宣传。	（1）明确组织管理制度。 （2）坚持常态化实施。 （3）建立信息确认制度。 （4）建立信誉等级制度。 （5）建立公示与举报投诉制度。

两地方案尽管在文本表述上有所不同,但在结构和设计思路上基本保持了一致,尤其是在评价程序与方法环节,主要体现为客观记录的成长档案形式。从实际观察来看,两地还各自建立了区域评价系统,区域内普通高中都根据系统模板要求把学生高中三年的综合素质情况进行了规范的登录。

　　以下是浙江省的学生综合素养情况记录表,可以看出对于学生综合素养的整体培育要求,同时对于普通高中学校而言,也清晰地指明了培育路径。

学生综合素养情况记录表

学生姓名：　　　　学籍主号：　　　　年级：　　　　学期：

	分类指标	表现情况及所获荣誉	终评等第	责任人
品德表现	品德操守,如家国情怀、尊老爱幼等			
	责任义务,如社会责任、诚实守信等			
	行为习惯,如交流合作、遵守纪律等			
运动健康	课程修习与达标情况			
	运动技能与体育特长			
艺术素养	课程修习与鉴赏水平			
	技能表现与艺术特长			
创新实践	实验及技术操作能力			
	研究性学习成果			
	社会实践			

三、检视与反思：学生综合素质培育和评价的困境及成因分析

尽管学生综合素质评价的重要性已成为社会的共识，并经由国家政策落实到具体的新高考结构设计中，但是从浙江省、上海市第一轮新高考实施情况来看，学生综合素质评价依然面临着实践困境，依然需要艰难地探索。

1. 游离：学生综合素质培育与评价的实践困境

我们首先可以从浙江省和上海市出台的新高考方案文本来审视这种实践困境背后的策略顾虑。尽管学生综合素质评价在国家意志中被纳入新高考的结构设计，但是在浙江省和上海市出台的新高考方案中，我们可以看到设计时的顾虑和操作时的谨慎。

《浙江省深化高校考试招生制度综合改革试点方案》中对于学生综合素质评价在录取中的作用是这样表述的："高校可对考生高中阶段综合素质评价提出要求，作为录取参考。"

《上海市深化高等学校考试招生综合改革实施方案》中则这样表述："积极稳妥推进高中学生综合素质评价信息的使用。2017 年起，推动高中学生综合素质评价信息在自主招生等环节中开始使用。高等学校应提前公布具体使用办法，使用情况必须规范、公开。"

从上述表述中，我们可以看到两地在设计新高考方案时已经充分估计到了学生综合素质评价融入新高考的实践难度，因此，浙江省只是把其界定为"录取参考"，上海只是初步把其限定在"自主招生"等有限的环节中运用。

从实际操作观察来看，尽管两地辖区内普通高中全都遵循文件及系统要求对学生的综合素养情况进行了完善的登记，但是由于其在高考录取中没有

起到实际的作用,也出现了部分学校只抓高考科目不重视学生综合素质的现象,甚至材料及课程选修记录造假的情况。

学生综合素质培育及其评价的开展依然困难重重。

2. 设计、信度以及公众焦虑:从制度及社会学来分析

面对学生综合素质培育及评价的困境,教育学者对此给予了切实关注和分析。崔允漷、柯政特别指出学生综合素质评价配套制度和技术不足,无论是测量、计分,还是管理,尤其是诚信和监督机制,都存在着问题。王萍对学生综合素质评价在实践现实中遇到阻抗的现状进行了分析,认为阻抗的原因主要在于这几个方面:(1)应试教育的长期影响导致思维固化;(2)制度设计不完善导致观望态度;(3)自上而下的政策推进导致认同度不高。

学生综合素质培育与评价的实践困境来自两个方面:一是来自制度的设计。如果培育不跟评价结合起来,就失去了评价的指挥力和推动力,在考试惯性的挤迫下,学生综合素质培育依然没有开展的空间;但是跟评价结合起来,在操作上又存在着如何测量和计分的短板,因为学生综合素养的情况更多的是属于成长记录,很难量化。二是社会认同。社会认同学生综合素质培育及评价的价值意义,但很难认同的是学生综合素质评价与新高考方案结合后的实际操作。这背后深层次涉及的是社会诚信及权力问题,甚至涉及社会阶层问题。公众对于学生综合素质评价与新高考结合的普遍焦虑除了其本身评价标准、评定规则不清晰,以及缺乏统一要求外,还在于担心所申报材料的诚信度,特别是面对激烈的考试竞争,担心给权力寻租留下极大空间。而且,对于新高考方案中的自主招生,部分公众也对其命题及面试的城市化倾向表达了顾虑,担心其会对农村学生带来考试的不公平。

四、理想与创新：学生综合素质培育与评价的校本实践

尽管学生素质评价在新高考终端的操作上依然存在制度设计及社会公信上的困难，但真正契合教育意义及目的性的学生综合素质培育和评价并不只是乌托邦。在期望于高考制度设计难题破解的同时，国内有不少普通高中学校并不仅仅是听从国家意志的召唤，更出于自己内心的教育自觉，已经在综合素质培育和评价方面开始了自己的校本实践。他们并不只是等待，而是在依然有限的空间内，在国家教育方针的指引下，结合自己的办学理念，先行走出一条学生综合素质培育与评价的探索之路来。

浙江省宁波市鄞州高级中学是进行学生综合素质培育与评价实践探索的诸多学校中的一所。下面以其为例，从培育和评价两个层面对该校在学生综合素质领域的实践作一个简要的描述。

1. 课程体系架构：学生综合素质培育的必由之路

尽管地方提供的学生综合素养情况模板内容是学生综合素质培育必须完成的一个规定性动作，但学校自身依然需要通过自己的课程体系架构落实学生综合素质培育的工作，并建立起清晰的培育路径，创新自身的教育实践。

鄞州高级中学创办于 2004 年，是一所年轻的学校，但它始终守望着自身的办学追求，没有局限于教育的功利现实，而是一直在践行着自己育人的教育理想。尽管高考的社会压力依然沉重，但它从建校起一直在建构自身的课程体系，在理解国家意志、理解教育评价的基础上，鄞州高级中学以"立德树人"为核心任务，从自身"自由、自律、博学、博爱"的办学理念出发，基于自身地域文化历史、蝶形地域版图及梁祝传说设计了学校蝶形三级课程

体系，即面向全体的必修类基础课程、面向群体的选修类拓展课程和面向个体的选修类超越课程。每一层级的课程又有不同主题的课程组群构成。如下图所示：

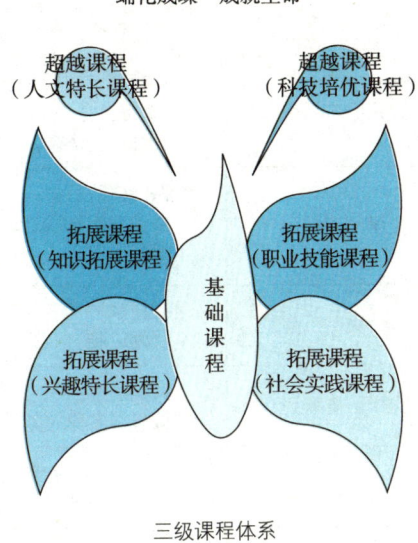

三级课程体系

课程体系通过面向全体学生的基础课程的构建，充分考虑了国家必修课程修习及相应高考评价的需要，也同时基于对学生综合素质的培育和发展，围绕学校"身心健康、学力扎实、情趣高雅和视野广阔"的育人目标，在面向群体的拓展课程以及面向个体的超越课程两个层级，进行了组群设计。

例如下表所列学校在上述课程架构的多年实践中逐渐形成的部分特色课程群，在学生综合素质尤其是人文素养方面构成了一种完整的意义链，从知识学习到生活体验，从课堂教学到社会实践，还有历史与现实、乡村与城市、科技与人文的结合，赋予了学生综合素质培育的连续性和完整性。

特色课程群

特色课程群	主题	课程内容
人文知识课程群	文学文化系列	（1）吟诵——中国式读书法； （2）从建筑走向文学人生； （3）国学精粹：儒道文化与人生规划； （4）一个民国女子的背影——苏青研究； （5）宁波历代文化名人研究。
	政治经济系列	（1）大国崛起； （2）"钱世金身"：货币的秘密； （3）光影中的法律。
	史学品鉴系列	（1）茶叶中的历史； （2）食盐与国家权力的轮回； （3）博物鉴史。
人文讲坛课程群	地方文化系列	（1）王应麟与《三字经》； （2）钱湖风雅。
	文学历史系列	（1）纯美阅读； （2）国号与名称的奥秘。
	科普文化系列	（1）爱因斯坦和宇宙大爆炸； （2）生态文明与绿色行动。
	生命励志系列	（1）职业经理人的酸甜苦辣； （2）学生领袖精神和个人素养； （3）一个农民的传奇人生； （4）一位修车师傅的笛子情缘。
	艺术修养系列	（1）镜头的言说； （2）聆听经典，走进高雅。
人文体验课程群	演讲辩论系列	（1）演讲与辩论； （2）模拟联合国。
	公益体验系列	（1）我是"无门图书馆"管理人； （2）我是志愿者； （3）校园义卖。
	传承传统系列	（1）红帮裁缝与宁波服装企业； （2）草席编织与"黄古林"草席； （3）民间彩线刺绣技艺。

续表

特色课程群	主题	课程内容
人文节日课程群	传统文化节日系列	(1)民族音乐会； (2)非物质文化展； (3)古典游园； (4)"风雅入梦"主题晚会。
	英语文化节日系列	(1)鄞高好声音； (2)英语电影配音大赛； (3)英语才能秀； (4)"在这里，遇见世界"主题晚会。
	科普文化节日系列	(1)机器人足球比赛； (2)挑战杯科普知识大赛； (3)科普讲座； (4)科普电影欣赏。
	萌动悦读节日系列	(1)最美阅读； (2)寻找失落的说书人； (3)经典名著影视配音。
人文游学课程群	乡土行走系列	(1)鄞州乡土文化寻踪； (2)寻访严氏义庄； (3)寻访走马塘古村； (4)寻访陈鉴桥村民国建筑。
	名城寻访系列	(1)历史文化名城南京行； (2)寻访慈城。
	亲近山水系列	(1)走进大堰：千人露营； (2)金峨山文学创作之旅。
	调查研究系列	(1)非遗寻根之民俗研究； (2)博物馆之旅。
	科普探索系列	(1)寻访鄞州气象科技馆； (2)宁波科学探索中心寻访活动； (3)村庄生活污水处理考察活动。

2. 从自己的办学理念出发：学生综合素质评价的校本实践意义

无论从学校层面，还是从国家及地方层面，理想的素质培育需要跟合理的评价结合起来。有了合理评价的驱动，素质培育才有可能具有更长久的生长力。

鄞州高级中学在通过课程体系构建与课程活动开展来培育学生综合素质的同时，还积极探索出一条既对接新高考省级评价维度又体现校本特色评价指标的评价设计的路径。2017年，该校在原有评价实践的基础上，新制定了《鄞州高级中学学生成长记录与综合素质评价实施方案（试行）》，并自主开发了相应的学校网络信息平台，进行记录、量化与测评。学生综合素养（即品德表现、运动健康、艺术素养、创新实践）以班级为单位，以百分制计算，每学期按比例认定等第，在高中第五个学期进行终评。评价结果分为三类，用A、B、C表示，分别代表"优秀""良好"和"尚需努力"。学期和毕业生评价结果均向全校公示，评价结束后，结合学生学业水平表现，定期发布学生综合素质评价报告。

学校还考虑到学生综合素质培育和发展也需要个性化的成长，因此在学生综合素质评价方案中融入了过程性与形成性有机结合的学生荣誉评选新办法，如下页图所示。

这两项系列荣誉评选评价内容的融入，既减少了综合评价趋于量化的负面影响，又鼓励了综合素质培育中学生个人兴趣爱好、才艺特长、品格志向等方面的卓越成长。从这两年来的实践来看，这个评价方案有效推动了学生综合素质培育工作的开展，同时还促进了一批学生个性化的卓越成长。

总之，学生综合素质培育及其评价并不是一个孤立的命题，它作为一个社会及教育系统的构成，包含着一种社会网络关系，要更好地推进新高考背

方案 9

新高考背景下
学生综合素质的培育与评价

景下的学生综合素质的培育和评价，还需要从更广阔的视域去理解，比如国家意志、社会公平、阶层背景、制度设计，以及高校招生权力分配等，还需要像鄞州高级中学一样，在积极探索学生综合素质培育与评价之路的普通高中学校的校本实践中去学习和汲取一线的经验和智慧，这样，我们的教育才有可能在"立德树人"理想的召唤下，在现实的艰巨挑战中迎来新时代发展的全新机遇。

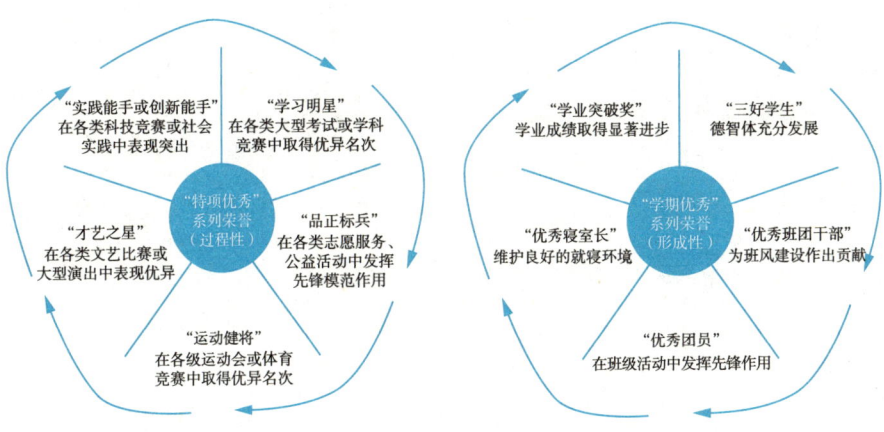

评选新方法

后　记

　　2019年4月，河北、广东、江苏、福建、湖南、重庆、辽宁、湖北八省市的新高考改革方案终于公布了，具体方案都是"3+1+2"，八省市同时推出"3+1+2"选考科目方案，可见这个方案至少是吸取了前期已经推行的方案的经验教训，而得到广泛认同的方案；这个方案至少是在这一轮高考改革的先行省市上海市与浙江省方案上的优化。有评论说八省市方案与"3+3"方案是一以贯之的，即致力于在落实"选择性"教育理念上兼顾了学生选考、高校选科和国家选才这"三选"。或者也可以理解为"3+3"的一种特殊形式。我的认识是"3+1+2"，弥补了"3+3"选物理与历史的人越来越少的不足，更弥补了大学生生源人文精神、科学素养失之一端的不足。无论是"3+3"，还是"3+1+2"的选考模式均突破了过去文理分科的局限性，在倡导学生打牢物理或历史学科基础的同时，凸显了个性化、差异化发展的教育理念。学生在高中阶段，既要全面发展，又可以充分结合自身的兴趣、志向和特长来选择相应的学科学习，自然也是为了应对相应的考试科目。"3+1+2"的12种组合方式，相较于"3+3"的20种组合方式，对高中学校的教学管理、课程建设与课程实施来说，无疑又向前迈了一大步。

　　不过，有一个现实问题必须正视，那就是不管是"3+1+2"模式，还是"3+3"模式，除了选科的差异，在学生的生涯规划指导、选科走班的策略与方式、选修课程的开发与教学实践、学生综合素质评价等方面，对高中学校来说都是一项几乎前所未有的挑战，当然也是一种前所未有的机遇。我们需要思考的是，如何在新模式下为学生的未来谋划得更周全一些，服务得更到位一点。

尽管上海市与浙江省在新方案的实施过程中遇到了一些问题，但不可否认的是，二者的实践至少在学生的生涯规划指导、选科走班的策略与方式、选修课程的开发与教学实践、学生综合素质评价等方面作了有意义且有成效的探索，并积累了一定的成功经验。这些探索与实践必然会给后续参与进来的省市的改革提供参考，尤其是会给实际从事高中教育的学校与同行们带来明显的助益，至少可以使后续的实践少走弯路。正是出于这样的考虑，我们邀请了上海市、浙江省部分高中的校长、教师从他们所在学校应对新方案的具体实践出发，将他们的具体操作与思考作了一些梳理，举案说法。或许读者会从这些学校的实践与反思中找到对自己学校的新方案的一些启发。当然，我们也可以从他们的实践中吸取教训。

需要强调的是，对具体的学校而言，不同学校的资源必然影响其应对策略，他山之石，终究是他山的，如何从自己的实际情况出发去"治玉"，还要结合各自的实际情况去实践、去探索。拿来主义是可以的，但拿来后不结合自身实际，那是会走入歧途的。

凌宗伟

2019年5月

图书在版编目（CIP）数据

新高考，新方案/凌宗伟主编.—上海：华东师范大学出版社，2019
 ISBN 978-7-5675-9571-2

Ⅰ.①新… Ⅱ.①凌… Ⅲ.①高考—教育工作—研究—中国 Ⅳ.① G632.474

中国版本图书馆 CIP 数据核字（2019）第 165137 号

大夏书系·教育新思考

新高考，新方案

主　　编	凌宗伟
策划编辑	朱永通
审读编辑	万丽丽
装帧设计	奇文云海·设计顾问
出版发行	华东师范大学出版社
社　　址	上海市中山北路 3663 号　邮编　200062
网　　址	www.ecnupress.com.cn
电　　话	021-60821666　行政传真　021-62572105
客服电话	021-62865537
邮购电话	021-62869887　地址　上海市中山北路 3663 号华东师范大学校内先锋路口
网　　店	http://hdsdcbs.tmall.com
印刷者	北京密兴印刷有限公司
开　　本	700×1000　16 开
插　　页	1
印　　张	14
字　　数	180 千字
版　　次	2019 年 9 月第一版
印　　次	2019 年 9 月第一次
印　　数	6 100
书　　号	ISBN 978-7-5675-9571-2
定　　价	45.00 元
出版人	王　焰

（如发现本版图书有印订质量问题，请寄回本社市场部调换或电话 021-62865537 联系）